東條英機　歴史の証言

—東京裁判宣誓供述書を読みとく—

渡部昇一

祥伝社黄金文庫

文庫版のための序文

　ヒトラーがベルリンの地下壕で自殺せずに連合軍の裁判に出て、宣誓供述書を残したらどうだろう。第二次世界大戦の時代のドイツ史を書く人で、ヒトラーの供述書を無視する人はいないであろう。

　しかし日本では違っていた。戦争勃発当時の日本の首相・陸軍大臣・内務大臣（後には参謀総長）だった東條英機大将の宣誓供述書が、いわゆる昭和史の著述家たちによって参考にされた形跡はなかった。この供述書は東條被告が開廷以来二〇カ月の間、克明にメモを取り続けて完成した十数冊のノートを基礎として、東京裁判において東條被告の担当であった清瀬《きよせ》一郎《いちろう》博士（後に文部大臣、衆議院議長）とアメリカ人弁護士ブルーエットの両氏が、九カ月にわたって何度も原稿を書き改め、文字通り、この三人が心血を注いで完成し、昭和二十二（一九四七）年十二月二十六日の法廷に提出したものである。こうした成立の経過を持つ法廷記録であるから、少なくともここに取り上げられた事実についての記述には、覚え違えや捏造《ねつぞう》の可能性はゼロと言ってよいであろう。

　そしてこの重要文書は、法廷提出後、一月も経たない昭和二十三（一九四八）年の一月二十日に、東京神田の洋洋社から東京裁判研究会の名で出版された。この本の序文を編者は「……本書こそは現代日本人の誰もが必読すべき世紀の書であり、後世史家のためには、『日本帝国崩壊史』の最重要文献と云ふべきである」と結んでいる。

しかしこの本は占領軍の報道政策により、「発禁第一号」に指定され、出廻らなくなってしまった（私は偶然一冊持っている）。この本を神田の古書店で見つけた東條被告長男・英隆《ひでたか》氏の長女・由布子《ゆうこ》（淑枝）さんが、ワック社の鈴木隆一《すずきりゆういち》社長の協力を得、『大東亜戦争の真実』と改題して再出版された。これには東條由布子さんが〝まえがき〟を書き、私が鈴木社長に頼まれて〝解説〟（一四ページ）を付けた。

その後、祥伝社がこの宣誓供述書の重要性を認識し、供述書の本文をゴシック活字にし、その各項について私が十分な背景の説明をつけるという形にして、五五五ページの大冊として刊行して下さった。私は改めて丁寧にこの供述書を読み、昭和史の理解が深まった気がした。

この本の影響が少しはあったとすれば、私が解説の中で使った「敗戦利得者《りとくしや》」という概念が、少し拡がっている様子が見えることである。戦後に出た昭和史に対する発言・著述の圧倒的多数は、敗戦によって絶大な得をした言論関係者――戦前コミンテルンに直接・間接に同調していた人たち――と、その弟子たちによってなされてきたものである。この

〝化物〟の正体を知らずに、まともに昭和史を見ることはできないのだ。

もう一つの影響と思われることは、左翼ではないというだけの理由で中道と思われた昭和史の著述家たち――中道というよりリベラルな左翼だという指摘もある――が、最近になって、東條被告の宣誓供述書を気にして取り上げ始めたことである。しかしこの人たちも戦後の長い間、この供述書を無視した昭和史を書き続けているわけであるから、自分たちのいままでの立場を守るための無理な歪曲《わいきょく》をこの供述書に与えないようにお願いしたいと思う。

今度の文庫化は、再び角田勉氏、及び祥伝社黄金文庫編集部、飯島英雄氏のお世話になった。厚く御礼申し上げる次第である。

平成二十二年六月、黄梅蒸溽の候

渡部《わたなべ》　昇一《しょういち》

はじめに――この第一級資料が、なぜ埋もれていたのか

東條供述書を必読とする五つの理由

この本は東條英機被告の宣誓供述書の復刊であり、またその解説を試みたものであるが、本書刊行の主なる動機は、東條被告を弁護することが目的ではない。

本書刊行の第一の理由は、大東亜戦争（アメリカ側の言い方では太平洋戦争）の前夜から日本政府の中心にいて、開戦時の総理大臣・陸軍大臣・内務大臣であり、後には参謀総長も兼ねた人の大戦に関する詳細な記録であり、これを抜きにしてこの前の戦争を語ることはできないということである。立場の違う人でも当時の日本の政治・軍事の最高権力者が事態をどう見ていたかを知る必要があるであろう。つまりこれは第一級資料なのである。

第二の理由としては、これは単なる覚え書きとか日記ではないことである。覚え書きなら覚え違いもある。日記にも書き手の立場が無意識的に入りこんでいる可能性があることはインドのパル判事も指摘している通りである。しかし東條供述書は法廷文書である。彼に対しては敵意丸出しの検事たちが反対尋問していた。少なくとも事実に関するウソはここには入りこめない。これを第一級資料と呼ぶ所以《ゆえん》である。

第三の理由は、ここで東條被告の主張が正しかったことを、東京裁判（極東国際軍事裁判）の法源であったマッカーサー元帥自身が、裁判終結後の約二年半後に、アメリカ上院の軍事外交合同委員会という公式の場で認めたことである。すなわち昭和二十六年（一九五一年）五月三日、マッカーサーがこの公式の場で述べた中には、次の言葉があった。

日本は絹産業（蚕《かいこ》）以外には、固有の産物はほとんど何も無いのです。彼らは綿が無い、羊毛が無い、石油の産出が無い、錫《すず》が無い、ゴムが無い。その他実に多くの原料が欠如してゐる。そしてそれら一切のものがアジアの海域には存在してゐたのです。

もしこれらの原料の供給を断ち切られたら、一千万から一千二百万の失業者が発生するであらうことを彼らは恐れてゐました。したがつて彼らが戦争に飛び込んでいつた動機は、大部分が安全保障の必要に迫られてのことだつたのです。

（小堀桂一郎編『東京裁判　日本の弁明』講談社学術文庫564、565ページ。傍点渡部）

この傍点の部分は特に重要なので、英文でも示しておきたい。

Their 〔The Japanese people's〕 purpose, therefore, in going to war was largely dictated by security.

東條被告の主張の核心は、「日本は侵略戦争をやったのではない。自存自衛のためだった」ということである。

マッカーサーのこの発言は当時日本の大新聞で報道された形跡はなく、今日に至るまでテレビでも報道されたという話を聞いたことがない。東條被告の処刑後だったのは残念であるが、彼を裁かせ、死刑にさせたマッカーサー自身が、その後間もなく東條被告の弁護人になったようなものである。この事実はすべての日本人が知るべきであり、できるなら世界中の人に知らせたい。

ニュールンベルク裁判でナチスを裁かせた人が、後になってヒトラーやゲーリングの弁護をやったという話はない。日本はナチス・ドイツではなかったのである。

第四の理由は、昭和史を見る上での東條供述書の意味である。昭和史に関する本はいろいろ出ており、興味ある記述も多いが、多くは秘話や、裏話や逸話の発掘や紹介である。人体には頭蓋骨や背骨があると共に、指の骨もあれば、爪や爪の垢《あか》もある。敗戦までの昭和史を人体に譬《たと》えるならば、東條供述書はその頭蓋骨から背骨に当たる部分である。凡百の昭和史は、せいぜい腕の骨か足の骨、多くは小指の骨や、爪や爪の垢をいじくっている感じである。国務と統帥の乖離《かいり》問題や、ＡＢＣＤ包囲陣や、アウタルキーの問題が中心にこないような敗戦前の昭和史は、頭蓋骨と背骨がない人体のようなものであろう。

第五の理由は、東京裁判は過去の問題でなく、現代の問題であり、未来につながる問題であることである。この裁判を正しく理解することなしでは、日本の歴史教育の基盤も砂の上に置かれたようなものであろう。たとえば最近東京の経済同友会が小泉首相の靖国神社参拝に反対する主旨の提案を出したが、その幹事会の中でこんな発言があったという。

「靖国問題も絡《から》め、〝東京裁判は妥当だったか〟との話があったが、戦勝国の裁判が間違っていたと学んだとしても60年前には戻れない……」

（『産経新聞』平成十八年六月八日。傍点渡部）

しかし戻《もど》れるのである。また日本人は戻らなければならないのだ。そのためには前に引用したマッカーサーの議会証言だけでも十分なのである。教育の場に戻し、さらにテレビや新聞といったマスコミの場にも戻し続けるならば、将来の日本人の姿勢がピンとするのだ。結果として媚中・拝中の卑屈な日本人を国政の重要な場から一掃できるのである。

右にあげた五つの理由から、東條被告の宣誓供述書は、昭和史、特に戦争の時代の昭和の時代に関心ある人、また特にその時代の研究者が、その立場にかかわらず第一番に読むべき文書であると信ずる次第である。

ヒトラーの宣誓供述書がなくてもナチス・ドイツの軌跡はたどりやすい。それはナチスという一党独裁の党が、能動的・主動的に戦争を計画し遂行したからである。しかし日本の場合はナチス・ドイツとは異なり、一つの党の党首が独裁的にすべてを計画し遂行したわけでない。東京裁判の範囲に入れられた最初の年である昭和三年（一九二八年）から、日本の内閣や方針はしばしば変更され、しかもその変更はたいてい受動的に対外的情勢に応じたものであった。

大陸政策はコミンテルンの暗躍に応ずるものであり、満洲国誕生は清朝の最後の皇帝であった溥儀《ふぎ》が日本公使館にころがりこんだことから始まった。日本の経済的苦悩はホーリー・スムート法によるアメリカの保護貿易、それに続くイギリスのブロック経済圏（アウタルキー）のためである。

シナ事変は、いまでは明らかになったようにコミンテルンの手先が始めたものである。その事変が日本陸軍の切なる願いにもかかわらず終息しなかったのは、ソ連、アメリカ、イギリスが中立国の度を越え、シナに対し、参戦同様の支援をしたからであった。アメリカ・イギリスとの開戦は、マッカーサー証言の如くその包囲網により、日本の全産業・全陸海軍が麻痺寸前まで追いつめられたから余儀なくされたのである。すべて日本のやったことは受身的反応であった。したがって「自存自衛」という受身的反応の連続であるから一本の筋が外からは見えにくい。その姿を内側から明らかに見せてくれるのが東條供述書なのである。

東條英機という人物

ただ東條供述書は、いまの読者の多くには読みにくいと思う。あのころの中学以上の学校を出た人は漢文をみっしりやっている。私が中学に入ったころも、上級学校入試の主要四科目は、英・数・国・漢であった。特に幼年学校、士官学校、陸軍大学校に進んだような人の漢文の力は、現代の大学のシナ古典の専攻学生以上のものがあったと思われる。供述書であるから平明に述べられているが、何と言ってもいまの時代とは語彙《ボキャブラリ》がだいぶ違う。この供述書の日本語をまったく違和感なしに読める世代は、私あたりが最後に近いのではあるまいか。

そう考えて、供述書の内容を私の言葉で要約し、さらに背景的説明を加えた。私はこの仕事を若い世代の編集者に口述の形で述べた。つまり供述書の要点の解説的口述を行なった。したがって、本書の中には似たような説明や解説が二度も三度も出てくることになった。これは東條供述書を理解する上にはそれが便利だったからである。私の口述した部分だけ読んでいただいても、東條供述書の大要はつかむことができると思う。編集者を読者代表と考えて語ったものであるから、すらすら読めるはずだと考えている。もし、より正確に、より精細に知ろうと思う読者は、東條供述書そのものをお読みいただきたい。

この口述作業の中で、私は「東條さん」という呼び方をした。これはいまの人が小泉首相に私的な会話で言及するときは「小泉さん」と言うのと同じことで、東條内閣時代に私の家庭ではいつも「東條さん」と言っていた。戦局が暗くなったころ、どこで聞いてきたのか、私の姉が「東條さんもこの頃痩《や》せられたそうよ」と心配そうに言っていたことをいま憶い出した。そしてこの供述書は当時の私の実感とよく一致するのである。私の実感だけではない。これを読んだ某出版社社長のS氏も涙が出たと言っていた。私にとって「東條さん」は自然な言い方である。

東條さんほど戦後の日本で憎まれた人はないと言ってもよいのではなかろうか。私の中学で四〇年勤続という博物学の名物老教師が、授業の途中でこう言ったことがあった。

「自殺し損《そこ》ねるとは東條は何という奴《やつ》だ。

本当に自殺する気ならピストルを顳顬《こめかみ》に当てて撃てばよいのだ。腹に撃つ奴があるか」

その口調は慢罵《まんば》といったものであった。そのころ、私もそう思ったことはこの老教師のそのときの姿も口調もよく覚えていることからわかる。

しかし事実は違うようである。東條さんは心臓に撃つつもりで近所の医師に、その点に印をつけてもらっていたという。そしてアメリカ兵がやってきたのを見たときに撃った。そのピストルは軍人であった義理の息子が少し前に自決したものだったという。ところが東條さんの心臓は普通の人より少しずれていたのだそうである。では、なぜ顳顬に撃たなかったのかと言えば、死後、必ず写真に取られて世界の新聞に出るに違いないと考え、顔をこわしたくなかったのだという。

いずれにせよ、東條さんがあのとき死なないでくれてよかったと思う。拘置所に入ってからの東條さんは、すべての人の尊敬を受ける人物であることを証明した。元タイ国大使であり、明治以降の日本外交史の基本図書の著者である岡崎久彦《おかざきひさひこ》氏も、戦争の勝負を別とすれば、東條さんは日露戦争の首相桂太郎《かつらたろう》よりも偉いだろうという主旨のことを言っておられるが、けだし卓見であると思う。東京裁判以前は東條さんに反感を持っていた人も、裁判における東條さんの言動を見て、例外なく尊敬の言葉を残している。

東條さんは天皇陛下に戦争の責任のないことを第一に考えて発言した。同僚や他の日本人に責任を押しつけようとした発言は皆無であった。敗戦の責任を全部引き受けるつもりであった。そしてキーナン主席検事との応酬においても、一歩もひかずに日本の立場——

自衛戦であったという主張——を主張し、この論争は「東條の勝」という印象をみんなに与えた。このときは「悪玉とされた東條の評判がよくなった」と伝えられている。死に直面した時に、その人物の真価がわかると言えよう。

この供述書が、これまで顧《かえり》みられずにきた理由とは

いずれにせよ東條さんの宣誓供述書が残されたことは、日本人にとって有難いことであった。その後間もなくマッカーサー自身が東條さんの主張が正しいことを認めたではないか。ただ大東亜戦争に対する東條・マッカーサーの史観が、日本人の間に普及していないことが残念である。

その主なる理由はいまでは明らかだ。占領期間中、二〇万ともいわれる人たちが公職追放となったからである。この追放令の中心は民政局のケーデス一派だと言われる。彼らはアメリカ民主党の左派であり、中には後にコミンテルンのエージェントだったと判明した者もいた。石橋湛山《いしばしたんざん》や松下幸之助《まつしたこうのすけ》も追放されたのだから、その基準がいかに無茶苦茶なものであったかわかる。その公職追放令の嵐の中で、うんと得をした者たちがいた。戦前の左翼思想家や在日コリア人などなどである。特に重要な敗戦利得者は、左翼インテリだった。

一例をあげれば、A級戦犯容疑者の一人であった荒木貞夫《あらきさだお》は陸軍大将、陸軍大臣、軍事参議官を歴任した軍人であるが、彼が戦犯として指名されたのは、軍人としてでなく文部大臣としてであった。荒木は「自分を告発しているのは連合国の検事であるというよりは、大内兵衛《おおうちひょうえ》と滝川幸辰《たきがわゆきとき》である」という主旨の発言をしている。

大内兵衛氏は昭和十三年（一九三八年）、第二次人民戦線事件で東大教授を辞職。敗戦後東大に復帰、後に法政大学総長になった人である。滝川幸辰氏は共産主義的であるとして発禁とされた彼の著書を発端とした京大事件のため昭和八年（一九三三年）に免官になり、敗戦後京大教授に復帰し、京大法学部長、京大総長を歴任した。

この二人はコミンテルンのシンパ、あるいは同調者として天皇の帝国大学教授としてふさわしくないとされたのである（コミンテルンは天皇制廃止を指令していた）。しかし敗戦により華々しく復活した。それはまばゆいばかりの復活であった。戦後のいわゆる岩波・朝日文化は、敗戦利得者の左翼インテリ文化と言える。

例として二人の学者の名前をあげたが、これは典型的な敗戦利得者で、そのほかの例は数え切れない。この敗戦利得者たちは日本の主要な大学の主要なポストを占め、その弟子たちは、あるいは日本中の大学に教授として散らばり、あるいは大新聞の記者となった。正に癌細胞の転移にも似た様相を呈したのである。

こうした敗戦利得者とその弟子たちが、戦前の「日本のよさ」とか「日本の立場や言い分」を肯定することはない。東條さんの宣誓供述書が戦後の日本の学界や言論界でまともに取り上げられることがなかったのは当然である。しかし敗戦日本を支配し、東京裁判史観や公職追放令のもとのもとだったマッカーサーさえも、東條史観に同感していることは日本人の常識《コモン・ノレッジ》になってよいと思う。

長時間にわたる私の解説の口述の相手をして、ときに的確な質問や鋭い疑問を出してくれた上に、その録音記録を原稿にしてくれた編集部の角田勉氏と、このような本の出版を快諾して下さった祥伝社の竹内和芳社長に厚く御礼申し上げる次第である。

平成十八年六月、黄梅蒸溽の候

渡部《わたなべ》　昇一《しょういち》

目次

第三章　日米交渉と南部仏印進駐　151

第四章　第三次近衛内閣と日米交渉決裂　211

第七章　俘虜《ふりよ》取扱いに関する問題について　409

第八章　大東亜会議　433

写真提供／毎日新聞社
図版作成／ＤＡＸ

	主な出来事
	[6月]張作霖爆殺事件（満洲某重大事件）
	[1月]ロンドン軍縮会議（補助艦の保有比率取り決め） [4月]統帥権干犯問題起こる
	[9月]満洲事変起こる
	[1月]第一次上海事変　[3月]満洲国建国　[5月]五・一五事件
	[2月]二・二六事件起こる。齋藤實、高橋是清ら暗殺 [5月]陸海軍大臣現役武官制復活
	[7月]支那事変勃発、通州事件　[8月]第二次上海事変 [11月]日独伊三国防共協定　[12月]南京入城
	[10月]武漢三鎮占領
	[2月]海南島上陸　[5月]ノモンハン事件、ソ連軍と交戦 [7月]米、日米航海通商条約の破棄を通告（翌年発効） [8月]独ソ不可侵条約 [9月]ドイツがポーランドに侵攻、第二次世界大戦勃発
	[3月]汪精衛、南京政府主席就任 [6月]日泰友好和親条約 [9月]北部仏印進駐、日独伊三国軍事同盟 [11月]日華基本条約、日満華共同宣言
	[3月]タイ・仏印間の国境紛争を調停（居中調停） [4月]日ソ中立条約　[6月]独ソ戦開始 [7月]日本が南部仏印進駐　米、在米日本資産を凍結 [10月]東條内閣成立 [11月]ハル・ノート回答、日米交渉決裂 [12月]日本軍、真珠湾を攻撃し米英に宣戦
	[6月]ミッドウェー海戦で大敗、主力空母を4隻失う
	[2月]ガダルカナル島から敗退 [11月]大東亜会議開催、大東亜宣言発表
	[7月]サイパン島守備隊全滅、東條内閣総辞職
	[8月]ソ連参戦。日本、ポツダム宣言を受諾して敗戦
	[5月]極東国際軍事裁判（東京裁判）開廷
	[11月]東京裁判閉廷　[12月]東條ら7名の死刑執行
	[9月]サンフランシスコ講和会議

（網掛け）は、東條が政治に関わった期間

本書関連年表

年号（西暦）	当時の内閣	東條の地位・役職
昭和 3（1928）年	田中義一	
昭和 5（1930）年	浜口雄幸	第一師団連隊長
昭和 6（1931）年	浜口→若槻礼次郎→犬養毅	参謀本部編成動員課長
昭和 7（1932）年	犬養→齋藤實	
昭和11（1936）年	岡田啓介 広田弘毅	陸軍中将
昭和12（1937）年	広田→林銑十郎 近衛文麿（Ⅰ）	関東軍参謀長
昭和13（1938）年		陸軍次官、陸軍航空総監
昭和14（1939）年	平沼騏一郎 阿部信行	
昭和15（1940）年	米内光政 近衛文麿（Ⅱ）	陸軍大臣（近衛Ⅱ内閣）
昭和16（1941）年	近衛文麿（Ⅲ） 東條英機	陸相（近衛Ⅲ内閣） 首相（内相、陸相兼任）
昭和17（1942）年		（外相兼任）
昭和18（1943）年		（文相、商工相、軍需相兼任）
昭和19（1944）年	東條→小磯国昭	首相→辞任
昭和20（1945）年	小磯→鈴木貫太郎 →東久邇宮→幣原喜重郎	
昭和21（1946）年	幣原→吉田茂（Ⅰ）	
昭和23（1948）年	片山哲→芦田均→吉田茂（Ⅱ）	
昭和26（1951）年	吉田茂（Ⅲ）	

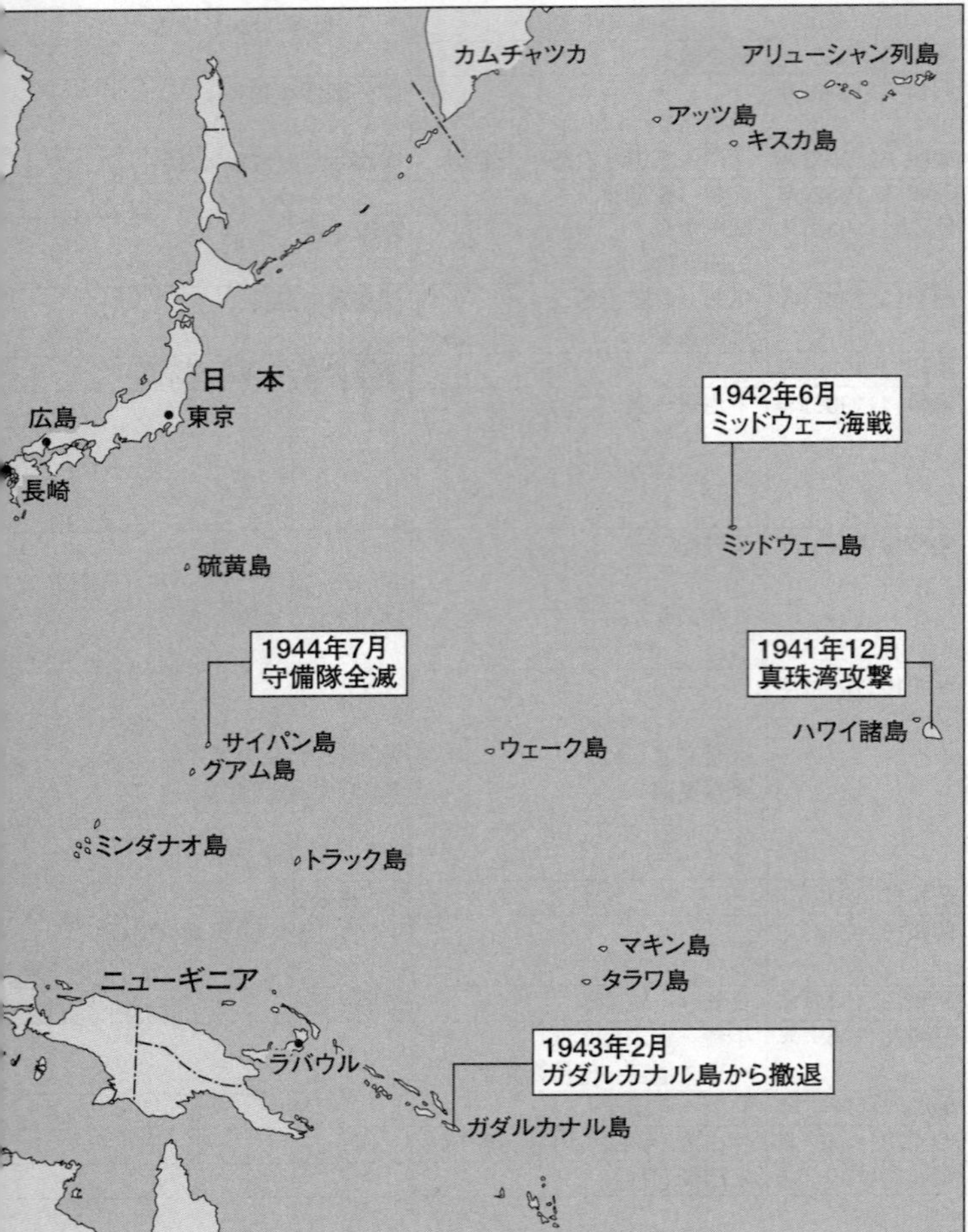
カムチャツカ
アリューシャン列島
アッツ島
キスカ島
日本
広島
東京
長崎
1942年6月
ミッドウェー海戦
ミッドウェー島
硫黄島
1944年7月
守備隊全滅
1941年12月
真珠湾攻撃
ハワイ諸島
サイパン島
グアム島
ウェーク島
ミンダナオ島
トラック島
マキン島
タラワ島
ニューギニア
ラバウル
1943年2月
ガダルカナル島から撤退
ガダルカナル島

太平洋域をめぐる本書関連地図

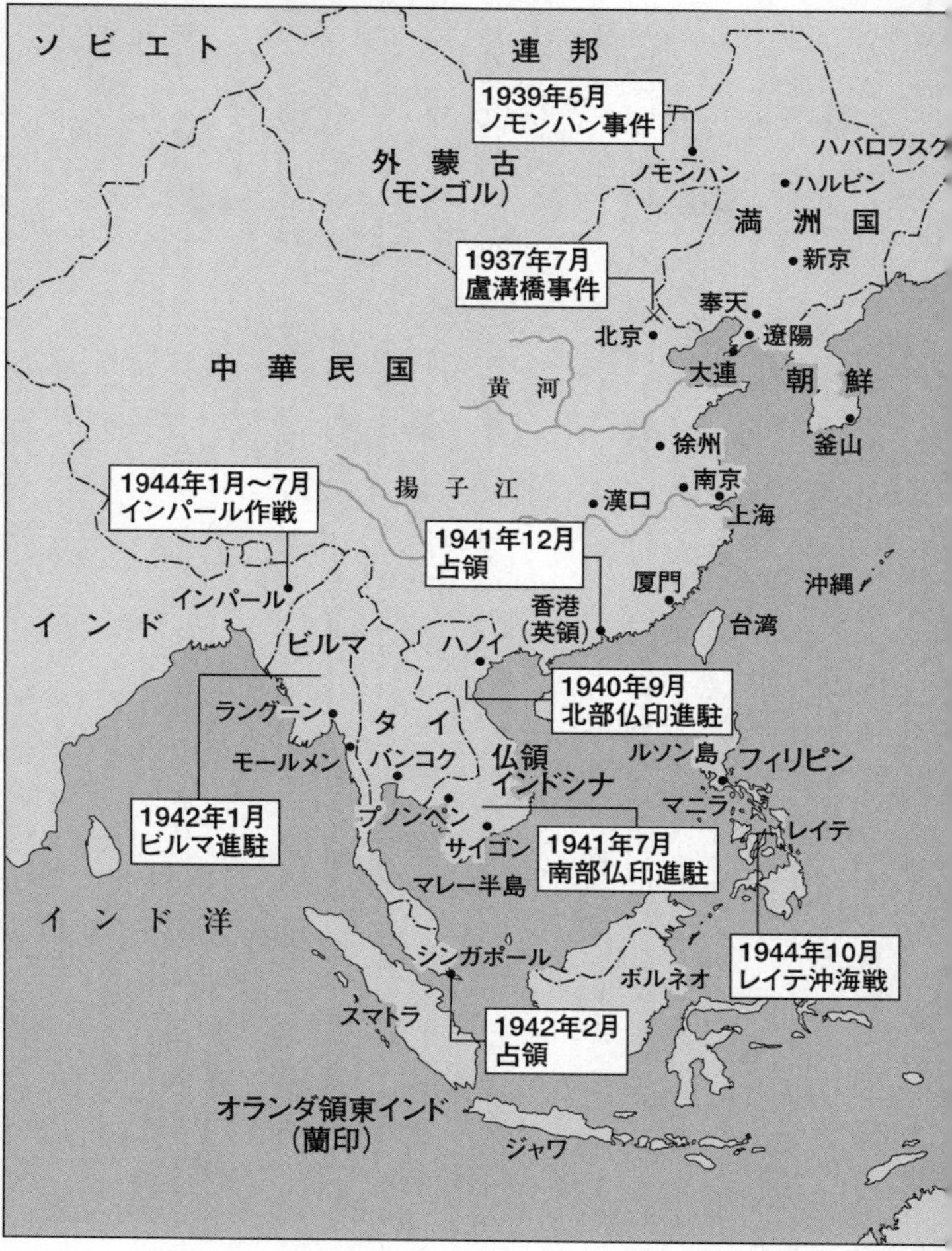

凡　例

本書は『東條英機宣誓供述書』全一五六項の本文全文を掲載し、それぞれの項目ごとに著者が解説を加えたものである。

『東條英機宣誓供述書』の原文は、昭和二十三年一月二十日発行の洋洋社版（東京裁判研究会編）を底本とした。その場合、旧字旧かなを新字新かなに改めた他は、明らかな誤植を除き、文字遣い、改行を含め、底本を忠実に再現するよう努めた。ただし括弧で括られた法廷資料番号は割愛した。なお、振り仮名については、編集部で適宜補った。

供述書本文にある見出しは原文のまま、解説文の小見出し、及び本書全体の章割り、章見出しは、編集部によるものである。

「支那」という呼称は、原文に従った。また著者は中華民国及び中華人民共和国の略称として「中国」という以外は、英語のチャイナ、チャイニーズに相当する日本語としてシナ、シナ人と表記した。なお原文〔　〕内の注は、著者が説明として加えたものである。

第一章

昭和十五年の日本と世界

天皇に責任なし、敗戦の責・我にあり

東條英機宣誓供述書（全文）

昭和二十二年十二月二十六日提出

極東國際軍事裁判所
亞米利加合衆國其他
對
荒木貞夫其他

宣誓供述書

供述者　東條英機

自分儀我國ニ行ハルル方式ニ從ヒ宣誓ヲ爲シタル上次ノ如ク供述致シマス

わが経歴

一、

私は一八八四年（明治十七年）東京に生れ、一九〇五年（明治三十八年）より一九四四年（昭和十九年）に至る迄《まで》陸軍士官となり、其間《そのかん》先任順進級の一般原則に拠《よ》り進級し、日本陸軍の服務規律の下に勤務いたしました。私は一九四〇年（昭和十五年）七月二十二日に、第二次近衛内閣成立と共《とも》に其陸軍大臣に任ぜられる（当時陸軍中将）迄は一切政治には関係しませんでした。私はまた一九四一年（昭和十六年）七月十八日成立の第三次近衛内閣にも陸軍大臣として留任しました。一九四一年十月十八日、私は組閣の大命を蒙《こうむ》り、謹んでこれを拝受し当初は内閣総理大臣、陸軍大臣の外《ほか》、内務大臣も兼《けん》摂《せつ》しました（同日陸軍大将に任ぜらる）。内務大臣の兼摂は一九四二年（昭和十七年）二月十七日に解かれましたが、其後外務大臣、文部大臣、商工大臣、軍需大臣等を兼摂したことがあります。一九四四年（昭和十九年）二月には参謀総長に任ぜられました。一九四四年（昭和十九年）七月二十二日内閣総辞職と共に総ての官職を免ぜられ、予備役に編入せられ、爾来《じらい》、何等《なんら》公の職務に就いては居《お》りませぬ。即《すなわ》ち私は一九四〇年（昭和十五年）七月二十二日に政治上責任の地位に立ち、皮肉にも、偶然四年後の同じ日に責任の地位を去ったのであります。

生まれ育ち、そして閑職時代

まず東條さんの経歴ですが、父は東條英教《ひでのり》。明治十六年（一八八三年）、陸軍大学校に一期生として入学、同十八年に首席で卒業した人です。明治時代に当時日本が陸軍の先進国と考えていたドイツから、メッケルという参謀将校を招いて参謀の養成にあたったときの第一回のメンバーでもありました。ところが優秀ではありましたが、大将まで昇進することなく、中将止まりでした。

兵隊の位は、一番下が二等兵、一等兵、上等兵（後に兵長ができました）、伍長、軍曹、曹長、特務少尉、少尉、中尉、大尉、少佐、中佐、大佐とつづき、これ以上は閣下となります。少将、中将、大将。その上に元帥があります。

元帥は相撲の番付で言えば横綱のようなもので、地位というよりは一種の称号です。相撲でもかつては特別のときだけ、大関の中で最も強い力士が横綱を締めて土俵入りをしました。ですから大関までは必ずいるのですが、横綱はいないときもあります。軍人でも大将が最高位ですが、元帥というのは特別に与えられるわけです。ですから軍人の位を言うときも、たとえば元帥陸軍大将という言い方をします。

東條さんの父は、経歴から言えば、少なくとも大将になるべき人でしたが、中将で終わりました。その理由として伝えられているところによれば、彼は忠実なるヨーロッパ的指揮官でした。ところが日本陸軍のやり方としては、とりわけ日清、日露戦争のころは、勝つか負けるかわからないようなときも、とにかく「突っ込め」と言って突貫していく。人員の被害は顧《かえり》みず、ともかく前に進むというのが、勇将の資格とされていました。東條さんの父は合理的で、その考え方に与《くみ》しなかったために、軍部内の評価は高くなかったのだと言われています。

戦前の陸軍大学校の入学試験においても、こんな話があります。敵と味方の兵力を示して、味方のほうが必ず不利な状況を設定し、このときどうするかという質問があったそうです。それにあれこれ説明を加えてはだめで、「きわめて不利でありますが、断固突撃するのであります」と答えると評価されたと伝えられています。それくらい日本は勇猛果敢、突貫突撃を重んじたわけですが、東條さんの父は、それに反して合理的な人だったと思われます。

岩手県の出身で、明治の軍閥に属さなかったということも、大将まで出世しなかった理由の一つかもしれません。しかし、自分の息子をきちんとした軍人に育てたのですから、軍人生活を嫌うような雰囲気が家庭になかったことは確かです。

東條さんは、明治十七年（一八八四年）、東條英教とその妻・千歳の間に生まれました。東條さんの軍人としての経歴は、明治三十二年（一八九九年）の東京地方陸軍幼年学校入学に始まりました。そして明治三十五年（一九〇二年）に陸軍中央幼年学校に入り、明治三十七年（一九〇四年）に日露戦争のため繰り上げ卒業します。そして陸軍士官学校に十七期生として入学。明治三十八年（一九〇五年）に陸軍士官学校を卒業して、歩兵少尉。明治四十五年（一九一二年）、陸軍大学校に入学。大正四年（一九一五年）、陸軍大学校を首席で卒業し、歩兵大尉で中隊長になります。

それから軍人としての勤務をして、大正八年（一九一九年）に駐在武官としてスイスに赴任、大正十年（一九二一年）、三七歳でドイツに駐在し、翌年帰国して陸軍大学校の教官、大正十四年（一九二五年）、歩兵第一連隊長になります。昭和八年（一九三三年）、陸軍少将参謀本部付ですが、彼は当時主流であった皇道派に与せずにいたため、このあと閑職にまわされ、昭和九年（一九三四年）には陸軍士官学校幹事、そして歩兵第二十四旅団長になります。さらに昭和十年（一九三五年）、第十二師団司令部付となったところで、永田《ながた》鉄山《てつざん》斬殺事件が起き、それによって統制派の能吏として注目された彼に現場復帰の道が開けます。そして同年、関東憲兵隊司令官兼、関東局警務部長となりました。

「関東」とは「万里の長城が渤海《ぼっかい》湾で尽きるところにある山海関の東」という意味で、そこから満洲駐屯の日本軍は関東軍と呼ばれたのです。

翌年、陸軍中将、昭和十二年（一九三七年）三月に関東軍参謀長になりました。ですか

東條英機の経歴

年号(西暦)	主な出来事
明治17(1884)年	7月30日、東京で生まれる(本籍は岩手県)
明治32(1899)年	東京地方陸軍幼年学校入学(3期)
明治35(1902)年	陸軍中央幼年学校入学(17期)
明治37(1904)年	陸軍士官学校入学(17期)
明治38(1905)年	陸軍士官学校卒業、陸軍歩兵少尉に任官
明治40(1907)年	陸軍歩兵中尉
明治45(1912)年	陸軍大学校入学(27期)
大正 4(1915)年	陸軍大学校卒業、陸軍歩兵大尉
大正 8(1919)年	駐在武官としてスイスに赴任
大正 9(1920)年	陸軍歩兵少佐
大正10(1921)年	ドイツに駐在
大正11(1922)年	陸軍大学校の教官に就任
大正14(1925)年	歩兵第一連隊長
大正15(1926)年	陸軍士官学校の兵学教官に就任
昭和 4(1929)年	第一師団連隊長
昭和 6(1931)年	参謀本部総務部編成動員課長
昭和 8(1933)年	陸軍少将参謀本部付、陸軍省軍事調査部長
昭和 9(1934)年	陸軍士官学校幹事、歩兵第二十四旅団長
昭和10(1935)年	第十二師団司令部付。同年、関東憲兵隊司令官
昭和11(1936)年	陸軍中将
昭和12(1937)年	関東軍参謀長
昭和13(1938)年	陸軍次官(陸相・板垣征四郎)・陸軍航空総監
昭和15(1940)年	第二次近衛内閣で陸軍大臣
昭和16(1941)年	第三次近衛内閣で陸軍大臣(留任) 10月東條内閣で内相、陸相を兼任。陸軍大将
昭和17(1942)年	外務大臣を兼任
昭和18(1943)年	文部大臣、商工大臣、軍需大臣を兼任
昭和19(1944)年	参謀総長に就任。7月内閣総辞職
昭和20(1945)年	終戦に際し、拳銃自殺を図るも失敗
昭和22(1947)年	東京裁判に於いて宣誓供述書を作製
昭和23(1948)年	11月12日、東京裁判で絞首刑の判決 12月23日、巣鴨にて死刑執行、享年64

らここまでは一切政治に関係していません。ここが重要なところです。

中央政界への登場

そして昭和十三年（一九三八年）五月、五四歳のときに満洲から内地に呼び戻され、第一次近衛《このえ》内閣の改造で陸軍大臣となった板垣征四郎《いたがきせいしろう》大将の下で陸軍次官になります。このときはじめて政治との関係が生じました。なぜ彼が満洲から戻ってきたかというと、昭和十一年（一九三六年）、二・二六事件が起こった当時、東條さんは満洲の憲兵隊司令官だったのですが、二・二六事件の首謀者と根を同じくするような連中が満洲にもたくさんいたのを、徹底的に抑え込みました。これが中央の注目を浴びたのです。

当時、日本政府が一番恐れたのは、下級将校が勝手に兵隊を動かして、軍の統制が取れなくなることでした。兵隊を動かすのは下級将校ですから、その連中が上官を殺すというのが一番怖い。では誰が本当に陸軍を抑えて、規律を守らせることができるのかと見渡したところ、東條が一番らしいということになった。ですから東條さん自身に政治的な野心があったわけでも何でもなく、彼は上官として下を抑えて軍紀を守らせる力があり、それが認められたために、政治とかかわりを持つことになったということです。

天皇陛下の信頼が厚かったのもそこで、陛下が一番嫌ったのが二・二六事件のような反乱が起ることでした。東條がいれば反乱軍が動く可能性もないというので、非常に信をおいていました。そして東條さんも、本当に天皇に忠義な人でした。これは万人の認めるところです。

カミソリ東條と言われていましたが、東條さんの頭のよさは、すべての人が認めるところでした。その頭のよさと大政治家としてのよさとは別として、どんなことでもきちんとメモして、しかも整理してあるので、すべてにおいて掌《たなごころ》を指すがごとくであったので、部下は絶対にいい加減なことができなかったといいます。

それを嫌ったのが、石原莞爾《いしはらかんじ》です。この人は本当に天才的な人、東條さんとは正反対の頭の使い方をする人で、両方とも天才に近い才能ではあるけれども、頭の使い方が違うので、二人は仲が悪かった。石原があまり勝手なことを言うので、東條さんが政治の中心になりますと、石原莞爾は遠ざけられました。

東京裁判のときに石原莞爾は満洲国をつくった張本人として当然召喚されてしかるべき立場でしたが、呼び出すと連合国としても具合が悪かったこともあり、また石原莞爾の病気が重かったという事情もあって、彼の故郷に近い酒田市の商工会議所に設営された臨時法廷で証人喚問を受けるにとどまりました（昭和二十二年五月一日）。

その席で「あなたと東條さんは意見が合わなかったそうではないか」という趣旨の質問

を受けたとき、「自分には一貫した主義主張がある。しかし東條にはそれがない。それでは対立のしようがないではないか」と答えたと言われています。石原莞爾は抜群の構想力のある軍人でした。

第一次近衛内閣で陸軍次官を務めた東條さんは、昭和十五年（一九四〇年）七月に発足した第二次近衛内閣で中将で陸軍大臣となります。その後も東條さんは、近衛文麿《ふみまろ》にはずっと重んじられました。というのも近衛が一番怖かったのは二・二六事件のような軍人蹶《けっ》起《き》のクーデターの再発です。ですから、その抑えとして東條さんを陸軍次官に呼んだわけですが、そうしてみると東條さんは軍をきちんと掌握しているわけです。それで第二次内閣を組閣するときに陸軍大臣に任命しました。

東條さんが陸軍次官になったのは昭和十三年（一九三八年）ですから、支那事変勃発の翌年です。ですからここで注目しておきたいのは、東條さんは支那事変が起こったことには何の責任もないということです。支那事変はアメリカとの戦争につながる一番の大きな要因ですが、それには東條さんは何の関係もなかったということは指摘しておくべきでしょう。それから昭和十一年（一九三六年）の日独防共協定にも、昭和十二年（一九三七年）の日独伊三国防共協定にも関係しません。まったく関係がなかったということを強調しておかねばなりません。

大ざっぱに言えば、略歴を見てもわかるように、東條さんというのはある種の軍人のように、軍中央にいて野望をたくましくして政治的に動いた人ではないということです。二・二六事件という上層部を震撼せしめるような事件が起きたときに、軍に対する統制力を買われて中央に戻りました。ある意味でピンチヒッターともいえる中央政界への登場でした。

東條さんが政治的責任のある地位に立った期間というのは、昭和十五年（一九四〇年）七月二十二日の第二次近衛内閣の陸軍大臣就任以降、それからちょうど四年後の昭和十九年（一九四四年）同日の総理大臣辞任までの四年間ということになります。

二、以下私が政治的責任の地位に立った期間に於《お》ける出来事中、本件の御審理に関係あり、且《かつ》参考となると思われる事実を供述します。ここに明白に申上げて置きますが私が以下の供述及《および》検事聴取書に於《おい》て、「責任である」とか「責任の地位に在った」とかいう語を使用する場合には其事柄又《また》は行為が私の職務範囲内である、従って其事に付きては政治上私が責を負うべき地位に在るという意味であって、法律的又は刑事的の責任を承認するの意味はありませぬ。

「責任」という言葉の意味

この場合の「責任」というのは、職務に関する責任的地位にあったということであって、東京裁判の検事が論告するような法律的、刑事的な意味での責任の認知を意味するものではない、つまり罪を告白しているわけではないと断わりを入れています。

三、

但《ただ》し、ここに唯一つ一九四〇年前の事柄で、説明を致して置く必要のある事項があります。それは外でもない一九三七年六月九日附の電報のことであります。私は関東軍参謀長としてこの電報を陸軍次官 並《ならび》に参謀次長に対して発信したという事を否認するものではありませぬ。然《しか》し乍《なが》ら検察側文書〇〇〇三号の一〇四頁に引用せられるものは明瞭を欠き且《かつ》歪曲の甚だしきものであります。検察官は私の発した電文は『対「ソ」の作戦に関し』打電したと言って居りますが、右電文には実際は『対「ソ」作戦準備の見地より』とあります。又《また》摘要書作成者は右電文が『南京を攻撃し先《ま》ず中国に一撃を加え云々』と在ることを前提とするも電報本文には『南京政権に一撃を加え』となって居るのであります。(英文にも右と同様の誤あり、而《しか》も電文英訳は検事側証拠提出の訳文に依る)。本電は満洲に在て対「ソ」防衛及び満洲国の治安確保の任務を有する関東軍の立場より対「ソ」作戦準備の見地より日支国交調整に関する考察に就《つい》て意見を参謀長より進達せるものであって、軍司令官より大臣又は総長に対する意見上申とは其重大性に就《つ》き相違し、下僚《かりよう》間の連絡程度のものであります。

当時支那全土に排日思想風靡《ふうび》し、殊《こと》に北支に於ける情勢は抗日を標榜せる中国共産軍の脅威、平津地方〔北京・天津地方〕に於ける中国共産党及び抗日団体の策動熾烈で北支在留邦人は一触即発の危険情態に曝《さら》されて居りました。此儘《このまま》推移したならば済南事件（一九二八年）南京事件（一九二八年）上海事件（一九三二年）の如き不祥事件の発生は避くべからずと判断せられました。而《しか》して其影響は絶えず満洲の治安に悪影響を及ぼして居り関東軍としては対ソ防衛の重責上、満洲の背後が斯《かく》の如き不安情態に在ることは忍び得ざるものがありました。之《これ》を速《すみやか》に改善し平静なる状態に置いて貰《もら》いたかったのであります。中国との間の終局的の国交調整の必要は当然であるが、排日抗日の態度を改めしむることが先決であり、之がためには其《そ》の手段として挑発行為のあった場合には彼に一撃を加えて其の反省を求むるか、然らざれば国防の充実に依《よ》る沈黙の威圧に依るべきで、其の何《いず》れにも依らざる、御機嫌取り的方法に依るは却《かえつ》て支那側を増長せしむるだけに過ぎずとの観察でありました。この関東軍の意見が一般の事務処理規律に従い私の名に於いて発信せられたのであります。

この具申を採用するや否やは全局の判断に基く中央の決定することであります。然し本意見は採用する処《ところ》とはなりませんでした。蘆溝橋《ろこうきょう》事件（一九三七年七月七日）は本電とは何等関係はありません。蘆溝橋事件及之《これ》に引続く北支事変は当初常に受身であったことに依《より》ても知られます。

満洲事変・支那事変に至る道

ここでは、昭和十二年（一九三七年）、支那事変勃発（七月七日）のちょうど一カ月前（六月九日）に東條さんが打った電報のことが問題にされています。

これは傍点を振ったところと振っていないところの差を見ればわかるのですが、「対ソの作戦に関し」と「対ソ作戦準備の見地より」とでは、軍事上、全然意味が違います。それから「南京を攻撃し」と、「南京政府に一撃を加え」では、また話が違います。検察はこれをもって、日本が早くから南京攻撃を企てていたとしたかったのでしょうが、これはこじつけがすぎるというもので、東條さんも、そこをついています。

当時ソ連は第二次五カ年計画を終了し、短期間に満洲及び蒙古周辺に二〇個師団を動員する体制を整えたと言われました。しかもその主力は機械化部隊および毒ガス部隊であって、日本軍はそれを非常に恐れていました。満洲に駐留していた日本軍は、満洲事変（昭和六年＝一九三一年）のときでたったの約一個師団です。機械化されたソ連の二〇個師団および毒ガス部隊などと対抗できるものではありませんから、東條さんが関東軍参謀長として非常に心配して作戦準備の意見を述べたのは当然のことでした。

そもそも参謀というのは、あらゆる事態を想定しておかなければならないのであって、司令官が命令するのとは全然話が違います。いまでも、たとえばアメリカならば中国を全滅させる方法を参謀は練っているでしょうし、中国も同様でしょう。しかし参謀はそれが仕事で、そうしてできあがったプランを採用するかしないか、発動するかしないかは、まったく別の話です。

ここで述べている「対ソ作戦準備」についても、日露戦争以前までさかのぼらないと、このあたりの状況はよく理解できないと思います。明治三十三年（一九〇〇年）に北清事変という事件がありました。これは清の義和団の乱において、北京にいた各国の居留民が、乱に参加した清国兵に囲まれて皆殺しにされかかった事件です。各国がその救助に軍を出しましたが、その中心となって北京を解放したのは日本でした。そのときロシアも大軍を派遣しましたが、乱の鎮定にろくに役に立たなかったにもかかわらず、その大軍は平定後も満洲の地に居座って、引き揚げの約束になかなか応じませんでした。それればかりかどんどん兵力を増やして、事実上、満洲はロシア領同然となりました。

日本は抗議しましたが聞き入れられない。それで、満洲は仕方がないにしても、せめて朝鮮までは出てきてくれるなと頼んだのです。しかしロシアはそれも無視して北朝鮮の港に軍港をつくり、さらに北朝鮮の鉱山発掘権や森林伐採権を握り、さらに日本の壱岐《いき》・対《つ》馬《しま》と目と鼻の先の鎮海湾《ちんかいわん》に軍港を建造するなどという話まで出てくる始末です。これらが積み重なって日露戦争が勃発したわけです。

その時点で満洲は、事実上、完全なロシア領になっていました。それを証明するのは、当時の清朝の役人が満洲に行くときは、ロシアの官吏の許可を必要としたことです。またイギリスのキリスト教団は満洲にも布教していましたが、その布教団はロシア布教団に属していたのです。

日露戦争で、日本は満洲からロシア軍を追い払い、清国に返してあげました。そしてロシアが持っていた南満洲鉄道の権利や、遼東半島の租借権なども譲り受けます。このあたりまことに日本は紳士的でした。本当のことを言えば、日露戦争のころにロシアと清国には秘密軍事条約があったので、それがわかっていれば、日本は清国に満洲を返す必要はなかったのです。

しかし日露戦争以後、満洲は平穏な状態でした。むしろ日本とロシアは仲良くなっていた。そして南満洲鉄道と並行して鉄道を敷こうと考えたアメリカの勢力が伸びるのを両国が手を組んで抑えるなど、結構な状況でした。そして満洲もよく治まっていましたから、膨大な数のシナ人が満洲に流れ込んでいました。それまで満洲は「封禁《ふうきん》の地」と言われて、漢民族、モンゴル人、朝鮮民族などの周辺異民族の移住・侵入は許されませんでしたが、そうした状況も、宥和《ゆうわ》的方向へと変わっていたのです。

そのまま行けば「めでたし、めでたし」だったのですが、それを一変させたのが大正六年（一九一七年）に勃発したロシア革命でした。ソ連が成立し、共産党政権となり、さらにコミンテルンもできると、コミンテルンの勢力はシナ大陸と満洲に入り込み、シナ民族の民族意識を煽って反日運動を使嗾《しそう》するという事態になりました。その反日運動はどんどん激しさを増し、シナ大陸における情勢は非常に不穏なものになっていきました。住んでいる日本人が、しばしば生命を脅《おびや》かされるというようなことが起こってくるのは、すべてロシア革命以後の状況だったということを、われわれは忘れてはいけないと思います。

元タイ国大使であった岡崎久彦氏は、当時のシナ人による反日運動をアメリカ人に説明するには、パレスチナにおける「インティファーダー」（イスラエルの占領地におけるパレスチナ民衆の一斉蜂起）を持ち出すと、理解してもらえると述べています。事実、シナ人は日本の店からは物を買わない、日本人の子弟は危なくて学校に行けない、あるいは日本人に土地を売ったシナ人は死刑になるなどといった、信じられないような妨害が、頻繁に行なわれるようになっていました。

そして昭和三年（一九二八年）四月に済南《さいなん》事件が起きます。日本軍は北伐を再開した蔣介石《しょうかいせき》の動きを受け、済南の在留邦人を守る防御準備を整えていたのですが、その防御を解いたところ、日本人に対する虐殺が起こりました。

またその前年に起きた南京事件では、コミンテルンのボロジンの指揮を受けた中国国民革命軍が南京の外人居住地区である租界を襲いました。そのとき、揚子江にいたイギリスやアメリカの軍艦は砲撃しましたが、当時の若槻礼次郎《わかつきれいじろう》内閣の幣原《しではら》喜重郎《きじゅうろう》外相は徹底的な平和主義者で中国不干渉を唱え、砲撃を禁じていたので、日本の軍艦は砲撃もできず、なんら攻撃を加えませんでした。そのため日本の領事館は徹底的に荒らされ、婦女子たちは辱《はずかし》めを受け、そうした事態をみすみす見過ごし在留邦人を守れなかった責任をとって、軍艦「檜《ひのき》」から名ばかりの兵員とともに派遣されていた荒木亀雄《あらきかめお》海軍大尉は、軍艦「利《と》根《ね》」に戻ってから自決をはかっています。当時のシナでは、そのようなことがコミンテルンの指令の下に頻々として起こっていたということが重要です。

このようなコミンテルンの指導下で、ナショナリズムに煽られたシナ本土の状況は、日露戦争以後、日本の治安維持力によって平和と安定を享受していた満洲にも悪影響を及ぼし始めていました。

「幣原外交」が日本にもたらした結果とは

ここで幣原外相（日本の敗戦後に首相）について触れます。彼の外交は「幣原外交」（外相就任期間は中断をはさみ大正十三年六月～昭和六年十二月）と呼ばれ、協調外交とも弱腰外交とも言われますが、少なくともシナ人に対しては、「ご機嫌取り」に見える紳士的な対応は、よい結果をもたらさないのが常でした。それは現在の日本の悲劇にも通ずることで、いまでは京都大学の中西輝政《なかにしてるまさ》教授のように、日本を戦争に追い込んだのは、松《まつ》岡洋右《おかようすけ》のような極端なナショナリズムの外交と、幣原の極端な宥和政策の両方であったとする研究者もいます。どちらも有害ですが、公平に見れば、松岡外交は後年ですから、歴史的に見れば、それに先行した幣原の政策が間違っていたと思います。

たとえば昭和二年（一九二七年）の南京事件のときに、日本もアメリカやイギリス艦のように大砲を撃てばよかったのです。そうすればなめられることもなかったでしょうし、イギリスもアメリカも、日本も行動を一《いっ》にしたというわけで、同盟国的な感情を持ったと思います。ところが日本だけ攻撃しなかったので、英米の中に、「日本だけ抜け駆けをしてシナに取り入り、利益を独占する気か」という無用の疑念を引き起こす結果となりました。

それ以外にも幣原は、諸外国に打診することなしに、単独で日中関税協定（昭和五年＝

一九三〇年五月）に調印して、中国に関税自主権を認めるなど、宥和のために、いろいろ好意にあふれる政策を取りました。これも日本の「抜け駆け」として欧米諸国の疑惑を招きました。たとえば幣原以前にも西原《にしはら》借款であるとか、シナ政府にお金を貸してやれば助けになるだろうということで種々の試みがありましたが、結局はシナ側の借りっぱなしで終わって、なんら宥和の役にも立ちませんでした（西原借款とは、寺内正毅《てらうちまさたけ》内閣が段祺瑞《だんきずい》内閣に貸した一億四五〇〇万円のことですが、そのうち返されたのは五〇〇万円だけでした）。

つまり幣原外交は、英米に対してはいらぬ不信感を起こさせ、シナからはなめられるという結果を引き起こしただけでした。

当時、奉天《ほうてん》総領事をしていた吉田茂《よしだしげる》などは、交渉というものは武力を背景にしないと意味がないと、後の東條さんと同じようなことを言っています。いまからすると、日本の中央政府が行なったシナ人に対するに甘やかし政策は逆効果で、毅然とした態度こそが平和を維持する道であることを認識すべきでした。それが近ごろの公平な見方になってきていると思います。

昭和十二年（一九三七年）の盧溝橋《ろこうきょう》事件にしても、いまでは蔣介石の国民政府軍中に入り込んだ共産軍の兵士（一説では劉少奇《りゅうしょうき》の部下）が撃ったものであることが明らかになっていなかったと思います。そもそも日本軍から攻撃したということは、まったくありえない話です。そもそも日本軍は軍事訓練をやっていましたが、鉄かぶともかぶっていなかった。なぜなら、そのとき国民政府軍も実態がわかっていなかったと思います。そもそも日本軍から攻撃したということは、まったくありえない話です。

なっています。ですから当時は国民政府軍も実態がわかっていなかったと思います。そもそも日本軍から攻撃したということは、まったくありえない話です。そのとき日本軍は軍事訓練をやっていましたが、鉄かぶともかぶっていなかった。なぜなら、鉄かぶともかぶらずに敵に攻撃をしかけるなどというバカなことはありません。

日本の左翼の人たちの中には、なぜそんなところで日本軍が訓練をしていたのかと言う人がいますが、それは条約に基づいて進駐していたのであって、いま沖縄にアメリカ軍が進駐しているのと同じことです。

盧溝橋でも、交渉で一度は話がつきます。しかし、すぐ破られる。また話をつける。また破られるという繰り返しが、何回もありました。そのうちに盧溝橋事件から約三週間後（七月二十九日）の通州《つうしゅう》事件で在留邦人が二〇〇人以上も殺されました。日本は当初から、とにかく事変が拡大しないよう、抑えよう、抑えようとしていたのに、挑発、挑発と重ねていったのはシナの側だったのです。

ここではっきり言えば、日本を悪者にするために開かれた東京裁判も、支那事変の開戦責任に関しては日本に問うことができなかったのです。このことは力を込めて、主張しておくべきだと思います。

平成十七年（二〇〇五年）の十月、私は中国の駐日大使、王毅《おうき》氏と話し合う機会があり、そのときに、そのことを述べましたが、王毅大使はこれを否定しませんでした。これは速記録に残っています。

話を戻すと東條英機は、盧溝橋事件が起こったときの関東軍参謀長でした。昭和十年（一九三五年）に関東憲兵隊司令官、関東局警務部長と歴任し、昭和十二年（一九三七年）三月一日、関東軍参謀長に就任しています。重ねて指摘しますが、支那事変のはじまりとはまったく関係ありません。東京裁判では、支那事変についても首謀者であるかのように言われたのですが、本人が完全に否定しているのが、このくだりです。

第二次近衛内閣の成立とその当時に於《お》ける内外の情勢

四、先《ま》ず私が始めて政治的責任の地位に立つに至った第二次近衛内閣の成立に関する事実中、後に起訴事実に関係を有《も》って来《きた》る事項の陳述を続けます。私は右政変の約一ケ月前より陸軍の航空総監として演習のため満洲に公務出張中でありました。七月十七日陸軍大臣より帰京の命令を受けましたにつき、同日奉天飛行場を出発、途中平壌に一泊翌十八日午後九時四十分東京立川着、直ちに陸軍大臣官邸に赴《おもむ》き、前内閣崩壊の事情、大命が近衛公に下った事、其他私が陸相候補に推薦された事等を聞きました。其時の印象では大命を拝された近衛公はこの組閣については極めて慎重であることを観取《かんしゅ》しました。乃《すなわ》ち近衛公は我国は今後如何なる国策を取るべきか、殊《こと》に当時我国は支那事変遂行の過程に在るから、陸軍と海軍との一致、統帥と国務との調整等に格別の注意を払われつつあるものと了解しました。

内閣の生殺与奪の権を握った陸海軍大臣現役武官制

第二次近衛内閣に先立つ米内光政《よないみつまさ》内閣が総辞職したのは昭和十五年（一九四〇年）七月です。米内首相は三国同盟に反対でした。海軍としては英米を敵にまわすようなことはしたくなかったからです。ところがソ連を第一の仮想敵国とする陸軍は同盟賛成で、それなら米内内閣を潰してしまえという勢力が動きました。当時の陸軍大臣畑俊六《はたしゅんろく》は、本意ではなかったと伝えられますが、結果として陸軍の意を受けて、辞任します。

閣僚が辞任した場合、首相が後任を選べばいいことはいまも当時も同様ですが、陸軍大臣と海軍大臣の場合は、現役の将官に限るという規定がありました。特に陸軍の場合は、後任の陸軍大臣は陸軍の三長官の推薦で決まるのが常でした。三長官とは、陸軍大臣、参謀総長、教育総監です。後任の陸軍大臣は「三長官一致の議を経て推薦する」という内規があります。これが軍部大臣現役武官制という悪名高き制度です。

これがなぜ悪名高いかといいますと、予備役に編入された中将や大将を大臣にする場合、本人の意思で決めることができますが、現役に限るとなると、陸軍大臣の場合、三長官の推薦を必要とするため、陸軍の総意が反映することになります。いきつくところ、内閣が陸軍の意に沿わない場合、大臣を推挙しなければいいということになります。そうなると内閣は成立しません。あるいは総辞職に追いこまれます。米内内閣の場合がまさにこれで、陸軍の意に沿わなかったために倒閣に至りました。

この制度は明治以来のものでしたが、問題になったのは、大正元年（一九一二年）、第二次西園寺《さいおんじ》内閣のときです。このとき二個師団増設を認められなかった陸軍大臣の上原勇《うえはらゆう》作《さく》は単独で辞表を提出し、陸軍が後任の大臣を推薦しなかったために、内閣が倒壊したのです。これは国のあり方自体に大きな衝撃を与える事件でした。陸軍中将一人で倒閣ができるという制度上の欠陥が、天下に明らかになったからです。

これはさすがにまずいとなり、大正二年（一九一三年）六月十三日の勅命によって、陸海軍省官制を公布し、大臣・次官の任命資格から「現役」という制限を取り除いたのです。現役でなくてもいいとなれば、予備役の大将・中将はたくさんいますから、軍部の反対があっても首相は組閣に困ることはありません。つまり直接には軍部の意向に左右されることはないということです。

このことを可能にしたのは、第二次西園寺内閣の後を継いだ山本権兵衛内閣の陸軍大臣であった木越安綱《きごしやすつな》中将が、自分のキャリアを犠牲にする覚悟で、陸軍の憎しみを買っても現役制廃止に賛成したからでした。

ところが、この規定を元に戻し、「現役制」を復活させたのが二・二六事件直後の昭和十一年（一九三六年）五月で、広田弘毅《ひろたこうき》内閣においてでした。戦後東京裁判において広田が文官としてはただ一人死刑となったのは、このことも要因の一つとされています。

また畑俊六大将（当時）も、戦後A級戦犯となりますが、このときの米内内閣倒閣が一つ責任に問われています。畑自身の思いは別としても、現実として畑陸相辞任が原因となって米内内閣はつぶれたのです。

「統帥《とうすい》と国務との調整」とは何か

米内内閣の後を継いだ第二次近衛内閣の陸相には、東條英機が推されました。東條さんは満洲に出張中でしたが、帰京命令を受けて急拠奉天《ほうてん》を立ち、帰京後ただちに陸軍大臣官邸に赴いて畑大将からそれを聞かされたと述べています。

ここで「統帥《とうすい》と国務との調整」という言葉が出てきますが、これはいまの人には分からないでしょう。そもそも統帥とは、戦争になったときに責任を持って軍隊の作戦指導、命令を下すことです。それを司《つかさど》るのは、陸軍では参謀本部（その長は参謀総長）、海軍は軍令部（その長は軍令部長、昭和八年以降は軍令部総長に改称）です。

では、陸軍大臣と参謀総長、海軍大臣と軍令部総長はどこが違うか。

まず陸相、海相は内閣の一員として、軍隊を整備し、かつ人事を決めます。さらに戦争をするかしないかを決めます。そしてひとたび戦争と決まったら、軍事上の作戦を立て、その実行を命令するのが参謀総長であり、軍令部総長です。

したがって統帥は明らかに内閣の下にあります。ですから、本来「統帥と国務との調整」に頭を悩ませるなどということは、起ころうはずがないのです。アメリカ人やイギリス人に、理解せよと言っても、理解できないでしょう。東京裁判で日本側は、このことを説明するのに苦労しました。

日本でも、明治・大正までは問題ありませんでした。日清・日露戦争でも、統帥権が問題になることはありませんでした。それが問題となったのは、昭和五年（一九三〇年）のロンドン会議においてです。これは大正十一年（一九二二年）のワシントン会議につづく大規模な軍縮会議で、海軍の補助艦の保有比率を取り決めるに当たり、日本は米十・英十・日七という条件を呑みました。

常識で考えれば、無制限に建艦競争が続けば、日本はとうてい米英にかないません。多少の不利はのんでも、軍縮条約を結ぶ方がいいと考えるのはもっともでした。ところが、これに加藤寛治《かとうひろはる》、末次信正《すえつぐのぶまさ》といった当時の軍令部の人たちが、強硬に反対しました。海軍としては先のワシントン会議においても、主要艦の保有比率を米英日で五・五・三と決められていたこともあり、腹に据えかねたと言うところでしょうが、ここで持ち出してきた理屈が「統帥権の干犯《かんぱん》」というもので、これが日本のその後の進路に、深刻なる影響をもたらすことになります。

明治憲法の第十一条には、「天皇ハ陸海軍ヲ統帥ス」、つづいて、「天皇ハ諸軍備ヲ整備セシメル」とあり、この二つの条文が統帥権と言われたものです。条約に反対する軍令部は、この条文を楯にとり、軍備の整備に関して、内閣が勝手に外国と取決めを結ぶのは、統帥権干犯である、天皇の権利を侵すものであると主張しました。

当時の総理大臣は浜口雄幸《はまぐちおさち》です。浜口は、当時、美濃部達吉《みのべたつきち》博士と相談の上、それは一向にかまわない。なぜなら、責任内閣制度で、たとえば外交は天皇が責任者であるといっても、実際は天皇が直接外国と交渉するわけではない。外務大臣、あるいは大使を通じて交渉を進める。それを外務省の外交権干犯とは言わない。同じように、軍備についても内閣が定めた陸海軍の大臣が了解すれば、統帥権を犯すことにはならないと答えます。議会もそれで納得しました。

しかし「統帥権干犯」などという論法があると聞いた連中が騒ぎ始めます。そして浜口首相は東京駅駅頭において拳銃で撃たれ、即死はしませんでしたが、間もなく亡くなります。こんなこともあり、いつの間にか「統帥権干犯」ということに反対すると、命を狙われるというような空気が醸《かも》し出されるようになり、「統帥権干犯」を持ち出されると、誰も公には反対できなくなるという事態が出来《しゅったい》しました。ですから軍事には内閣も一切口を出してはいけないという雰囲気ができあがり、そのため仮に軍部が独走を始めたとしても(後にそれが現実となる)、それに歯止めをかける権力者、機関がどこにも存在しないというのが、当時の日本の状況でした。

軍艦の保有比率というのは整備ですから大臣の管轄です。そして戦争すると決めるのも、内閣です。戦争と決まったら、決定を受けてマリアナを防禦するか、ハワイを攻撃するか、それを決めるのは統帥です。艦隊をどのように編成し、それぞれの軍艦に誰を乗せるといったことを決めるのも統帥です。ところが当時の日本では、こうした連係がすっかりくずれてしまい、完全に分裂してしまっていました。

統帥と国務が分裂した結果、どういうことが起こったかというと、たとえば大東亜戦争中、海軍がミッドウェイで大海戦をするという計画を、東條首相は知りませんでした。真珠湾攻撃も、東條首相は陸相として事前に参謀総長から極秘に知らされたといいますが、ほかの閣僚は誰も知らなかったそうです。陸相を兼ねていなければ、総理大臣の東條さんも知らないところだったという、信じられないような話です。

アメリカとかイギリス、ソ連でも同じですが、チャーチルは陸軍も海軍も全部握っていました。ルーズベルトも陸軍も海軍も空軍も海兵隊も全部握っていました。スターリンも同じです。ヒトラーも蔣介石も同じです。日本だけは誰も握っていない。名目上は天皇が握っていることになっていますが、天皇がいちいち命令するはずがありません。全部責任内閣の管轄です。ところが統帥権干犯問題が起こったあとは、首相が最も重要な軍事作戦すら知らされないというようなことが起こっていたのです。国務は統帥といつの間にか切り離されてしまっていました。

その原因は、明治憲法の欠陥にあったというのが、かねがね私が論じているところです。それは明治憲法下では、条文の上で首相はいなかったからです。つまり名目上、一切の責任は天皇ということになっていますが、それはあくまで名目上であって、天皇が政務に関わることはありません。

では、実際に誰が決定を下し責任を取るのかというと、内閣であって、首相ではない。首相は閣議の議長であっても、最高権力者ではない。したがって、国務と統帥を束ねて、重大な決定を下すべき人間がいない。統帥権は天皇にあり、内閣が統帥に口を出すべきではないという屁理屈を持ち出されても、これを論破できる根拠もなく、統帥部の独断専行を抑えるべき人も、実際上は誰もいないというところに、日本の最大の悲劇があったのです。

明治のころは、明治維新を行ない憲法をつくった当事者や元老たちが健在でしたから、政府が戦争指導の実権を握っていることに疑念を挟まれることなどなく、軍人は戦略に、つまり用兵作戦に専心すればよかったのです。

しかし、維新の元勲・元老は次から次へと亡くなります。元老の山縣有朋《やまがたありとも》が大正十一年（一九二二年）に亡くなったあとは、西園寺公望《さいおんじきんもち》という公家の元老が一人で、軍を抑える力はありません。それが昭和五年（一九三〇年）のロンドン会議のあとに統帥権干犯問題が起きてからは、戦略の担当者は政略の担当者とまったく同権、あるいはそれ以上と思いこむようになった。ここに「国務と統帥」の分立が生じ、この調整を最大の課題として発足したのが第二次近衛内閣であったのです。

その意味からいってもロンドン軍縮条約というのは、非常に大きな時代の転機だったのです。

五、

その夜、近衛首相候補から通知があったので、翌〔昭和十五年＝一九四〇年〕七月十九日午後三時より東京杉並区荻窪に在る近衛邸に出頭しました。此《この》時会合した人々は、近衛首相候補と、海軍大臣吉田善吾氏、外相候補の松岡洋右氏及《および》私即ち東條の四人でありました。この会談は今後の国政を遂行するに当《あた》り国防、外交及内政等に関し或る程度の意見の一致を見るための私的会談でありましたから、会談の記録等は作りません。之《これ》が後に世間でいう荻窪会談なるものであります。近衛首相は今後の国策は従来の経緯に鑑《かんが》みて支那事変の完遂《かんすい》に重きを置いて行きたいこと、それがためには政治と統帥との調整並《ならび》に陸軍と海軍との調和に今後一層重きを置くべきこと等を提唱せられまして、之には総《すべ》て来会者は同感であり、之に努力すべきことを申合せました。政治に関する具体的のことも話に出ました。内外の情勢の下に国内体制の刷新、支那事変解決の促進、外交の刷新、国防の充実等がそれであります。其の詳細は今日記憶して居りませぬが後日閣議に於て決定せられた基本国策要項の骨子を為すものであります。陸軍側も海軍側も共に入閣につき条件をつけたようなことはありませんが、自分は希望として支那事変の解決の促進と国防の充実を望む旨を述べました。この会合は単に意見の一致を見たというに止《とど》まり、特に国策を決定したという性質のものではありません。閣僚の選定については討議せず、之は総て近衛公に一任しましたが、我々はその結果については通報を受けました。要するに検事側の謂《い》うが如き此の場合に於て「権威ある外交国策を決定したり」ということは事実ではありません。その後近衛公爵に依り閣僚の選定が終り、同月二十二日午後八時親任式がありました。

当時私は陸相として今後に臨む態度として概《おおむ》ね次の三つの方針を定めました。即ち（一）支那事変の解決に全力を注ぐこと、（二）軍の統帥を一層確立すること、（三）政治と統帥の緊密化並に陸海軍の協調を図ること、これであります。

日本を戦争に誘い込んだ蔣介石の謀略

東條陸相が三つの方針の筆頭に挙げているように、第二次近衛内閣では、とにかく支那事変の終結を最優先とすることで、閣内は一致していました。昭和十五年（一九四〇年）七月当時の世界の情勢はというと、前年九月にはドイツがポーランドに侵攻し、第二次世界大戦が始まっています。組閣の一カ月前の六月十六日にはフランスが降伏。そして第二次近衛内閣が成立して二カ月後の九月末に日独伊三国軍事同盟が結ばれますが、これは組閣を前にした荻窪会談の時点で、すでに既定の方針となっていました。

東條陸相が挙げている方針の二番目、「軍の統帥を一層確立すること」というのは、二・二六事件のような事件が二度と起こらないようにということです。「政治と統帥の緊

荻窪会談

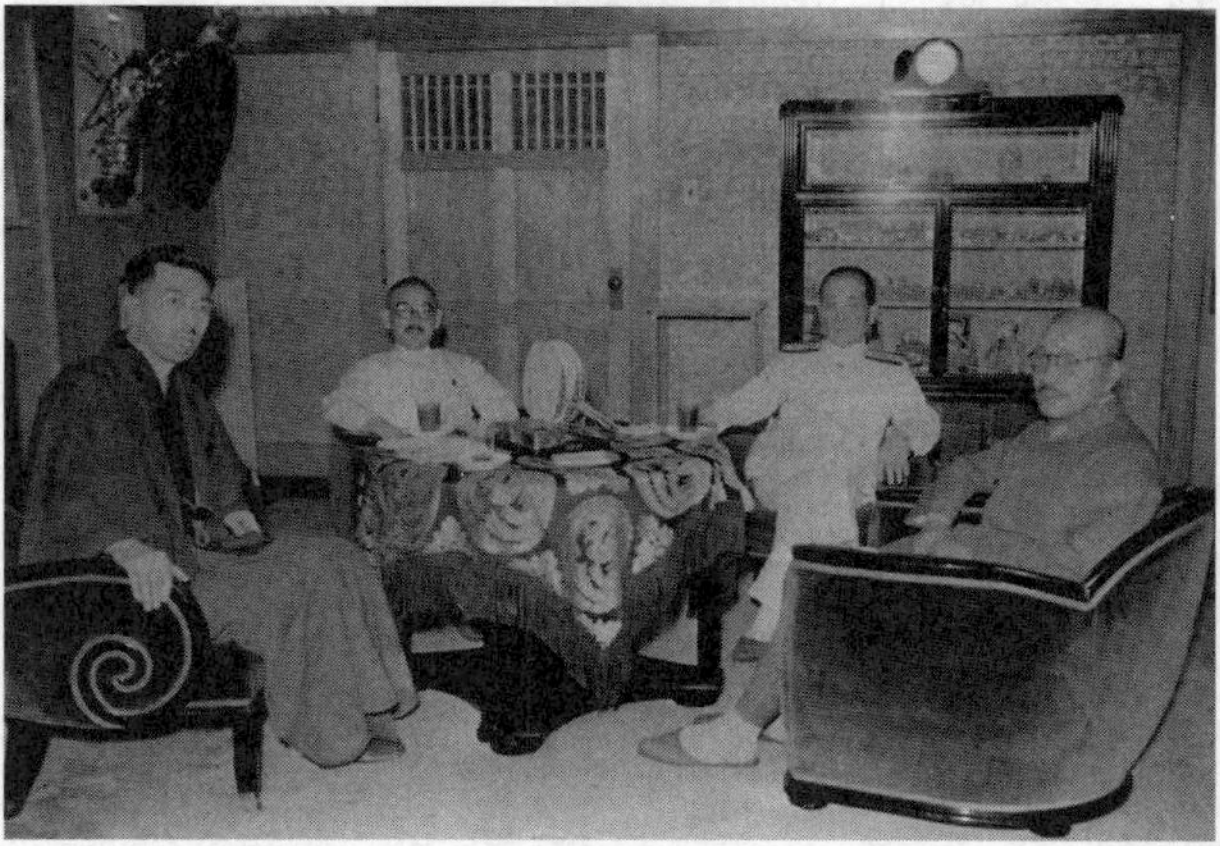

組閣を前に荻窪郊外の近衛私邸にて四首脳が会談し、基本大綱を決定した。左から近衛文麿(首相候補)、松岡洋右(外相候補)、吉田善吾(海相候補)、東條英機(陸相候補)
(昭和15年7月19日撮影)

密化」というのは、前項で述べたとおりです。

支那事変についていうと、意外に知られていないのですが、支那事変を一番終結させたいと思っていたのは陸軍です。北支事変（支那事変の初期の名称）は先ほど述べたように、コミンテルンの手下が仕掛けたものですが、さらにその一カ月後に起こった第二次上海事変は、蔣介石《しょうかいせき》の手によるものでした。

蔣介石は日本軍に勝ってみせるという覚悟を決め、昭和九年から十年にかけてドイツの元参謀総長であったゼークト大将を軍事顧問に招き、上海地区のいたるところにトーチカや側溝《クリーク》を構築しました。ゼークトはハルツブルガー防禦線を構築した防禦陣地づくりの権威です。誰と戦うためでもありません。日本軍を戦争に引き込んで、そこで勝つという方針でした。そのために、日本が手本にしていたドイツ陸軍の元参謀総長まで呼んで、日本を上海地区の戦争に捲き込み叩き潰すつもりでした。

当時の上海には日本人がたくさん住んでいましたが、日本陸軍は駐留していません。租界を持つ各国も似たようなものですが、海軍特別陸戦隊約四五〇〇人が駐留していただけでした。海軍特別陸戦隊というのは、海軍の水兵さんが、せいぜい機関銃を携行していたくらいの話で、アメリカの海兵隊のような正式の陸上の戦闘部隊ではありません。わずかな日本の海軍特別陸戦隊に守られた日本人居留民に対し、突然、蔣介石の正規軍約五万が攻撃をしかけてきたのが第二次上海事変でした。

またトレヴァニアンという小説家の『シブミ』という小説があり、この本はアメリカでもベストセラーになりましたが、史実をきちんと検証した本で、当時の上海における事件を、実にリアルに正確に描いています。著者の素姓はわかりませんが、おそらく当時の事情に精通しているアメリカ人が、匿名で書いたものと思われます。

この事変において、世界中の目を引きつけるために、蔣介石軍は爆撃を始めました。そして百貨店にまで爆弾を落としました。その渦中で、後に駐日アメリカ大使になったライシャワー氏の兄もイギリス系のホテルで爆死しています。攻撃目標は日本租界でしたが、ホテルや民衆の娯楽施設への爆撃などもありました。もちろん海軍特別陸戦隊も応戦しますが、それだけではとても持ちこたえられません。そこで日本軍は急遽、陸軍の派遣を決定しました。

ところが、これは相手の思う壺でした。いま述べたように、上海はトーチカとクリークで固められています。ライシャワー氏は、支那事変が本当に始まったのは昭和十二年（一九三七年）七月七日の盧溝橋ではなく、八月十三日の上海であると言っています。戦闘は八月に始まり、九月、十月になっても決着はつきません。

日本はこの危機を打開するために、十一月五日、杭州《こうしゅう》湾にいきなり柳川平助《やながわへいすけ》中将が率いる第十軍を上陸させ、敵の背後を衝《つ》きます。杭州湾の敵前上陸という有名な作戦ですが、このとき柳川中将は、飛行機から大きな旗をぶら下げ、さらに、「日軍百万杭州湾上陸」というビラをまいたりして敵を攪乱《かくらん》しました。突然背後に敵が現われ、はさみ撃ちされる形となって、上海の蔣介石軍は総崩れになります。

蔣介石が中国軍に撤退を命じたのは十一月九日です。この間に日本軍は九一一五名戦死、三万一二五七名負傷という大損害を受けました。

ところで二〇〇五年に出版され、世界的な話題を呼んでいるユン・チアンとジョン・ハリディの共著『マオ』によれば、この攻撃を仕掛けたのは、コミンテルンの手先であった張治中という将軍で、彼は蔣介石の許可なしに、かつその命令に反して日本軍を攻撃し始めたとされています。

シナ軍の損害についても『マオ』（上巻・343ページ）は、次のように述べています。「上海では中国軍一八〇個師団のうち七三個師団——しかも精鋭部隊——四〇万以上が投入された。大部分が殲滅《せんめつ》された。中国が自力で育てた空軍（北部戦線には一機たりとも派遣しなかったほど蔣介石が大切にしていた空軍）のほぼ全部、そして軍艦の大部分が、この戦いで失われた」と。そして十二月十三日には、南京が陥落します。

第二次上海事変

蔣介石によって仕掛けられたこの事変は３カ月に及び、日本軍は死者9,115名、負傷者31,257名という大損害を被った。支那事変の泥沼の始まりだった
(昭和12年10月２日撮影)

事変の早期終結を阻止したのは誰か

支那事変の初期、日本陸軍の参謀次長は多田駿《ただはやお》という人でした。参謀総長は皇族の閑院宮《かんいんのみや》ですから事実上の参謀総長です。多田をはじめ、第一部長石原莞爾少将ら当時の参謀本部はソ連を警戒して、終始一貫して事変不拡大・早期和平を唱えていました。当時は第一次近衛内閣で、多田参謀次長は、何度も近衛首相に進言しましたが、聞き入れられるところとはなりませんでした。

ちなみに前にも述べたとおり、東條さんは、このころは政府と何の関係もありませんでしたが、関東軍の参謀長として対支強硬論者であり、参謀らを東京に派遣してシナ軍を徹底的に懲《こ》らしめるよう参謀本部にはたらきかけたりはしていたと田中隆吉《たなかりゅうきち》は書いていますが、この人物は東京裁判では検事側について、その都合に合わせた発言をした人なので、どこまで信用すべきかわかりません。この間の事情は、近衛自身が東京裁判の前に服毒自殺をしているので、永遠に闇に閉ざされてしまいました。本当なら近衛は、東京裁判に来て、一番に証言してもらいたかった人でした。

近衛の背後関係としてささやかれているのが、彼の左翼人脈ですが、これについてもあまり明らかではありません。わかっていることだけでいうと、当時のはやり言葉で、ブレーン・トラストという言い方がありました。私は当時子どもでしたが、この英語は、当時話題になっていました。いまで言えば頭脳集団です。

その頭脳集団の一番の中心が、尾崎秀実《おざきほつみ》です。尾崎秀実は後にゾルゲ事件に連座して、ゾルゲとともに死刑になったことでもわかるようにコミンテルンのスパイでした。このような人が、支那事変の継続を求めるコミンテルンの指示によって動いていたことは明らかです。コミンテルンの狙いは、日本と蔣介石を戦わせて消耗させ、ソ連と中国共産党を拡大化することにありました。

日本陸軍は、事変を一刻も早く終わらせたかった。ところが近衛首相を囲む共産主義者とそのシンパたちが、やめさせないようにと、しきりに工作をしたわけです。事実、南京入城を前にして、蔣介石軍との間でトラウトマン工作といった和平交渉もありましたが、結局は決裂します。それに一番力があったのは、左翼の人たちだったのですが、そのあたりの細かな動きは、近衛さんに生きていて証言してもらいたかったところです。

しかし、陸軍が戦いをやめたかったことは確かです。ところがやめられなかった。そうしているうちに、事変はズルズルと拡大します。やめられない理由は何といっても、蔣介石側にはアメリカ、イギリス、それからソ連が惜しみなく援助をしているので、いくら負けても奥地に逃げるだけで、日本との交渉に応じなかったためです。

結局日本軍は、南京陥落一年後の昭和十三年（一九三八年）十月には、広東《カントン》、武漢三鎮《ぶかんさんちん》

（漢口、武昌、漢陽）まで占領してしまいます。さらには海南島も占領します。その後はほとんど戦闘らしい戦闘もなく、実際に戦闘があったのは、昭和十二年（一九三七年）七月七日の盧溝橋、八月十三日の上海における事変の開始以来、翌年の十月二十七日前後までの約一年三カ月で、戦争は事実上そこで終わっています。蔣介石は重慶《じゅうけい》に逃げ込んで縮こまっているだけです。

本来は武漢三鎮陥落のあたりで戦争終結となるはずですが、援蔣ルートなどと言って、インドやビルマといったイギリス領を通じて、米英からの蔣介石軍に対する援助が絶え間なく続きます。ソ連もまた援助するということで、いつまでたっても解決の糸口が見出せません。そのうちに日本はアメリカとも戦争をするようになるわけですが、陸軍は、まさか米英相手に新たな戦争をするとは、最初からまったく想定していなかったのです。以上が、昭和十五年七月現在における支那事変の情況でした。

ノモンハン事件、隠された真相とは

第二次近衛内閣の陸相として東條さんが方針として掲げたうちの（三）に「政治と統帥の緊密化」とならんで、「陸海軍の協調」という文言があります。前任の米内内閣がつぶれたのは、まさにこれの欠如で、三国同盟をめぐって陸海軍の見解が分かれ、話し合いが

武漢三鎮陥落

日本軍は昭和13年10月、武漢三鎮まで占領したが、蔣介石は重慶に逃げ込み、事変は終息しなかった。写真は漢口市内を行進する海軍陸戦隊
(昭和15年８月撮影)

つかなかったためでした。

さらに言えば、なぜ陸軍は三国同盟にこれだけ熱心だったたか、私は二つ理由があると思います。一つには、陸軍は満洲、シナ、朝鮮に責任を持っています。これらの地域はソ連と接しているので、コミンテルンの指示を受けた連中がどんどん入ってきて策動しています。その点の危機感は、海軍とは比較にならないほど大きなものでした。ドイツとの同盟でも、最初は防共協定（昭和十一年＝一九三六年）から始まったことからも、その狙いはうかがえると思います。

もう一つ、これも東條さんは関係していませんが、平沼《ひらぬま》内閣の昭和十四年（一九三九年）五月、ノモンハン事件が起こります。そのとき日本の一個師団（約二万人）が消えるほどの死傷者が出たわけです。これは日本陸軍にとって、歴史的大損害です。それにひきかえ当時は敵の損害の状況がわかりませんでした。ソ連は勝ったことにしないと当時の軍人は粛清されますから、ジューコフは、損害を実際よりうんと少なく発表しました。それを日本はまともに受け取り、ノモンハンでは、日本軍はソ連の機械化部隊にしてやられたという印象が、強く刻まれることになりました。ですから陸軍には、ソ連恐るべしという思い込みがあったと思います。

ところが五月に始まったノモンハン事件がようやく終結した同じ年の九月の一日に、ヨーロッパでは第二次大戦が勃発し、ドイツ軍が快進撃を続けます。驀進《ばくしん》、驀進、また驀進で、開戦から一年もしない間にフランスを降伏させます。そうなるとソ連が強いといってもそれよりもドイツのほうが強いらしいということで、ドイツと結んでソ連を牽制したいという気持ちが陸軍に起こったとしても理由のないことではないでしょう。それが日独伊三国同盟を強力に推し進めることの要因となりました。つまり陸軍の思惑《おもわく》には、イデオロギー面（防共）と軍事面（ノモンハン事件の教訓）という二つの理由がありました。

ところでノモンハン事件も、いまではソ連側の損害の実態がわかっていますが、当時それを陸軍が正しく把握していれば、話は違っていたかもしれません。死傷者は日本側が約二万人に対して、ソ連は約二万五〇〇〇人です。飛行機の損害は日本が百数十機、ソ連が一五〇〇機前後で一〇倍にも上ります。戦車も、日本の損害二九台に対して、ソ連はなんと八〇〇台以上です。ソ連側の被害のほうが、桁違いに大きかったのです。いまではそのことが明らかになっているのに、最近の本でも、ノモンハンは日本が大敗したかのように書いているのは腑《ふ》に落ちません。

五味川純平《ごみかわじゅんぺい》氏もそうですが（氏の場合、まだソ連の損害の実態がわかっていませんでしたから無理もありませんが）、半藤一利《はんどうかずとし》氏なども最近の著書でソ連側の損害をきちんと数字をあげて示していながら、それなのに日本の負け戦《いくさ》として書いている。

当時のノモンハンに従軍した兵士の証言でも、ソ連の戦車というのは、一度止まらないと大砲を撃てないので、そのタイミングを狙って撃つと、おもしろいように燃え上がったそうです。

私の子どものころの記憶でも、従軍画家が描いた画報が出るのですが、広い草原が炎上するソ連の戦車で埋めつくされているという絵がありました。従軍画家は、一流の画家が選ばれて、見たままを描くのでインチキではありません。空中戦では日本陸軍の戦闘機が優秀で、敵の戦闘機イ15、イ16をバタバタと落とします。落とすたびに胴体の脇に赤い星を付けます。篠原《しのはら》准尉という人は一人で五十何機を撃墜しています。その写真もあります。ですからノモンハンで負けたといっても、当時の国民としては実感としてなかった。ただ戦後は新聞などで、ひどい負け方をしたと散々書いていたので、そうかと思っていました。

たしかにノモンハン事件における日本の損耗率は、戦争史上、例のないほどの高率だったと言われています。一個師団がほとんど消えるほどです。ところが敵側の損害はそれよりもずっと多い。日本軍の何倍も消えているのです。

よく言われる話に、日本の戦車の弾は敵の戦車を貫くことができずに跳《は》ね返されるのに対して、ソ連戦車の砲の弾は、日本の戦車の装甲が薄いために簡単に貫通してしまうとい

ノモンハン事件の真実

日本軍はあまりの被害の大きさに驚き、ソ連を過大評価するようになるが、実はソ連のほうが甚大な被害を受けていたことが、戦後明らかになった。
(昭和14年7月5日撮影)

うのがありました。それも事実でしょう。ですから大損害を被《こうむ》ったのも仕方がないのですが、それ以上にソ連側にも、すごい被害を与えたのです。戦車では日本側の二九台に対してソ連側は八〇〇台以上の損失です。これは明確な数字が出ていますし、私の当時の知っている限りの知識とも合致します。

ノモンハンでは、現地の師団が勇敢だったために損耗率七割という手ひどい被害を受けました。当時の陸軍は、被害の大きさにあきれたわけです。ソ連恐るべしと。ですからドイツとの同盟を何が何でも結びたかったのだと私は考えています。

それを招いたのはソ連についての情報の不足です。共産圏は少しでも怪しければすぐに殺してしまうので、スパイが入るのは難しかったと思いますが、あのときソ連の損害の正確な状況がわかっていれば、日本の考え方、その後の進路も変わっていたと思います。

六、

ここに私が陸相の地位につきました当時私が感得しました国家内外の情勢を申上げて置く必要があります。此の当時は対外問題としては第一に支那事変は既に発生以来三年に相成っておりますが、未だ解決の曙光《しょこう》をも見出して居りません。重慶に対する米英の援助は露骨になって来て居ります。これが支那事変解決上の重大な癌《がん》でありました。我々としてはこれに重大関心を持たざるを得ませんでした。第二に第二次欧州大戦は開戦以来重大なる変化を世界に与えました。東亜に関係ある欧州勢力、即ち「フランス」及和蘭《オランダ》は戦局より脱落し、「イギリス」の危殆《きたい》に伴《ともの》うて「アメリカ」が参戦するという気配が濃厚になって来て居ります。それがため戦禍が東亜に波及する虞《おそれ》がありました。従って帝国としてはこれ等の事態の発生に対処する必要がありました。第三に米英の日本に対する経済圧迫は日々重大を加えました。これは支那事変の解決の困難と共に重要なる関心事でありました。

対内問題について言えば第一に近衛公提唱の政治新体制問題が国内を風靡する様相でありました。之に応じて各党各派は自発的に解消し又は解消するの形勢に在りました。第二に経済と思想についても新体制の思想が盛り上って来て居りました。第三に米英等諸国の我国に対する各種の圧迫に伴い自由主義より国家主義への転換という世論が盛んになって来て居りました。

昭和十五年当時のシナと世界の状況

東條さんが第二次近衛内閣の陸相として入閣した昭和十五年（一九四〇年）の時点で、支那事変は三年になりますが、戦争は主なところは一年目で終わっていますので、だいたいは残敵討伐の状態が続いています。当時の状況をざっと整理すると、以下のようになります。

まず第一に第一次近衛内閣は、多田陸軍参謀次長の切なる願いにもかかわらず、支那事変を終結させるどころか「蔣政権を相手にせず」という声明を発表して、交渉の扉を自ら閉じてしまいました。外交上、これほど愚劣な施策はなく、後世の批難を浴びていますが、近衛首相にそれをさせたのも、先にも述べましたが、コミンテルンの指令を受けて、日本の政権中枢にもぐりこんだブレーン・トラストの連中と思われます。

陸軍参謀本部は最後まで事変終結を言い張ればよかったのですが、これ以上頑張ると近衛内閣がつぶれる。事変を始めた内閣がつぶれたら、蔣介石を喜ばせるだけだなどと言われて、参謀本部が主張を取り下げました。そしてだらだらと三年続き、武漢三鎮まで占領していながら、いまだ解決の曙光が見えません。

第二にシナのほうでも、北京、南京、上海、武漢三鎮、広東など、主要都市が占領された状態で、政権が機能を失っていましたので、早く日本と交渉できる政府が必要であると考える人も出てきていました。

国民党副総裁の汪兆銘《おうちょうめい》（字《あざな》は精衛）は愛国者で、政府がない国の悲惨さを知っていました。とにかく政府が必要ということで昭和十五年（一九四〇年）、南京に汪兆銘政権を樹立しました。汪兆銘は広東国民政府と国民党において孫文《そんぶん》に次ぐナンバー2で、蔣介石

シナ大陸における日本の占領地域（昭和15年＝1940年当時）

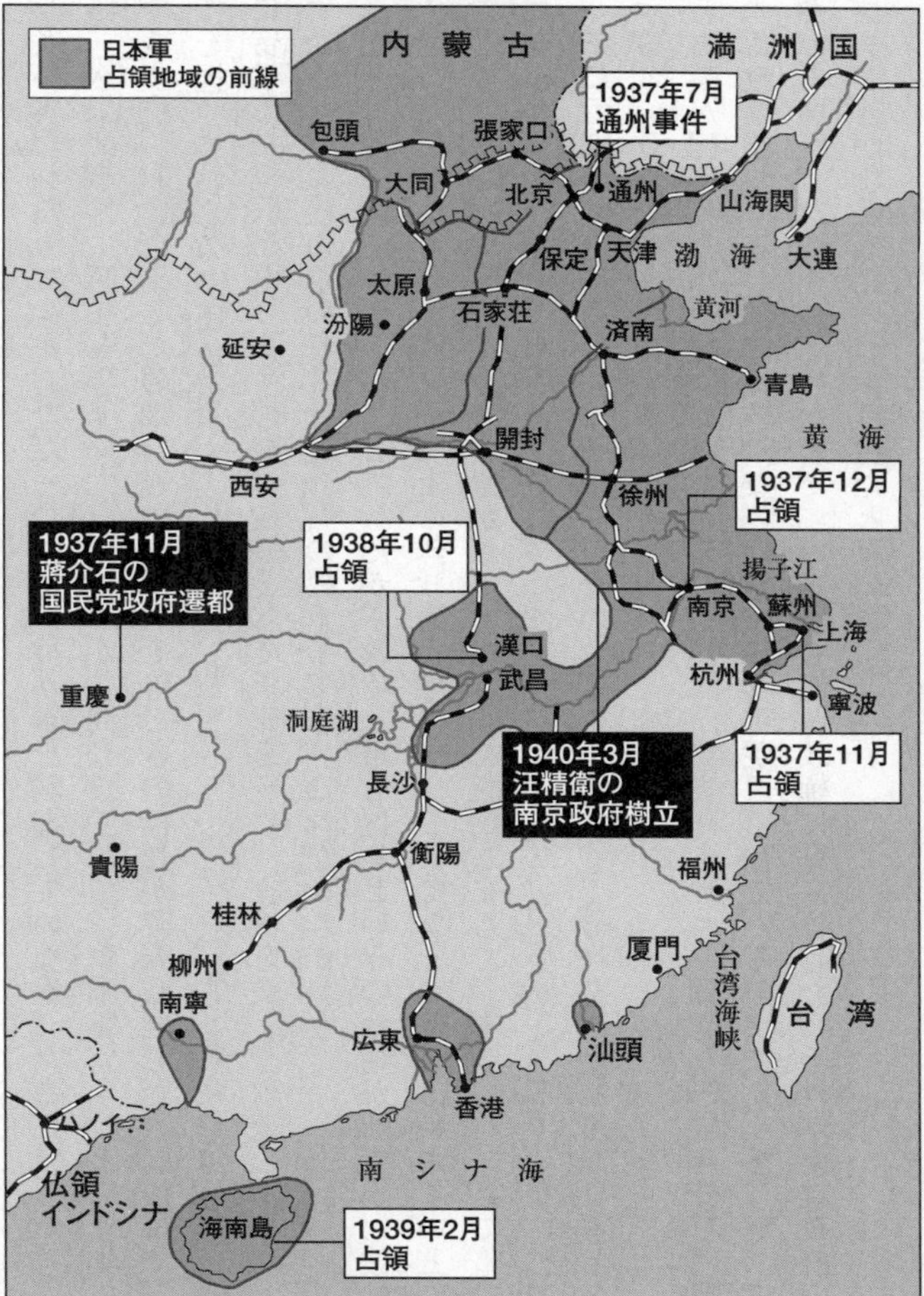

のライバルだった人ですが、ただ一つ問題は彼が軍を掌握していなかったことでした。

第一次上海事件（昭和七年＝一九三二年）から間もなくして、黄埔《こうほ》軍官学校という学校ができます。お金を出したのはソ連ですが、そのときの校長が蔣介石でした。副校長で、実権を握っているのが周恩来《しゅうおんらい》です。要するに共産党の軍事学校です。蔣介石は日本の陸軍に留学した経験がありますので、校長として軍律を定め、将校を厳しく訓練しました。ですから、その後の軍の将校は蔣介石の教え子です。これが大きかった。

汪兆銘は政府内ではナンバー2でしたが、政治と軍を握るというのは話が別です。彼は政治家として、シナの民族を事実上の無政府状態の中においておくわけにはいかないということで、命がけで国民党政府の置かれていた重慶を脱出しました。事実、ハノイで暗殺されかかり、彼の秘書は殺されました。彼はそれから蔣介石の武威が及んでいない雲南《うんなん》や、その近在の地方に行って、そこで自分の政権を打ちたて、それを基盤として日本と交渉するという形を考えたのです。

ところが、何しろ軍を握っていないので、兵隊が集まりません。軍隊なしに蔣介石に敵対する政権をつくるわけにはいかないので、日本軍が占領している南京に入りました。日本がいる場所で政権をつくったので、いかにも傀儡《かいらい》政権に見えました。それが南京政府のパンチがきかなかった一つの理由だと思います。

第三にヨーロッパでは、第二次欧州大戦が世界大戦になるだろうという緊迫感が、いよいよ強まります。フランス、オランダはすでにドイツに占領され、イギリスもダンケルクから追い払われました。そのイギリスに対して、アメリカはレンド・リースという、本当は中立国がしてはいけない軍事援助を通して、ほとんど無限の援助を始めました。日本はドイツと軍事同盟を結んでいますので、それがどう日本に悪影響を及ぼすかわからない。世界の状況が、支那事変が始まったときとは比べものにならないほど刺々《とげとげ》しくなり、アメリカがしきりに戦争に参入するチャンスをうかがっています。それはもう、明々白々の状況でした。ですから日本もぼやぼやしていられません。

そしてアメリカ、イギリスが、日本に対して、中立国の枠をはずしたような露骨な経済圧迫をかけてきます。昭和十四年（一九三九年）七月、アメリカはすでに日米通商航海条約の破棄を通告していました。これは平沼内閣のときで、いよいよ貿易は難しくなってきたわけです。つづいて昭和十五年（一九四〇年）七月二十六日には、ルーズベルト大統領による対日石油・屑鉄《くずてつ》輸出許可制発表がありますが、実質上の禁輸でこれが日本には大打撃でした。

いまの人は屑鉄がどうしたと思うかもしれませんが、当時の日本の製鉄業は、鉄鉱石よりも屑鉄が主たる原料で、アメリカの屑鉄がないと立ち行くことが困難な時代でした。

また航空機用ガソリンは禁輸です。当時はカリフォルニア産のガソリンがオクタン価一〇〇とされており、飛行機の性能に重要な関係がありました。これが当時の国外の状況です。

これに対して国内では、近衛公が政治新体制を呼びかけ、大政翼賛会をつくりました。情けないことに、日本の政党は社会大衆党、政友会など続々と自ら解党してしまいます。これについては、東條さんは関係ありません。

日本がやがて戦争に突入する可能性が大きくなっていました。戦時中には、どの国も多かれ少なかれ国家社会主義体制になります。

その根は第一次大戦にありますが、そこではじめてトータル・ウォーつまり「総力戦」という概念が出てきました。それは国のあらゆる資源、人的資源も物的資源も総動員して戦わなければだめだということです。

第一次大戦には、日本からも観戦武官が行きましたが、その実態を見て、たとえば日本海海戦の連合艦隊参謀だった秋山真之《あきやまさねゆき》のような人までがノイローゼになったほどです。彼が見るところ、イギリスとかフランスには、銃後の国内にほとんど若い男がいない。それなのに武器や弾薬はきちんと製造されていて、しかもむしろ質がいいくらいである。なぜかというと、工場において個々の職人の能力によらずに、システマティックに生産できる態勢が整えられているからである。日本の当時の工場を考えると、それはとてもできない。日本は戦争ができない国になったと彼は考えたのです。

陸軍の人たちも考えました。考えたけれども、どうしようもないわけです。それで近代戦を戦うための態勢づくりをしなければならないということで、帰国した人たちは着々と案をつくります。これがトータル・ウォー（国家総力戦）という概念です。そういう雰囲気になったときに、官僚たちの中から新官僚と言われる一群が現われます。彼らはトータル・ウォーを考えて、国家社会主義的な生産態勢の構築を考えていきます。

第一次大戦でトータル・ウォーの概念を得た陸軍がずっと研究してきたことが、近衛内閣のときに新官僚の出現と合致して、一気に新体制の実現へと流れを加速させました。

実際、戦時社会主義体制を取らなければ、日本という国は戦争ができません。

当時の新体制も、いまから見れば、一種の国家社会主義ですが、当時の軍人も官僚も、そうしなければ日本は生き延びられないという一つの結論から生まれたものだったと思います。

私は社会主義というのは、国力を創造する力は弱いけれども、国力を搾《しぼ》り出す力はあると思います。たとえば盧溝橋事件が始まったとき、日本は半年、一年撃ち合うほどの弾薬の準備もありませんでした。しかし、実際に戦争が始まれば法律は何でも通ります。飛行機も零戦が出てきます。平和なときには、零戦をどんどんつくるなどという力は出ません。このように国家社会主義的制度で国力を搾る力がはたらくことによって出てきたわけです。

そして、これが最も重要な点ですが、米英は自由主義国だと言っていますが、みんな植民地を持って原材料を押さえている国ですから、自由経済体制でも、原材料に困ることはありません。ところが日本やドイツは戦争をするための武器その他をつくる原材料がありません。限られた原材料で戦争をしなければならないとなると、猛烈な統制を布《し》かなければならなくなります。そういう状況判断が当時ありました。

ただし、こういう状況に国を追い込むことに関しては、東條さんは何らタッチしていません。

二大重要国策

七、斯《か》る情勢の下に組閣後二つの重要政策が決定されたのであります。その一つは一九四〇年（昭和十五年）七月二十六日閣議決定の「基本国策要綱」であります。その二は同年七月二十七日の「世界情勢の推移に伴う時局処理要綱」と題する連絡会議の決定であります。私は陸軍大臣として共に之に関与しました。此等《これら》の国策の要点は要するに二つであります。即ちその一つは東亜安定のため速《すみやか》に支那事変を解決するということ、その二つは米英の圧迫に対しては戦争を避けつつも、あくまで我国の独立と自存を完《まっと》うしようということであります。

新内閣の第一の願望は東亜に於ける恒久の平和と高度の繁栄を招来せんことであり、その第二の国家的重責は適当且《かつ》十分なる国防を整備し国家の独立と安全を確保することでありました。此等の国策は毫末《ごうまつ》も領土的野心、経済的独占に指向することなく、況《いわ》んや世界の全部又は一部を統御し又は制覇するというが如きは夢想だもせざりし所でありました。

私は新内閣の新閣僚としてこれ等緊急問題は解決を要する最重大問題であって、私の明白なる任務は、力の限りを尽して之が達成に助力するに在りと考えました。私が予《あらかじ》め侵略思想または侵略計画を抱持して居ったというが如きは全く無稽《むけい》の言であります。又私の知る限り閣僚中斯《かか》る念慮を有《も》って居った者は一人もありませんでした。

「世界制覇の共同謀議」という荒唐無稽

米英の日本に対する経済的圧力は、米英にすればそれなりの言い分があるのかもしれませんが、日本から見れば、原材料がない国が貿易で締め上げられることになります。日本としては、どうして生き延びるかという命題を突きつけられているのです。東京裁判では検事側は、日本が世界制覇を目指して共同謀議をはたらいたと主張しましたが、当時の日本にはそんな大それたことを考える力はありませんでした。昭和三年（一九二八年）のパリ不戦条約調印以来、日本はヒトラーのような世界征服計画を持ち続けていたという検事論告がありますが、そのようなことは考えにも及ばないことで、日本の当時の政策を見れば、検事の論告が荒唐無稽《こうとうむけい》であることは明らかなことです。

たとえば昭和三年当時の田中義一《たなかぎいち》内閣は政友会ですが、それにつづく浜口内閣は、それと正反対の民政党です。昭和十年代の歴代首相を見ても、文官の広田のあとには陸軍の林《はやし》、文官の近衛、平沼、つづいて陸軍の阿部《あべ》ときて、そのあとの米内は海軍です。そしてまた近衛ときますが、それぞれの内閣はすべて意見の食い違いからつぶされています。ですからずっと一貫した世界制覇の共同謀議など、あろうはずがありません。

東條さんも、こんなことは夢にも考えたことはないと言っています。自分はもとより、日本があらかじめ侵略計画を持っていたなどということはまったく根拠のない話で、自分の知る限り閣僚にもそんな人はいなかった、と述べています。

日本が昭和二年（一九二七年）成立の田中義一内閣のころより世界制覇計画を持っていたというのは、いわゆる「田中メモ」によるものですが、これはモスクワのコミンテルンがつくったインチキ文書で、日本が世界から警戒されるようにとの意図のものであったことが、いまでは明らかになっています。これについては後述します。

八、

七月二十六日の「基本国策要綱」は近衛総理の意を受けて企画院でその草案を作り対内政策の基準と為したのであります。之には三つの要点があります。その一つは国内体制の刷新であります。その二は支那事変の解決の促進であります。その三は国防の充実であります。第一の国内体制については閣内に文教のこと及び経済のことにつき多少の議論があり結局確定案の通り極《き》まりました。

第二の支那事変の解決については総て一致であって国家の総ての力を之に集中すべきこと、又具体的の方策については統帥部と協調を保つべき旨の意見がありました。

第三の国防充実は国家の財政と睨《にら》み合せて英米の経済圧迫に対応する必要上国内生産の自立的向上及《およ》び基礎的資源の確保を為すべき旨が強調せられたのであります。大東亜の新秩序ということについては近衛総理の予《かね》てより提唱せられて居ることでありまして此際特に論議せられませんでした。要綱中根本方針の項下にある「八紘《はっこう》を一宇《いちう》とする肇国《ちょうこく》の大精神」ということは最も道徳的意味に解せられて居ります。道徳を基準とする世界平和の意味であります。三国同盟そのものについては此時は余り議論はありませんでした。唯《ただ》、現下の国際情勢に対処し、従来の経緯に捉《とら》わるることなく、弾力性ある外交を施策すべきであるという点につき意見の一致を見たと記憶します。

「八紘一宇《はっこういちう》」の真意とは

このときの「基本国策要綱」の草案は企画院でつくられましたが、企画院というのは、世界情勢の緊迫化に伴ない、日本経済の非常時に備えるためには、いまの言葉で言えば、国家社会主義的な政策が必要であるとの認識のうえに、昭和十二年（一九三七年）に第一次近衛内閣によって設立され、国家総動員計画の設定、遂行についての各省庁の調整統一をその職務としました。つまり戦時経済参謀本部のような機関であったわけです。ここを革新官僚や軍の中堅将校が拠点として統制経済体制をつくりあげました。第二次近衛内閣における企画院総裁は、大蔵省出身の新官僚であった星野直樹《ほしのなおき》です。

彼は大蔵省から満洲に転出して国務院総務長官になり、いわゆる「2キ3スケ」（東條英機、星野直樹、鮎川義介、松岡洋右、岸信介）の一人として、満洲国の経済・財政に腕を振るった人物です。

繰り返し述べますが、天然資源が十分ある国ならば、このようなものは発想として緊急性がありません。しかし情勢が緊迫し、貿易がいつ断たれるかわからない、すでに部分的には断たれている。そのときにどうするかとなると、あるだけの限られたものをどう動員したらいいかということを、考えなければなりません。これは私の大嫌いな民間の事業を圧伏する制度ですが、つくった人たちの当時の状況に置かれてみると、わかるような気がします。

この一年後、昭和十六年（一九四一年）七月になると、米国の在米日本資産凍結が始まります。それにイギリスの植民地を含めた日本資産凍結、日英通商航海条約破棄、蘭印日本資産凍結（蘭印はオランダ領東インド諸島、いまのインドネシア）がつづきます。国内体制としては、配給制度がどんどん入ってきます。国内体制の刷新とは、つまり自由経済ではやっていけなくなったということです。自由経済を廃止したから戦争になったというよりは、国際情勢が切迫してきたので、それに対応するために廃止せざるをえなかったというのが正確な見方でしょう。

この年には、臨時農地等価格管理令、生活必需物資統制令が公布され、米の配給制度も始まります。小学校は国民学校となりました。私も小学校四年生から国民学校五年生となりました。

それから生産の向上は当然として、資源の確保という点では、石油の買い溜めが必要でした。「石油の一滴は血の一滴」という標語が普及します。東條供述書の中に「弾発力」という言葉が出てきますが、資源を押さえられてしまって、何もなくなっては、軍事力を背景にした外交カードも何も使えなくなり、日本は相手の言いなりになるしかなくなります。たとえば石油がまったくなくなっては海軍は動けませんから、交渉カードを失うことになる。つまり弾発力がなくなる。ですから弾発力があるうちに手を打たなければいけないということです。

「八紘《はっこう》を一宇《いちう》とする肇国《ちょうこく》の大精神」というのは、神武天皇が橿原宮《かしはらのみや》に即位されたときに、「八紘を掩《おお》ひて宇《いえ》にせむこと」と言われたのに由来しています。八紘というのは、八つの角、四方八方のことで、当時の日本において、一つの家のようにやっていこうではないかということです。神武天皇は九州から東上してきて、奈良の近くで即位されたのですが、周囲は全部土着の豪族たちです。ですからそれらを統一し、全部を一つの家として仲良くやっていこうという道徳的な意味です。東京裁判では、このこともまた、検事側が侵略思想だとしきりに言い募ったのですが、日本側の弁護団の非常な努力によって、これは道徳的な意味であって、いわゆる侵略的な意味ではなかったということが認められています。

米英蘭による対日経済封鎖

年号（西暦）	出来事
昭和14（1939）年	［7月］アメリカ、日米通商航海条約破棄を通告
昭和15（1940）年	［7月］アメリカ、対日石油・屑鉄輸出の許可制への移行を発表 航空用ガソリンの禁輸 ［9月］アメリカ、対日屑鉄禁輸を発表
昭和16（1941）年	［7月］アメリカ、在米日本資産凍結 英国全領日本資産凍結 日英通商航海条約破棄を通告 蘭印日本資産凍結 ［8月］アメリカ、対日石油全面禁輸

昭和15（1940）年における日本の軍需物資輸入先

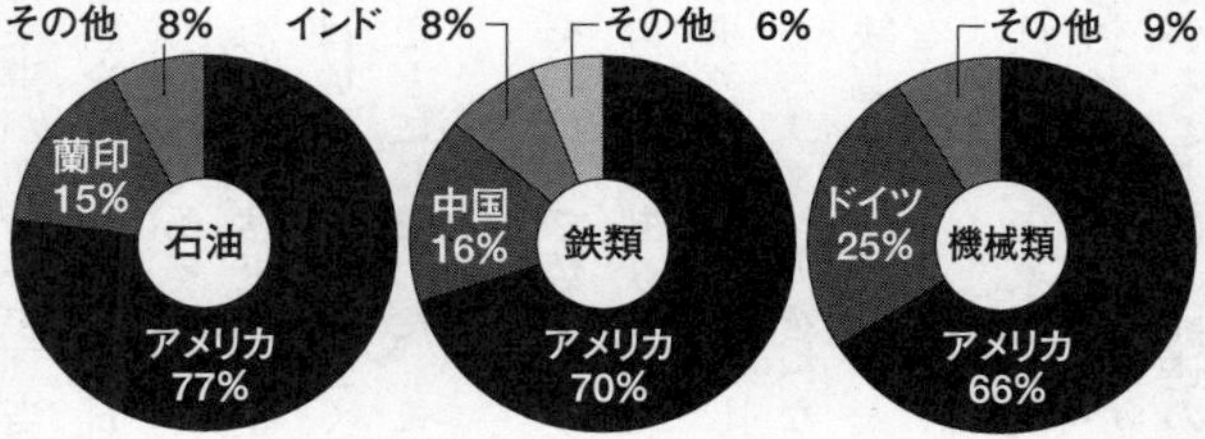

「八紘一宇の精神」が、非常に重要な意味を持った出来事があります。当時同盟関係だったドイツのヒトラーは、ユダヤ人を根こそぎにする計画を持っており、日本に対しても、ユダヤ人を迫害するよう、しばしば要請がありました。日本でもその対応について議論がありましたが、五相会議（首相、蔵相、外相、陸相、海相）の席上、陸軍大臣が「日本には八紘一宇の精神がある。だからユダヤ人を迫害してはいけない」と強く主張しました。こうして日本は、政府レベルでユダヤ人を迫害しないことにしました。これは非常に重要なことです。

杉原《すぎはら》千畝《ちうね》氏がリトアニア領事としてユダヤ人にビザを発給して数千人の命を救ったのはそのとおりですが、その前提としてこうした日本政府の方針がありました。本国の日本がユダヤ人を受け入れない方針であれば、ビザは意味がありません。しかし日本政府は、希望者はすべて受け入れました。極東ソ連から来航してくるユダヤ人をみな受け入れたのです。満洲でも樋口《ひぐち》季一郎《きいちろう》という少将がいて、シベリア鉄道で来たユダヤ人は全部受け入れました。

ですから八紘一宇というのは、文字通り、ほかの民族も一つの家の人間のように扱うという意味でした。東京裁判でも、検事側は当初侵略思想と言ったのですが、その後、道徳的な意味だったということが裁判で正式に認められていることは、前述のとおりです。

九、

「世界情勢の推移に伴う時局処理要綱」は統帥部の提案であると記憶して居ります。これは七月二十七日に連絡会議で決定せられました。此の要綱の眼目は二つあります。その一は支那事変解決の方途であります。その二は南方問題解決の方策であります。此の要綱の討議に当り、議論になった主要な点は凡《およ》そ四つほどあったと記憶します。

(A) 独伊関係、独伊関係については支那事変の解決及《および》世界変局の状態よりして日本を国際的の孤立より脱却して強固なる地位に置く必要がある。支那事変を通じて米英のとりたる態度に鑑《かんが》み従来の経緯に拘《かかわ》らず独伊と提携し「ソ」連と同調せしむるよう施策すべしとの論であります。当時は日独伊三国同盟とまでは持って行かずただ之《これ》との政治的の連絡を強化するという意味でありました。また対「ソ」関係を飛躍的に調整すべしとの論もあったのであります。

(B) 日米国交調整、全員は皆、独伊との提携が日米関係に及ぼす影響を懸念して居りました。近衛総理は天皇陛下の御平生より米英との国交を厚くすべしとの御考を了知して居りましたから、此《この》点については特に懸念して居られました。乃《すなわ》ち閣僚は皆支那事変の解決には英米との良好関係を必要とすることを強く感じて居りました。ただ「ワシントン」会議以来の米英の非友誼《ひゆうぎ》的《てき》態度の顕然たるに鑑み右両者に対しては毅然たる態度を採るの外《ほか》なき旨松岡外相より強く提唱せられました。松岡氏の主張は若《も》し対米戦が起るならばそれは世界の破滅である。従って之は極力回避せねばならぬといって居ります。それがためには日米の国交を改善する必要があるがそれには我方は毅然たる態度をとるの外はないというのであります。会議では具体案については外相に信頼するということになりました。

(C) 対中国政策、対中国施策としては援蔣行為を禁止し敵性芟除《さんじょ》を実行するというにありました。何故斯《かく》の如きことが必要であるかといえば今回の事変の片付かないのは重慶が我が国力につき過小評価をして居るということと及び第三国の蔣介石援助に因《よ》るからであるとの見解からであります。従って蔣政府と米英との分断が絶対的に必要であるとせられたのであります。

(D) 南方問題、対「ソ」国防の完璧、自立国家の建設は当時の日本に取っては絶対の課題でありますが之を阻害するものは⑴支那事変の未解決と⑵英米の圧迫でありま す。右のうち第二のことについては重要物資の大部分は我国は米英よりの輸入に依って居るということが注意せられます。もし一朝この輸入が杜絶《とぜつ》すれば我国の自存に重大なる影響があります。従って支那事変の解決と共《とも》に此事に付《つい》ては重大関心が持たれて居りました。之は南方の諸地域よりする重要物資の輸入により自給自足の完璧を見ることに依って解決せらるべしと考えられました。但し支那事変の進行中のことでもあり日本は之がため第三国との摩擦は極力これを避けたいというのであります。要するに対米英戦争ということはこの決定当時に於ては少しも考えられて居りません。但し日本の之を欲すると否とに拘らず場合に依り米英より武力的妨害のあるべきことは懸念せられては居りました。

七月二十七日の連絡会議。連絡会議とは何か

ここで連絡会議という言葉が出ますが、これも一般には意味不明の言葉です。日本独特の制度と言えるでしょう。先にも述べたとおり、「統帥権の独立」が幅を利《き》かせるようになって以来、本来、国務の下にあるはずの統帥が、国務と対等の地位を求めるようになり、政府と統帥部を束ねる真の指導者が、日本にはいなくなってしまいました。また陸軍と海軍の両方を束ねる人も存在しません。

こうして日本は本当の戦争指導者不在のまま、戦争に突入してしまったわけです。それでも満洲事変規模のものである限りは、さしたる問題もありませんでしたが、支那事変も長期化し、それに欧州大戦の動静もからみ、英米との間でも緊張感が高まって総力戦の様相を呈すようになると、指導者不在の弊害が現われるようになります。そのため、このころから「国務と統帥の統一」「陸軍と海軍の調整」といった言葉がさかんに見られるよう

になるわけです。

こうした弊害を少しでも減らし、各部署間の調整をはかろうとの意図でつくられたのが、大本営政府連絡会議でした。この会議に出席するレギュラーメンバーは、総理大臣、外務大臣、陸軍大臣、海軍大臣、参謀総長、軍令部総長の六人で、ときにより大蔵大臣、企画院総裁、参謀次長、軍令部次長が加わります。さらに幹事として、内閣書記官長、陸軍省、海軍省それぞれの軍務局長が出席しますが、それはあくまで補助的なものです。

昭和十五年（一九四〇年）十一月以降、一時、大本営政府連絡懇談会と名称が変わりましたが、昭和十六年（一九四一年）七月以降、大本営政府連絡会議に戻りました。これが敗戦も近い昭和十九年、小磯《こいそ》内閣となると、最高戦争指導会議と名前を変えます。とはいえ、いくら名前が変わっても、中身はみな同じです。あくまでもその本質は、文字通りの連絡会議ですから、誰にも決定権はありません。ですから日本は本当のリーダーがいないまま、大戦争をずっと続けていたわけです。

先ほども述べたように、ルーズベルト、チャーチル、ヒトラー、スターリンに相当する指導者は日本にはいなかったのです。あくまでもみな話し合いなのです。首相が座長であり中心ではありましたが、首相といえども、海軍の秘密情報を聞くことはできません。ですから東條さんなども、多少誇張があるかもしれませんが、日本海軍の情勢は、海軍から

連絡会議の構成と呼称の変遷

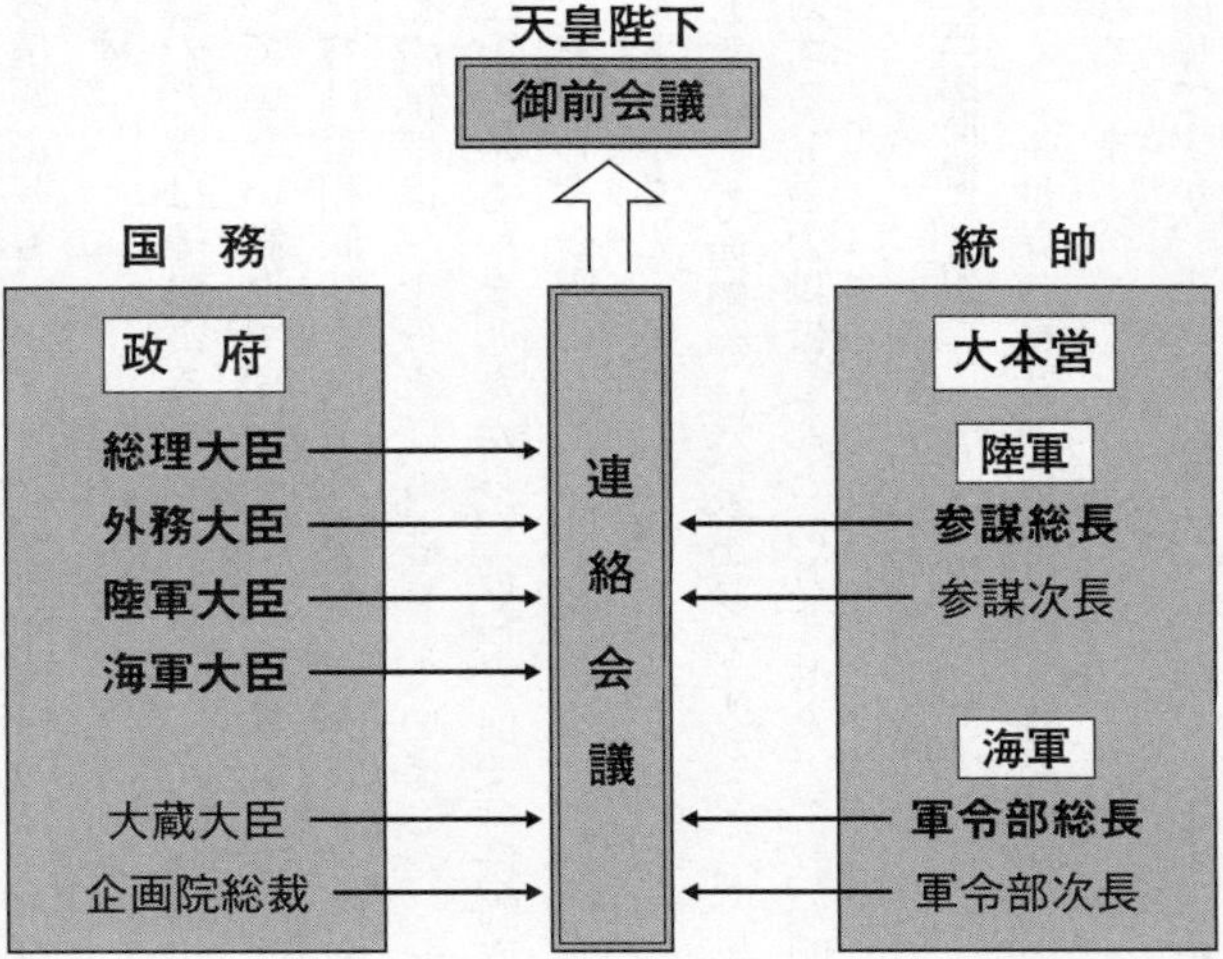

※太字はレギュラーメンバー

昭和12(1937)年11月〜	大本営政府連絡会議
昭和15(1940)年11月〜	大本営政府連絡懇談会
昭和16(1941)年 7月〜	大本営政府連絡会議
昭和19(1944)年 8月〜	最高戦争指導会議

国務と統帥の分裂に悩む政府がその調整を目指して設置した。権威はあっても法制的根拠はなく、必要な場合は閣議決定の手続きを必要とした

上がってくる情報よりも、アメリカの新聞情報のほうが早かったし、よくわかったと言っていたそうです。

日清、日露のときはそのようなことはなく、元老会議がありました。元老会議は憲法のどこにも書いていない制度ですが、元老とは維新政府をつくり、明治憲法をつくった連中です。元老たちは首相候補を天皇に推薦し、実質上、内閣をつくった人たちでもありましたので、首相の権威は、十分軍にも浸透していました。元老の中には山縣有朋《やまがたありとも》や、西郷従道《さいごうつぐみち》など軍の生みの親もいましたから、彼らの前で「統帥権干犯」などという屁理屈をこねまわしたら、おそらく一喝のもとに叩き潰されたことでしょう。

ところが昭和になると、そうした重臣がみな亡くなってしまい、西園寺公望《さいおんじきんもち》だけになりました。同じ重臣でも西園寺は公家出身ですから、天皇陛下に首相候補を内奏するのみで、軍部に対する発言力はほとんどありません。これが明治との違いです。

読みを誤った三国同盟締結

ここに出てくる「世界の情勢の推移に伴う時局処理要綱」というのは、非常に重要な位置づけをされています。

まず独伊関係ですが、日本は地理的に離れています。それに反してアメリカ、イギリス及びその植民地は、日本を包囲する形になっています。またソ連は蔣介石を助けていますから、日本は国際的な孤立に陥るおそれがあります。そうならないようにする必要があるというのは、松岡外相の持論です。第一次近衛内閣のときは独伊との同盟までは持っていかず、反共を旨として政治的連絡を強化するという意味であったとありますが、第二次近衛内閣のときには日独伊三国同盟を結んでいます。

ドイツやイタリアとの同盟締結が、日米関係に悪影響をもたらすのではないかという懸念は、当時の誰もが持っていました。松岡は逆に、同盟を結べばアメリカが譲歩するだろうと考えました。ですから本当は、松岡もほかの人も、アメリカと何とかよい関係を保っていきたいと考えていることでは同じでした。ただその手段として、独伊と同盟を結んだほうがアメリカと対等に交渉のテーブルにつけるのではないかという考え方と、そんなことをしたら、かえってアメリカを硬化させてしまうのではないかという考え方と二つあったということです。

いまから見れば、独伊と同盟を結べばアメリカが譲歩してくるというのは、明らかに松岡の見込みちがいでした。松岡は若いころアメリカ留学の経験があり、アメリカ人には断固とした態度を取らなければ彼らは譲らないという自分の経験則があったらしいです。それが裏目に出たともいえます。

ただ、では同盟を結ばなければ状況がよくなったかというと、これも大いに疑問です。ルーズベルト大統領が日本との戦争を願っていたとしたら、どちらだろうが関係ありません。いまではかなり知られるようになりましたが、ルーズベルトは明らかに日本との戦争を望んでいたのです。

ただ三国同盟が決定的に悪かったのは、ヒトラーがユダヤ人迫害を行なっていることの影響をあまり深刻に考えなかったことです。いまもそうですが、ユダヤ人は、世界の政財界に、大変な力を持っています。十九世紀にすでにディズレーリーはイギリスの保守党党首で首相になりました。世界の財閥にユダヤ人が多いことも知られていました。金融、石油、その他の重要分野でアメリカも非常にその影響を受けています。ですからユダヤ人を迫害している国と同盟を結ぶのはまずいという判断があってしかるべきだったと、いまから見ればわかります。

日露戦争の勝因の一つに、高橋是清《たかはしこれきよ》という人の存在がありました。寒冷地で戦争をするので、特別な装備が必要です。日本はラシャを生産していませんが、ラシャの洋服を着せなければ軍人は寒くて動けません。それから馬もいない。日本の馬は小さいので、輸入しなければいけません。

何から何まで輸入しなければいけないので金がいるのですが、当時、日本に金を貸してくれる立場にあった国は、イギリスしかありません。アメリカは当時はまだ資本輸入国で、とても貸してくれません。ドイツ、フランスは、ロシアと友好関係にありました。要するに主要国で日本に金を貸せるのはイギリスだけです。そこで戦争当初、日本はイギリスに一〇〇〇万ポンドの借款を要請しました。イギリスも非常に友好的で、あれこれ努力してくれましたが、五〇〇万ポンドしか集まりません。

そんなときに、高橋是清の活躍があったのです。彼は若いころから非常についていた人です。たまたまある銀行家のパーティーで隣に座っていたユダヤ人、ヤコブ・シフという人物と話が合いました。シフはアメリカのユダヤ人の会長のような立場の人ですが、シフが言うのは、自分はアメリカにいるけれども、ヨーロッパにいるユダヤ人の状況が非常に心配である。ロシアでは最近もポグロム（ユダヤ人虐殺）が起きている。ロシアのユダヤ人は迫害を受けている。そのロシアと戦うのなら協力しましょうと言って、残りの五〇〇万ポンドを融資してくれました。

それが滑り出しで、戦争が始まると日本が勝ち続けたこともあって、国債の募集は順調に進み、日露戦争では幸いにして、戦いの継続に支障をきたすほどの資金不足に陥ることはありませんでした。

ユダヤ人にはアメリカの政界を動かす力があります。これはいまのパレスチナの状況を見てもそうですし、アメリカがいなければイスラエルが存続できるわけがありません。ところが高橋是清は二・二六事件で殺されてしまい、ユダヤ人との一番大きなパイプを日本は失ってしまいました。ですから二・二六事件というのは、その意味からも日本に悪をなした最大のものであるといえます。

重慶政府の日本に対する過小評価

次に中国政策ですが、支那事変が終結しない理由として「重慶がわが国力につき過小評価」とあるのは、国力のみならず、二・二六事件が及ぼした影響が大きいです。「日本というのは、軍隊が元首相を殺すような国だ。シナにだってそんなことはない」という意味での侮蔑の目がありました。日本軍についても、いつ割れるかわからないというくらいの期待を持っていた可能性があります。

加えてイギリス、アメリカ、ソ連などの第三国が莫大な援助を続けています。宋美齢《そうびれい》という女性がいますが、この人は蔣介石夫人となった人です。彼女は浙江《せっこう》財閥の娘で、姉は宋慶齢《けいれい》と言って孫文と結婚し、共に美人として有名でした。アメリカのセブン・シスターズの一つである名門、ウェルズリー大学を卒業します。時間はやや下りますが、その彼女が昭和十七年（一九四二年）に訪米して、日本にいじめられていますという演説をして世論に訴え、膨大な対中援助を引き出しました。

浙江財閥というのは、宋美齢の先祖がその昔アメリカに留学し、そこでバイブルを売る権利を取得して帰国し、バイブルを売りまくって財産のもとをつくった家です。宋美齢ももちろんキリスト教徒です。そのため蔣介石もキリスト教徒になりました。

そうして、「私たちはキリスト教徒です。それがキリスト教でもない異教徒の日本にいじめられています」と講演して回りました。アメリカの反日勢力に宗教が加われば、非常に都合がよかったわけです。カナダかどこかの教会では、宋美齢の絵姿をステンドグラスにしてはめこんだという話があるくらい人気がありました。

宋美齢のおかげで同情論がわき上がり、蔣介石援助の金が出るわけです。当時のシナの政府は、いまもそうですが、もらった金の何分の一かはキックバックするらしいです。日本相手でもそうです。ＯＤＡを供与すればキックバックがありますから、日本の政治家もやめられないし、チャイナ・スクールなどもできます。そうするとまたドンと供与が来ます。キックバックすることで、ますます援助を引き出せるという構図のようです。

アメリカでは、フライング・タイガーズという飛行集団まで中国に送りこみます。これはシェンノートというアメリカの退役将校が九〇人のパイロットと一〇〇機のＰ－40戦闘機で組織したものです（後にこれはアメリカ航空隊に編入され、終戦まで戦っています）。

昭和十六年（一九四一年）七月二十三日にルーズベルト大統領は、シェンノートにアメリカ人飛行士一〇〇人と五〇〇機の飛行機を与えています。これは日米開戦の四カ月半前に、アメリカ大統領が支那事変にすでに経済のみでなく軍事的関与をしていることを示しています。

この飛行集団によって、最初のうち日本側は大きな被害を受けました。もっとも昭和十五年（一九四〇年）八月十九日に零戦が登場してからは、当時、シナが所有していた飛行機四〇〇機くらいが、全機撃墜あるいは爆破されたので、日本の飛行機は落ちなくなりました。零戦というのはすばらしい飛行機で、シナ上空で空中戦で撃墜されたのは一つもありません。高射砲で落ちたのが一機あるくらいです。零戦を支那事変のはじめから持っていれば、事変はものすごく簡単に片付いたかもしれません。

あるいは周仏海《しゅうぶつかい》という蔣介石の侍従室副主任・中央宣伝部長だった人が言っているのですが、「日本軍の間違いの一つは、とにかく戦争を止めよう、止めようとしていたことにあった」と。南京を落としたときに、そのまま追撃戦をしていたらシナ軍は抗戦を続けることができなかったのではないかと。しかし実際には日本軍は南京で止まってしまい、追撃をしないので、シナ軍は一時退却し、また攻撃してくるわけです。陸軍が一番戦争に反対していたのですから、それも致し方ないことでしたが、そうして日本が節度を守ることが、中国側の過小評価を招きました。

日本が相手のことを慮《おもんぱか》ったり、道義的で、早期の戦争終結を目指して進撃を中止したりすると、日本の国力がないと思うわけです。シナ人は必ずそのような考え方をします。日本の配慮を、弱さであると思うのです。いまでもそれが残っています。

日本を縛った「アウタルキー」という概念

四番目に、「南方問題、対ソ国防の完璧」とありますが、共産革命を起こしたソ連が、とにかく世界を共産化しようとして、あらゆる手段を講じて大陸に浸透していることは、大陸にいる陸軍将校ならば嫌になるほど知っていました。ですからこれは完璧に守らなければならない、絶対の課題でした。

南方問題については、この時点では英米と戦うということはまだ考えられていませんが、英米からの物資の杜絶《とぜつ》という事態に備えて（皮肉にも南進政策によってそれは現実となってしまいましたが）、南方の資源を手に入れて自足態勢を作る方法を模索していました。それができないようであれば「対英米戦ヲ辞セズ」という覚悟を示しています。

最近忘れられた言葉で、当時さかんに使われていて私も子どものころ聞いて覚えているのは、「アウタルキー」という言葉です。アウタルキーはドイツ語ですが、簡単にいうと自国で出る原料・資源で経済的なことが完結できる政府ということです。自己完結型国家といいますか、そういうのをアウタルキーと言います。しかし、アウタルキーはそのころ、先進資本主義諸国が恐慌から自国経済を保護するために、それぞれ植民地、半植民地を含めて自給自足的なブロック経済を形成したものを指すようにもなります。つまり資源を持てる大国の身勝手な保護貿易主義のことです。

その意味でのアウタルキーがいつごろから始まったかというと、いろいろ見方がありますが、昭和四年（一九二九年）、アメリカの下院議会に上程されたホーリイ・スムート法が決定的でした。ホーリイ氏は下院議員、スムート氏は上院議員でしたが、いずれも小さいコンツェルンを持つ実業家で、第一次大戦で大儲けしたものの、戦後不況となり、さらにヨーロッパの産業界も復活して、その製品が競合するようになりました。日本からの輸入なども増えたので、これを抑えるために、約一〇〇〇品目について、万里の長城のような輸入障壁を設けました。関税率の一番高いのは実に八〇〇％というものでした。一〇〇％とか五〇％というのは安いほうです。ある統計によれば、これによって一年後には、世界の貿易量が半分になったということです。この法律は昭和四年（一九二九年）、アメリカ議会に上程され、翌年六月にはフーバー大統領が署名します。

アメリカで株価の歴史的大暴落が起こったのは、昭和四年（一九二九年）の十月二十四日です。この暴落が非常に重要な意味を持ったのは、それまで理論的には論破しつくされて、あまり信じる人もなかったマルクスの大恐慌論が、これによって証明されたと思う学者が増えたことです。

しかし、本当はマルクスとは関係なく、ホーリイ・スムート法というアメリカの二人の議員の利己心が原因だっただけの話です。これがものすごい不況を呼びました。私が生まれたのはホーリイ・スムート法が議会を通過した翌年ですが、戦後になっても私の母は、「おまえが生まれたころの不景気を思い出すと、夜中でも冷や汗が出る」と言っていました。いかにすごかったかということです。

当時、日本はこのためにものすごく貧しくなります。日本の貧しさというのは、単なる貧しさではありません。昭和七年（一九三二年）のオタワ会議では、イギリスとイギリスの植民地の間には関税がほとんどないけれども、域外にはきわめて高率の関税をかけるというようなことが取り決められます。当時、カナダ、オーストラリア、インド、南アフリカ、ビルマ、マレー、シンガポールなど、みなイギリスですから、他国はそこから締め出されてしまいます。イギリスのアウタルキー、つまりブロック経済政策です。これで一番影響を受けるのは日本です。

昭和一桁台の日本の困窮は、日本の政治家が悪いなどと簡単に言えません。なぜかというと、日本には近代工業を支えるための天然資源がほとんどありません。旧幕時代ならば、日本にあるものだけでやっていけましたが、近代工業社会になると、日本には重要な物資がほとんどない。何もないからといって、そのままではいられません。軍艦もつくらなければならないし、飛行機もつくらなければいけません。それから国民の生活もあります。

ではどうするかというと、まず日本が持っている蚕《かいこ》から絹織物をつくってそれを売り、それで得た外資で屑鉄や石油を買う。その原材料から「安かろう、悪かろう」でも工業製品をつくって、それを売り、儲けたお金でまた原材料を買う以外にない。一方、米英などははじめから原材料を持っています。そこに売り込むためには、絶対に安価でなければいけません。日本は原材料を持っていないので、原材料を買って加工して、原材料のある国に売るわけですから、売るための価格の差をどこでつけるかというと、労働賃金を下げるよりありません。

ですから昭和の時代に労働者階級の給料が低かったというのは、搾取でも何でもなく、高くできないわけです。安い賃金で儲けて、その金でまた原材料をむこうから買わなければいけないという状況だったのです。そこに、さらに高い関税制度が導入されると、日本は輸出品をさらに安くしなければなりません。そのために給料はさらに抑えなければならないという厳しいことになります。

アウタルキーというのは、日本としては致命的なものでした。それで石橋湛山《いしばしたんざん》とか高橋《たかはし》亀吉《かめきち》などは、こんなことをされたのでは戦争になっても仕方がないというような論文を書きました。これが敗戦後、石橋湛山が公職追放になった理由です。一番言ってはいけない本当のことを言ってしまったわけです。

当時、アウタルキーの国はどこかというと、アメリカ、イギリス、フランス。植民地としてインドネシアを持つオランダもそうです。国家体制は違いますが、ソ連もそうです。近代産業がない国は原材料がなくてもかまいませんが、近代国家で原材料を持たないのは、奇しくも日独伊の三国です。ドイツは石炭などはありましたが、石油はありません。日本はもっとひどい。ですからアウタルキーができる国と、アウタルキーができない国に分かれたわけです。戦前は「haves」（持てる国）と「have-nots」（持たざる国）と言いました。日本は「have-nots」の国の一つでした。

当時の日本人たちが、満洲帝国の成立に歓呼の声を上げたのは、アメリカに移民できないために深刻になっていた人口問題の解決のメドが立ったことと、原材料の入手に見通しが立ったと思ったからです。しかし残念ながら、満洲には石油が出なかった。そうすると日本がアウタルキーになるためには、南方の資源にアクセスが必要です。そのアクセスになります。

一番重要なのは、インドネシア、つまり当時の和蘭《オランダ》領インドシナ（蘭印）だということになります。

当初は戦争までして取りに行こうなどという発想はありません。何とか話をつけて、貿易ができるようにしようとしました。

原材料を輸入するためには、外資がないといけませんから、その前に日本の製品を売らせてもらわなければなりません。アメリカ、イギリスが、これだけ関税をかけたにもかかわらず、それでも日本は八方手を尽くして、製品を売っていました。当時も貿易は止まっていません。むこうが買わないための関税障壁でしたが、それに日本は涙ぐましく対応しました。ところが後になると、そもそも日本には一切、物を売らないということになります。こうなると万事休すです。

南方問題というのは、いまから見ると、なぜあのようなところまで日本が進出したのか疑問を持っても致し方ないところです。たしかに、こうした事情を知らないと、単なる侵略という見方も出てきます。

おもしろいことに、マッカーサーは後にそれが理解できたのです。昭和二十六年（一九五一年）にアメリカに呼び戻された彼は、アメリカ上院の軍事外交合同委員会で、次のように証言しています。

日本は近代国家として持っているのは、蚕だけだと言っています。絹産業だけだということです。ほかのものは何も持っていなかった。しかし、必要なものはすべて南方地域にあった。それなのに、われわれは日本に売らないことにした。日本はこのまま行けば、一〇〇〇万人から一二〇〇万人の失業者を生ずることになった。したがって日本が戦争に入ったのは、主として国家安全《セキユリテイー》のためであったと。

第二章

三国同盟

三国同盟

一〇、

以下日独伊三国同盟締結に至る迄の経緯にして私の承知する限りを陳述致します。右条約締結に至る迄の外交交渉は専《もつぱ》ら松岡外務大臣の手に依って行われたのであります。自分は単に陸軍大臣として之に参与致しました。国策としての決定は前に述べました第二次近衛内閣の二大国策に関係するのであります。即《すなわ》ち「基本国策要綱」に在る国防及《およ》び外交の重心を支那事変の完遂に置き建設的にして弾力性に富む施策を講ずるということ及「世界情勢の推移に伴う時局処理要綱」の第四項、独伊との政治的結束を強化すとの項目に該当致します。独伊との結束強化の真意は本供述書九項中（A）として述べた通りであります。

この提携の問題は第二次近衛内閣成立前後より内面的に雑談的に話が続いて居りました。第二次近衛内閣成立後「ハインリッヒ、スターマー」氏の来朝を契機として、此の問題が具体化するに至りましたが之に付ては反対の論もあったのであります。吉田海軍大臣は病気の故を以て辞職したのでありますが、それが唯一の原因であったとは言えません。九月四日に総理大臣官邸で四相会議が開かれました。出席者は首相と外相と海軍大臣代理たる海軍次官及《およ》び陸相即ち私とでありました。松岡外相より日独伊枢軸強化に関する件が予《あらかじ》めの打合せもなく突如議題として提案せられました。

それは三国間に欧羅巴《ヨーロッパ》及亜細亜《アジア》に於ける新秩序建設につき相互に協力を遂ぐること之に関する最善の方法に関し短期間内に協議を行い且《か》つ之を発表するというのでありました。右会合は之に同意を与えました。スターマー氏は九月九日及十日に松岡外相に会見して居ります。此間の進行に付ては私は熟知しませぬ。そして一九四〇年（昭和十五年）九月十九日の連絡会議及御前会議となったのであります。「ここで申上げますが検事提出の証拠中一九四〇年（昭和十五年）九月十六日枢密院会議及御前会議に関する書類が見られますが同日に斯《かく》の如き会議が開かれたことはありません。尚《な》お遡《さかのぼ》って同年八月一日の四相会議なるものも私は記憶しませぬ。」

一九四〇年（昭和十五年）九月十九日の連絡会議では同月四日の四相会議の合意を認めました。此の会議で私の記憶に残って居ることは四つであります。

其の一は三国の関係を条約の形式に依るか又は原則を協定した共同声明の形式に依るかの点でありますが、松岡外相は共同声明の形式に依るは宜《よろ》しからずとの意見でありました。

其の二は独伊との関係が米国との国交に及ぼす影響如何《いかん》であります。此点に付ては松岡外相は独逸《ドイツ》は米国の参戦を希望して居らぬ。独逸は日米衝突を回避することを望み之に協力を与えんと希望して居るとの説明でありました。

三は若《も》し米国が参戦した場合、日本の軍事上の立場は如何《いか》になるやとの点でありますが、松岡外相は米国には独伊系の国民の勢力も相当存在し世論に或る程度影響を与うることが出来る。従って米国の参戦を回避し得ることも出来ようが、万一米国参戦の場合には我国の援助義務発動の自由は十分之を留保することにして行きたいとの説明を与えました。

四は「ソ」連との同調には自信ありやとの点でありますが、松岡外相は此点は独逸も希望して居り、極力援助を与うるとのこともありまして、参会者も亦《また》皆松岡外相の説明を諒と致しました。

右会議後同日午後三時頃より御前会議が開かれました。同日の御前会議も亦連絡会議の決議を承認しました。此の御前会議の席上、原枢府議長より「米国は日本を独伊側に加入せしめざるため可《か》なり圧迫を手控えて居るが、日本が独伊と同盟を締結し其態度が明白とならば対日圧迫を強化し、日本の支那事変遂行を妨害するに至るではないか」という意味の質問があり、之に対し松岡外相は「今や米国の対日感情は極度に悪化して居って単なる御機嫌とりでは回復するものではない。只《ただ》我方の毅然たる態度のみが戦争を避けることを得せしめるであろう」と答えました。松岡外相は其後「スターマー」氏との間に協議を進め三国同盟条約案を作り閣議を経て之を枢密院の議に付することとしたのであります。

昭和十五年九月十九日の御前会議

昭和十五年（一九四〇年）七月二十二日に第二次近衛内閣が成立し、二カ月後の九月二十七日に三国同盟が締結されました。内閣成立から四日後の二十六日にルーズベルト大統領は屑鉄の輸出を許可制にしました。さらに五日後の三十一日に航空機用ガソリンを禁輸にしました。同時にアメリカは蔣介石に二五〇〇万ドル（約二カ月後には一億ドルになる）の援助を決め、イギリスも約二カ月半後に一〇〇〇万ポンドの援助を決定しました。

九月二十三日には、日本軍が北部仏印に進駐しています。北部仏印（フランス領インドシナ。現在のベトナム、ラオス、カンボジア）進駐は、援蔣ルートを断つことが目的で、いわゆる物資を手に入れることを目的とした南方問題とは違います。しかも仏印進駐はフランス政府（臨時政府ではありましたが）と交渉のうえで進駐したわけです。その交渉の経緯で、現地の進駐軍が独断越境事件を起こしましたが、そのとき東條さんは、南支那方面軍司令官の安藤利吉《あんどうりきち》中将を解任しています。

またこの事件に関しては、参謀総長の閑院宮載仁《かんいんのみやことひと》殿下も責任をとって辞任されています。当時の日本でいかに国際問題に気をつかっていたかわかります。

「御前会議」という言葉ですが、御前会議というと、いかにも天皇が会議に出て発言するように思われますが、実態は連絡会議と同じです。あまり重要なことを「連絡」だけで決定したのでは格好がつかないので、そのときは天皇陛下のご臨席をあおぐというだけの話です。天皇は事前に決められたやりとりを聞いているだけで、ご発言なさることはありません。ですから、きわめて儀礼的なものでした。御前会議で天皇がご発言なさったのは、終戦のときだけ、これはきわめて異例なことでした。

昭和十五年（一九四〇年）九月十九日の連絡会議で、まず第一に、日独伊三国の関係強化を進めるにあたっての形式を、共同声明にするか条約にするかという問題について、松岡外相は条約にすることをよしとしました。

第二に、同盟が日米関係に及ぼす影響についてですが、松岡がいうには、三国同盟は、決してアメリカと戦争をするためのものではなく、逆にアメリカとの衝突を避けるための一つの模索だということでした。あとからすれば、これは間違っていましたが、確かにヒトラーはアメリカとの戦争には絶対反対でしたし、イギリスと戦争をするのさえも嫌がっていました。ですから対米戦を回避したいという目的において日本もドイツも同じだと言われれば、そうかと思える部分もあります。

第三に、アメリカには独伊系国民の勢力も相当存在し、世論にある程度影響を与えることができるという松岡の判断ですが、これははっきりと誤りだったといえるでしょう。

第四にソ連との同調についてでは、ドイツもソ連とは仲良くしたがっているので、日ソ間の協調についても、ドイツは援助を与えるだろうというのが松岡の説明でした。この時点では、独ソ間には不可侵条約があり、まだ戦争は始まっていません。松岡は、この九カ月後にドイツがソ連に攻め込むとは思っていなかったのです。

連絡会議につづいて開かれた御前会議での原嘉道《はらよしみち》枢府（枢密院）議長の質問は、いまから考えると、まったくそのとおりでした。しかし松岡は、毅然たる態度のみが戦争を避けることができると主張しました。そのためには三国同盟が必要だということです。

原枢府議長の発言は確かに的を射ています。しかしあとからわかったことでは、先にも述べたとおり、三国同盟を結ばなくても、アメリカは対日戦を仕掛けた可能性が非常に強い。三国同盟はその口実の一つとされたにすぎません。

同盟の是非とは別に、会議でほかの全員が反対しているのに、松岡外相一人の主張がそのまま通ってしまうというのは、問題があります。近衛が弱腰で、松岡に引きずり回されています。高橋是清あたりが生きていたら、「若造、黙れ」と一喝するくらいのものだったでしょう。しかし、二・二六事件で高橋をはじめとする本物の重臣は殺されてしまいましたから、こんなところにも二・二六事件の痛手が見え隠れしています。

米内光政が総理大臣のままでしたら、松岡の主張をはねつけていたかもしれません。しかし、それゆえに米内内閣は陸軍に潰されました。畑俊六陸軍大臣が辞めると、後任の陸軍大臣がいないためでした。陸海軍大臣現役制の悲劇でした。

情勢は一歩一歩悪くなっていきました。しかし悪くなっているのは、アメリカの態度が硬直しているからそうなっているのであって、アメリカは一歩も引いていないということも重要です。日本側の対応も確かにまずいのですが、それではよりよい対応があったかというと、それもちょっと考えられません。日本移民を排除する絶対的排日移民法（大正十三年＝一九二四年）などというのは、ほっぺたをぶったたいたようなものです。以来、アメリカは一歩も引いていません。

一一、

此の条約締結に関する枢密院の会議は一九四〇年（昭和十五年）九月二十六日午前十時に審査委員会を開き同日午後九時四十分に天皇陛下臨御の下に本会議を開いたのであります。枢密院審査委員会の出席者は首相、外相、陸相、海相、蔵相だけであります。同本会議には小林商相、安井内相の外《ほか》は全閣僚出席しました。星野氏、武藤氏も他の説明者と共に在席しましたが、これは単に説明者でありまして、審議に関する責任はありませぬ。責任大臣として出席者は被告中には私だけであります。尚《な》おここで申上げますが、そもそも枢密院の会議録は速記法に依るのではなくして同会議陪席《ばいせき》の書記官が説明要旨を摘録するに過ぎませんから、説明答弁の趣旨は此の会議録と全く合致するということは保証出来ません。此の会議の場合に於ても左様でありました。

此の会議中私は陸軍大臣として対米開戦の場合には陸軍兵力の一部を使用することを説明しました。これは「最悪の場合」と云う仮定の質問に対し我国統帥部が平時より年度作戦計画の一部として考えて居った対米作戦計画に基いて説明したものであります。斯《か》かる計画は統帥部が其の責任に於て独自の考《かんがえ》に依り立てて居るものでありまして国家が対米開戦の決意を為したりや否やとは無関係のものであります。統帥部としては将来の事態を仮想して平時より之を為すものであっていずれの国に於ても斯る計画を持って居ります。これは統帥の責任者として当然のことであります。尚お此の審議中記憶に残って居りますことは某顧問官より「ソ」連との同調に関し質問があったのに対し松岡外相より条約案第五条及交換文書を挙げ独逸《ドイツ》側に於ても日「ソ」同調に付き周旋の労をとるべきことを説明しました。以上枢密院会議の決定を経て翌二十七日条約が締結せられ、同時にこれに伴う詔《しょうちょく》勅が渙発《かんぱつ》せられましたことは法廷証第四三号及第五五四号の通りであります。

「最悪の場合」対米開戦を想定

三国同盟の条約締結に関する枢密院の会議における東條さんの発言が、東京裁判で問題とされました。それは「最悪の場合」という仮定の質問に答えて、対米開戦の場合の使用兵力について述べたくだりでした。しかし、統帥部は仕事として、いつも仮想敵国を想定して作戦計画を立てているものです。これは、国家が対米戦争を決意するしないとは関係ない話だと、東條さんは述べますが、これはもっともなことです。

ここには対米開戦の場合、陸軍兵力の一部を使用すると書いてありますが、元来陸軍が戦争と考えた場合、ソ連との戦争を考えているわけで、アメリカとのことなどは、まるで考えていませんでした。対米開戦の場合、一部使用というのは南方作戦を考えたわけで、アメリカ大陸で戦うことは夢にも考えていなかったのです。

このときは昭和十五年（一九四〇年）ですから、ノモンハン事件の一年後です。ノモンハンの後で日本はソ連との間で停戦協定を結びましたが、ソ連との関係には最も神経を遣っていました。先にも述べましたが、ソ連側の被害の実態がわからず、日本の被害だけが非常に大きいと考えられていたからでもあります。そのため日本の責任者たちは、ソ連を必要以上に恐れていたわけです。

ところが、その後わかったことによれば、ノモンハン事件ではソ連が自軍のあまりにも大きな被害に驚いて、ドイツに終戦調停を依頼しているのです。日ソ両方で互いに知らずに、ドイツに調停を頼んでいたわけです。

戦後出てきた資料には、興味深いものが数多くあります。たとえば昭和三年（一九二八年）の張作霖《ちょうさくりん》爆殺事件は河本大作《こうもとだいさく》大佐のしわざではなく、ソ連のコミンテルンが仕掛けたという資料も出てきています。先にも述べた田中上奏文（田中メモランダム）という有名な偽文書についても、ロシアのコミンテルンのしわざであることが、わかってきました。ですから戦後教えられたことには、多くの誤りがあります。世界の陰謀の渦巻きというのはすごいもので、日本はコミンテルンの陰謀に、ズバリはまってしまいました。

一二、右の如く三国同盟条約締結の経過に因《よ》て明らかなる如く右同盟締結の目的は之に依《よ》て日本国の国際的地位を向上せしめ以て支那事変の解決に資《し》し、併せて欧州戦の東亜に波及することを防止せんとするにありました。

三国同盟の議が進められたときから其の締結に至る迄之に依て世界を分割するとか、世界を制覇するとか云うことは夢にも考えられて居りませんでした。唯、「持てる国」の制覇に対抗し此の世界情勢に処して我国が生きて行く為の防衛的手段として此の同盟を考えました。大東亜の新秩序と云うのも之は関係国の共存共栄、自主独立の基礎の上に立つものでありまして、其後の我国と東亜各国との条約に於ても何《いず》れも領土及《および》主権の尊重を規定して居ります。又、条約に言う指導的地位というのは先達者又は案内者又は「イニシアチーブ」を持つ者という意味でありまして、他国を隷属関係に置くと云う意味ではありません。之は近衛総理大臣始め私共閣僚等の持って居った解釈であります。

侵略的意図を有していたのはどちらか

以上のように、日本に対米戦の意思はもとより、世界制覇の野望など、まったくなかったことが述べられています。これに対して、アメリカのほうはすでにこの時期、海兵隊を増強しています。海兵隊というのは、主として太平洋の島で戦うことを想定しています。ですから、どちらが戦争の準備をしていたかというと、アメリカであって、共同謀議は本当はむこうにあります。海兵隊と日本の海軍特別陸戦隊を比べれば、どちらが侵略的意図を持っていたかは、明々白々です。

北部仏印進駐

一三、

一九四〇年（昭和十五年）九月末に行われたる日本軍隊の北部仏印進駐については私は陸軍大臣として統帥部と共に之に干与《かんよ》しました。日本の南方政策は引きつづき行われたる米英側の経済圧迫に依《よ》り余儀なくせられたものであつて、其の大綱は同年七月二十七日の「世界情勢の推移に伴う時局処理要綱」に定められてあります。この南方政策は二つの性格を有して居ります。その一は支那事変解決のため米英と重慶との提携を分断すること、その二は日本の自給自足の経済体制を確立することであります。ともに日本の自存と自衛の最高措置として発展したものであって、而《しか》もこれは外交に依り平和的に処理することを期して居ったのでありますが、米英蘭の対日圧迫に依り予期せざる実際問題に転化して行ったのであります。

北部仏印進駐の目的は援蔣ルートの遮断

一九四〇年（昭和十五年）九月二十三日、日本軍がハノイに進駐しました。北部仏印（フランス領インドシナ）進駐と言われるもので、第二次近衛内閣成立から二カ月後、日独伊三国同盟調印の四日前のことでした。その目的は英米による蔣介石政府に対する援助ルートを断ち切ることにありました。蔣介石政府に限りない援助を続けられたのでは、日本としては支那事変を終結させることができません。

これと同じことを、アメリカも後に経験することになります。というのは、アメリカはベトナム戦争で、北ベトナムに勝てませんでした。なぜかというと、北ベトナムには地続きの中国と、ハイフォン港に入港するソ連の船によって、限りない援助物資が送られていたからです。

しかしアメリカとしては、中国本土は無論のこと、ハイフォンの港にどんどん荷物を運び込むソ連船を爆撃するわけにはいきません。ベトナムは工場もなく、自力で武器もつくれないし、爆弾もつくれないにもかかわらず、武器にはまったく不自由しなかったのはそのためで、そうすると攻めるほうはきりがありません。アメリカがベトナムから引き揚げざるをえなかったのは、援助する国を叩けなかったからです。支那事変がまさに同じであったことを、アメリカはベトナム戦争で思い知らされたということです。

支那事変の解決のために日本がなすべきことは、アメリカ・イギリスによる重慶政府の援助ルートを切ることであり、それと並んで日本の自給自足体制を確立するためには、南方、特にインドネシアを持ったオランダとの交渉を進めなければなりませんでした。その場合、南方での足がかりが必要でした。北部仏印進駐のもう一つの目的がこれです。

北部仏印進駐

進駐の目的は援蔣ルートを遮断し、支那事変を終結させることにあった。写真はハノイ近郊を行進する日本軍
（昭和16年２月撮影）

一四、

私は以下に日本軍の少数の部隊を北部仏印に派遣したことにつき仏印側に便宜供与を求めたことを陳述致します。元来此の派兵は専ら対支作戦上の必要より発し統帥部の切なる要望に基くのであります。

前内閣時代である一九四〇年（昭和十五年）六月下旬に仏印当局は自発的に援蔣物資の仏印通過を禁絶することを約し、其の実行を監視するため日本より監視機関を派遣することになったのであります。当時「ビルマ」に於ても同様の措置が取られました。然《しか》し実際にやってみると少数の監視機関では援蔣物資禁絶の実施の完璧を期することの出来ぬことが判明しました。加之《しかのみならず》、仏印国境閉鎖以来重慶側は実力を以て仏印ルート再開を呼号し兵力を逐次《ちくじ》仏印国境方面に移動したのであります。故《ゆえ》に日本としては斯《かか》る情勢上北部仏印防衛の必要を感じました。なお統帥部では支那事変を急速に解決するため支那奥地作戦を実行したいとの希望を抱き、それがため北部仏印に根拠を持ちたいとの考《かんがえ》を有《も》ちました。七月下旬連絡会議も之を認め政府が「フランス」側に交渉することになったのであります。此の要求の要点は北仏（ママ）自体に一定の限定兵力を置くこと、又《また》一定の限定兵力を通過せしめることの要求であります。その兵力は前者六千、後者は二千位と記憶して居ります。右に関する外交交渉は八月一日以来、松岡外相と日本駐在の「シャール、アルセイヌ、アンリー」仏蘭西《フランス》大使との間に行われ、同年八月三十日公文を交換し話合は妥結したのであります。即《すなわ》ち日本側に於ては仏領印度支那に対する「フランス」の領土保全及主権を尊重しフランス側では日本兵の駐在に関し軍事上の特殊の便宜を供与することを約し、又此の便宜供与は軍事占領の性質を有せざることを保証して居ります。

フランス政府との交渉

さらに言うと、北部仏印はいきなり進駐したわけではなく、当時のベトナムはフランス領でしたから、日本はフランス政府と交渉の上で進駐したということです。このことが重要です。

交渉は松岡外相とアンリー駐日フランス大使との間で行なわれました。ですから、北ベトナム進駐が違法であるということはあたりません。正式の外交交渉のうえで認められたことでした。これものちに裁判では侵略のように取り扱われますが、これも違います。

一五、　右八月三十日の松岡「アンリー」協定に於ては右の原則を定め現地に於ては日本国の要望に満足を与うることを目的とする交渉が遅滞なく開始せられ、速《すみや》かに所期の目的を達成するため「フランス」政府は印度支那《インドシナ》官憲に必要なる訓令を発せらるべきものとしたのであります。そこで前に監視機関の委員長として現地に出張して居った西原少将は大本営の指導の下に右日仏両国政府の協定に基き直ちに仏印政庁との間に交渉を開始し、九月四日には既に基礎的事項の妥結を見るに至りました。引続いて九月六日には便宜供与の細目協定に調印する筈《はず》でありましたが、不幸にも其《その》前日たる九月五日に仏印と支那との国境に居った日本の或《あ》る大隊が国境不明のために越境したという事件が起りました。(其後軍法会議での調査の結果、越境に非《あら》ざることが判明しましたが)無論これは国境偵察の為でありましたから一弾も発射した訳ではありませんが、仏印側は之を口実として細目協定に調印を拒んだのであります。当時仏印当局の態度は表面は「ヴィシー」政府に忠誠を誓って居ったようでありましたが、内実はその真偽疑わしきものと観察せられました。一方我方では派兵を急ぐ必要がありたるに拘《かかわ》らず、交渉が斯《か》く頓挫《とんざ》し、非常に焦燥を感じましたが、それでも最後まで平和的方法で進行したしとの念を棄てず、これがため参謀本部より態々《わざわざ》第一部長を仏印に派遣し、此の交渉を援助せしめました。その派遣に際しても参謀総長よりも、陸軍大臣たる私よりも、平和進駐に依るべきことを懇切に訓諭《くんゆ》したのであります。それでも細目協定が成立しませぬから、同月十八、九日頃に大本営より西原機関に対し同月二十二日正午(東京時間)を期して先方の回答を求めよということを申してやりました。これは「フランス」政府自身が日本兵の進駐を承諾せるに拘らず、現地の作為で遷延《せんえん》するのであるから、自由進駐も止むを得ずと考えたのであります。従って居留民等の引上げもその前に行いました。

仏印側との交渉は二十二日正午迄には妥結に至りませんでしたが、我方も最後に若干の譲歩を為し、それより二時間程過ぎた午後二時過に細目協定の成立を見るに至ったのであります。然るに翌二十三日零時三十分頃に仏印と支那との国境で日仏間に戦闘が起りました。それは当時仏印国境近くに在った第一線兵団は南支那の交通不便な山や谷の間に分散して居ったがため、連絡が困難で二十二日午後二時の細目妥結を通知することが日本側の努力にも拘らず不可能であったのと、「フランス」側に於ても、その通知の不徹底であったからでありますが、此の小衝突はその日のうちに解決しました。海防《ハイフオン》方面の西村兵団は「フランス」海軍の案内に依って海防港に入ることになって居ったのでありますが、北方陸正面で争《あらそい》の起ったのに鑑《かんが》み海防港には入らず、南方の海浜に何等のこともなく上陸しました。なおその後同月二十六日日本の偵察飛行隊が隊長と部下との信号の誤りから海防郊外に爆弾を落した事件が起りました。これは全くの過失に基くものので且《かつ》一些事《さじ》であります。

現地における日仏軍のこぜりあい

軍隊にはふつう分隊があり、そのうえに小隊、中隊、大隊とあって、大隊二個で一連隊になります。その大隊が仏印と支那との国境を誤って越境してしまうという事件がありました（昭和十五年九月五日）。発砲したわけではありませんが、現地の仏軍はこれを口実として、細目協定に調印を拒みました。

その背景として、日本との交渉にあたっているフランスの当時の政権が、ナチスの占領下において立てられたヴィシー政権で、仏印駐留のフランス軍の中にも、政府を信頼しない空気があったことが伝えられています。

これに先立つ三カ月前の六月十六日、パリはドイツに占領され、フランスは降伏しました。しかし降伏した国にも政府が必要です。そこで占領軍であるドイツと交渉していくための政府がヴィシーにでき、ペタン元帥（一八五六～一九五一年）が、首班になりました。戦後、ペタン元帥は反逆罪に問われて死刑宣告を受けましたが、後にドゴールは死刑を撤回しています。

ついでに述べておけば、南京政府を樹立した汪兆銘も同じ運命でした。国が負けて占領されているときに、政府なしの状態では占領軍にされるがままです。そこであえて貧乏くじを引いて、敗戦国の首班になる人がいなければなりません。ペタン元帥は第一次大戦の英雄でしたが、その人がこれを引き受けました。シナの場合は汪兆銘が引き受けました。ところが出先の機関ですと、この政府の言うことを聞くようでありながら本当は聞かないというところもあった。ですから東京にいるフランス大使館はヴィシー政権の意向に従いましたが、現地の仏印のフランス軍のほうでは、表面上は従っているけれども、本心は違うというようなことがあり、ゴタゴタが起きやすかったということです。

越境事件につづいて起きた昭和十五年九月二十三日から二十五日にかけての日仏間の小衝突は、後のベトナム独立の刺激になります。それまでベトナムはフランスから苛酷な植民地政策を受けてきました。

しかし、白人には一切手が出せないと思っていたところが、少数の日本軍によってフランス軍がいとも簡単にやられるのを見て、後にベトナム人が立ち上がる精神的な基礎になります。かなわないと思っていたのが意外に弱かったのを目で見た場合と、そうでない場合の違いは大きいということです。

海防《ハイフォン》に上陸した西村琢磨《にしむらたくま》少将の場合は、指示通りの進駐ではなかったものの問題がなく、彼は二カ月後に中将に昇進しています（戦後、西村中将はシンガポールで抑留、イギリス軍法廷で終身刑、オーストラリア軍法廷で死刑判決を受け、刑死）。

一六、　要するに我国が一九四〇年（昭和十五年）九月末に仏印に派兵したことは中国との問題を早く解決する目的であって、その方法は終始一貫平和手段に依ろうとしたものであります。又実際に派遣した兵力も最小限度に止め約束限度の遥《はる》か以内なる四千位であったと記憶します。一九四一年（昭和十六年）十二月八日、米国「ルーズベルト」大統領より天皇陛下宛の親書中に「陛下の政府は「ヴィシー」政府と協定し、これに依《より》て五千又は六千の日本軍隊を北部仏印に入れ、それより以北に於て中国に対し作戦中の日本軍を保護する許可を得た」

と述べて居ることに依ても当時の事情を米国政府が正当に解釈して居ったことを知り得ます。

以上説明しましたような次第で不幸にして不慮の出来事が起りましたが、之に対しては私は陸軍大臣として軍紀の振粛《しんしゆく》を目的として厳粛なる手段を取りました。即ち連隊長以下を軍法会議にかけ、現地指揮官、大本営幕僚を或《あるい》は罷免《ひめん》し或は左遷したのであります。之はその前から天皇陛下より特に軍の統制には注意せよとの御言葉があり、又陸軍大臣として軍の統制を一の方針として居ったのに基くもので、軍内部の規律に関することでありまして、之は固《もと》より日本が仏印側に対し国際法上の責任があることを意味したものではありません。

衝突責任者の処断

日仏間における「不慮の出来事」、衝突事件については、東條さんは陸軍大臣として、責任者を厳罰に処しています。

これは東條さんの特徴で、これが二・二六事件以来、麻痺状態にあった陸軍内の統制を立て直すのはこの人物しかないと、天皇をはじめ、近衛首相や木戸幸一《きどこういち》内大臣が見込んだ最大の理由です。それというのも、「軍の統制には注意せよ」という天皇陛下の言葉を受けて、その点においては忠義の固まりであった東條さんは、厳格に実行したからです。

日華基本条約と日満華共同宣言

一七、

第二次近衛内閣に於て一九四〇年（昭和十五年）十一月三十日、日華基本条約を締結し日満華共同宣言を発するに至りました事実を述べ、これが検察側の主張するような対支侵略行為でなかった事を証明致します。これは、一九四〇年（昭和十五年）十一月十三日の御前会議で決定せられた「支那事変処理要綱」に基くのであります。何故《なぜ》に此時にかかる要綱を決定する必要があったのかと申しますに、これより先、従前の政府も統帥部も支那事変の解決に全力を尽して居りました。一九四〇年（昭和十五年）三月には南京に新国民政府の遷都を見ました。これを承認しこれとの間に基本条約を締結するために前内閣時代より阿部信行大使は已《すで》に支那に出発し、南京に滞在して居りましたが、南京との基本条約を締結する前に今一度重慶を含んだ全面和平の手を打って見るを適当と認めました。又当時既に支那事変も三年に亘《わた》り国防力の消耗が甚《はなは》だしからんとし、又米英の経済圧迫が益々強くなって来て居るから我国は国力の弾発性を回復する必要が痛感せられました。この支那事変処理要綱の骨子は

（一）昭和十五年（一九四〇年）十一月末を目途《もくと》として重慶政府に対する和平工作を促進する

（二）右不成立の場合に於ては長期持久の態勢に転移し帝国国防の弾発性を回復す

というのでありました。

汪兆銘・南京政府の性格

昭和十五年（一九四〇年）十一月三十日、日本は汪兆銘（精衛）の南京政府との間に、日華基本条約を締結します。東京裁判ではこのことが対支侵略戦争行為とされましたが、そもそも昭和十五年（一九四〇年）三月に南京に汪兆銘の新国民政府が遷都したのは、米

内内閣のときですから、東條さんは何も関係ないころの話です。

シナのほうにしても、大都市のあらかたが占領されているので、早く手を打つのが当然であって、山の中（重慶）にいて英米からの援助にのみ頼って、国民をほったらかしにしていた蔣介石のほうは、無責任といえば無責任です。

ヴィシー政権と同じで、後になれば、とりわけ日本の敗戦後は傀儡《かいらい》政権と言われますが、一九四〇年当時は、まだ日本が負けるという線は全然出てきていません。

もしも汪兆銘政権がなければ、シナ本土は、全部日本の軍政下におかれることになります。それはフランスのヴィシー政権も同じで、ドゴールにしても自分勝手にロンドンに逃げて大きなことを言っていますが、現にフランスに住んでいる国民はどうするのかということです。政府を持たず、フランスの人は一切の発言権を封じられるままに、全部末端までドイツにやってもらうのか、それとも交渉の受け皿としての政府をつくるのか、その選択の問題です。

汪兆銘もペタンも、後の勝者から見れば、裏切りと言えるような行為に見えます。現に汪兆銘は、いまでも漢奸のナンバー・ワンとされています。しかし、彼のためには幸せだったことに、彼は戦争末期に病死しました。

ところが汪兆銘夫人は、後に中国で裁判にかかります。そのとき夫人は最後まで堂々と自説を述べています。日本軍に占領されて政府がなく、責任者は山の奥に逃げているときに、あくまでもシナの民衆を守るためには政府が必要だったと主張して、一歩も譲りませんでした。

そもそも支那事変がここまで尾を引いているのは、昭和十三年（一九三八年）一月十六日に当時の近衛首相が「蔣介石政権を相手にせず」という声明を出したのが大きな要因であって、その時点で解決しなかったことが、事変をここまで延ばしているわけです。近衛にそうした発言をさせたのは、先にも述べた近衛のブレーン・トラストでした。

彼らはコミンテルンの指示を受けて、政権中枢に入りこみ、シナ大陸の戦争をできるだけ長引かせ、解決させないようにすることに腐心していました。ソ連にしてみれば、日本をシナに張りつかせることによって心置きなくヨーロッパに集中できますし、それによって日本の国力が消耗すれば、再び満洲に入り込みたいという思惑がありました。それに近衛は乗ってしまったということです。

戦争を避けられるとしたら、そこでした。何度も言いますが、陸軍参謀本部は最後まで事変の早期終結を主張しましたが、それ以上言い張ると近衛内閣総辞職につながる可能性がありました。戦争を始めた内閣が辞職したのでは、敵（蔣介石）を元気づけることになるという理由で陸軍は引きました。確かにそれまで、日清戦争でも日露戦争でも、戦争の途中で日本の内閣が交替するということはありませんでした。そう言われると、陸軍も近衛を辞職させてはいけないという思惑が働きました。しかしその後、内閣は事変継続中に何度も替わっていますから、後になってみればあまり意味のない議論でした。

一八、　右要綱（一）の対重慶和平工作は従来各種の方面、色々の人々に依って試みられて居ったのでありますが、此時これを松岡外相の手、一本に纏《まと》めて遂行したのでありましたが、この工作は遂に成功せず、遂に南京政府との間に基本条約を締結するに至ったのであります。この条約は松岡外相指導の下に阿部信行大使と汪兆銘氏との間に隔意《かくい》なき談合の上にて出来たものであって彼《か》の一九三八年（昭和十三年）十二月二十二日の近衛声明の主旨を我方より進んで約束したものであります。また同日日満華共同宣言に依って日満華の関係を明らかにしました。なお基本条約及右宣言の外《ほか》に附属の秘密協約、秘密協定並に阿部大使と汪委員長との間の交換公文が交換せられて居ります。

一九、　右の一九四〇年（昭和十五年）十一月三十日の日華基本条約並に日満華共同宣言、秘密協約、秘密協定、交換公文を通じて陸軍大臣として私の関心を持った点が三つあります。一は条約等の実行と支那に於《お》ける事実上の戦争状態の確認、二は日本の撤兵、三は駐兵問題であります。

第一の条約の完全なる実行は政府も統帥部も亦《また》出先の軍も総て同感で一日も早く条約の実行を為すべきことを希望して居ったのであります。然《しか》るに我方の真摯なる努力にも拘《かかわ》らず蔣介石氏は少しも反省せず米英の支援に依り戦闘を続行し事実上の戦争行為が進行しつつありました。占拠地の治安のためにも、軍自身の安全のためにも、在留民の生命財産の保護のためにも、亦新政府自体の発展のためにも、条約の実行と共に此《こ》の事実上の戦争状態を確認し、交戦の場合に必要な諸法則を準用するの必要がありました。これが基本条約附属議定書中第一に現在戦闘行為が継続する時代に於ては作戦に伴う特殊の状態の成立すること又《また》、之に伴う必要なる手段を採るの必要が承認せられた所以《ゆえん》であります。第二の日本軍の撤兵については統帥部に於ても支那事変が解決すれば原則として一部を除いて全面撤兵には異存がなかったのであります。我国の国防力の回復のためにも其の必要がありました。然し撤兵には二つの要件があります。その中の一つというのは日支の間の平和解決に依り戦争が終了するということであります。その二つは故障なく撤兵するために後方の治安が確立するということであります。撤兵を実行するには技術上約二年はかかるのでありまして、後方の治安が悪くては撤兵実行が不能になります。これが附属議定書第三条に中国政府は此期間治安の確立を保障すべき旨の規定を必要とした所以であります。

第三の駐兵とは所謂《いわゆる》「防共駐兵」が主であります。「防共駐兵」とは日支事変の重要なる原因の一つであるところの共産主義の破壊行為に対し日支両国が協同して、之を防衛せんとするものでありまして、事変中共産党の勢力が拡大したのに鑑み、日本軍の駐兵が是非必要と考えられました。之は基本条約第三条及交換公文にもその規定がありますそして所要の期間駐兵するということであって必要がなくなれば撤兵するものであります。

以上は私が陸軍大臣として此条約に関係を持った重《おも》なる事柄でありまして此の条約は従前の国際間の戦争終結の場合に見るような領土の併合とか戦費の賠償とかいうことはありません。これは特に御留意を乞《こ》いたき点であります。ただ附属議定書第四条には支那側の義務と日本側の義務とを相互的の関係に置き支那側の作戦に依って日本在留民が蒙《こうむ》った損害は中国側で賠償し中国側の難民は日本側で救助するという条項がある許《ばか》りであります。中国の主権及領土保全を尊重し、従前我国の持って居った治外法権を放棄し租界は之を返還するという約束をしました。

而して治外法権の放棄及租界の返還等中国の国権の完備のために我国が約束した事柄は一九四三年（昭和十八年）春迄の間に逐次実行せられました。なお一九四三年（昭和十八年）の日華同盟条約法廷証第四六六号に於て右基本条約に於て日本が権利として留保した駐兵其他の権利は全部放棄してしまいました。

日華基本条約について、東條陸相の三つの関心

南京の汪兆銘政権との間で締結された日華基本条約その他について、東條さんの関心があった点は三つだといいます。

第一に、条約はできましたが、実際は戦争が継続していましたから、戦争状態は確認して、戦争の場合に必要な法則を使う必要があったということです。

第二には、支那事変を解決すれば、一部を除き全面撤兵することに統帥部も反対はありませんでした。ただ、撤兵といっても、敵の残党がいたりするので、後方の治安のためにも、多少は残しておかなければなりません。

これは、いまのアメリカに当てはめてみるとよくわかる話で、イラク進駐軍が、戦争が終わったからといって、すぐに引き揚げられるかというと、そうはいきません。抵抗勢力があるうちは、アメリカ軍は引き揚げることはできません。それと同じことです。ただ、当時のアメリカは、そうした経験がないので、わかりませんでした。これは、自分がやってみればわかるということです。

第三は、満洲、北シナにいたことがある陸軍の高級将校は、コミンテルンの威力を十分知っていました。ですから防共のため駐兵は不可欠であるという認識がありました。実際に支那事変が起こっている間にも、共産党の勢力は伸びていきました。一時、支那事変が始まる前は、蔣介石の国民政府軍に負けた共産党は逼塞《ひっそく》して、西安の山奥にあって、もう一息でつぶれるところでした。そのとき蔣介石が西安で捕虜になってしまい、共産党の条件をのまされたのが悲劇のもとでした。共産党にすれば、自分たちを追い詰め、九割まで息を止めにかかってきた蔣介石を、日本軍につぶしてもらうというのが目的でした。それはいまにしてみれば明らかです。

日ソ中立条約 並《ならび》に松岡外相の渡欧

二〇、　次に日「ソ」中立条約に関し陸軍大臣として私の関係したことを申上ます。一九四一年（昭和十六年）春、松岡外相渡欧という問題が起りました。一九四一年（昭和十六年）二月三日の連絡会議で『対独伊「ソ」交渉案要綱』なるものを決定しました。此の決定は松岡外相が渡欧直前に提案したものでありまして、言わば外相渡欧の腹案であって正式の訓令ではありません。

此の「ソ」連との交渉は「ソ」連をして三国同盟側に同調せしめこれによって対「ソ」静謐《せいひつ》を保持し又、我国の国際的地位を高めることが重点であります。かくすることによって（イ）対米国交調整にも資し（ロ）ソ連の援蔣行為を停止せしめ、支那事変を解決するという二つの目的を達せんとしたのであります。

ソ連と友好関係を結ぶための模索

日露戦争以降、日本が最も神経を遣っていたのは、ロシア、後のソ連との関係です。そこで三国同盟にソ連も同調させて、日ソ関係を静かにしようというのが、松岡外相の考えでした。そして日本がドイツ、イタリアというヨーロッパの国と同盟を結び、さらにソ連というやっかいな国とも静かな関係を保つことになれば、日本の国際的な地位も安定する。そうなれば、アメリカをなだめることもできるということでした。

ですからソ連と友好関係を結ぶ目的は、アメリカとの交渉をスムーズにすること、もう一つは、それによってソ連が蔣介石を援助するのをやめてもらって、早く支那事変を終結させたいというものでした。当時のソ連は、もちろん共産勢力にも援助していましたが、それ以上に蔣介石に多大な援助をしていました。ソ連は日本と戦う者であれば何にでも援助する。ですからシナ軍の戦闘機に乗っている搭乗員には、ロシア人がわりと多かったのです。シナ軍にはアメリカからも空軍部隊が行っていました。

世界の強国、あらゆる国がすでに実質上、日本に敵対していました。こういう状況になってしまったことが問題です。いまから見れば、すべての原因はコミンテルンです。ソ連はコミンテルンそのものですし、アメリカもコミンテルンに動かされていました。イギリスはアメリカに誘われれば仕方がありません。イギリスでもコミンテルンは働いていました。極端な見方をすれば、アメリカのルーズベルト大統領がコミンテルンに乗せられていることが一番大きかったと思います。

二、　右要綱の審議に当って問題となった主たる点は四つあったと記憶致します。その一つは「ソ」連をして三国側に同調せしむることが可能であろうかということであります。此《この》点については既に独「ソ」間に不可侵条約が締結されて居り予《かね》て内容の提示してあった「リッペントロップ」腹案なるものにも独逸も「ソ」連を三国条約に同調せしむることを希望して居り、「スターマー」氏よりもその説明があった次第もあり、「ソ」連をして三国に同調せしめ得ることが十分の可能性ありとの説明でありました。

その二は我国の「ソ」連との同調に対し独逸はどんな肚《はら》をもっているであろうかとい

うことでありました。此点については独逸自身既に対「ソ」不可侵条約を結んで居る。

加之《しかのみならず》、現に独逸は対英作戦をやって居る。それ故《ゆえ》当時の我国の判断としては独逸は我国が「ソ」連と友好関係を結ぶことを希望して居るであろうと思いました。かくて「ソ」連をして日独に同調せしめ、進んで対英作戦に参加せしむるとの希望を抱くであろうとの見通しでありました。

その三は日「ソ」同調の目的を達するためには我国はある程度の犠牲を払ってもこの目的を達して行きたい。然《しか》らば日本として払うことあるべき犠牲の種類と限度如何《いかん》という問題でありました。そこで犠牲とすべきものとしては日「ソ」漁業条約上の権利並《ならび》に北樺太の油田に関する権利を還付するという肚を決めたのであります。尤《もつと》も対独伊「ソ」交渉案要綱には先《ま》ず樺太を買受けるの申出を為すという事項がありますが之は交渉の段階として先ず此の申出をすることよりはじめるという意味であります。北樺太の油田のことは海軍にも大なる関係がありますから無論その意見を取り入れたのであります。

その四は外相の性格上もし統帥に関する事項で我国の責任又は負担となるようなことを言われては非常な手違となりますから、参謀総長、軍令部総長はこの点を非常に心配されました。そして特にそのことのないように注意を払い、要綱中の五の註にも特に

「我国の欧州戦参加に関する企図行動並《ならび》に武力行使につき帝国の自主性を拘束する如き約束は行わざるものとす」との明文まで入れたのであります。

ソ連に対する日本の見通しの甘さ

三国同盟というのは、もともとあった防共協定が発展したものですから、そこにソ連も同調せしめようというのは、どだい、おかしな話でそうなればいいに決まっていますが、はたしてそんなことが可能なのかというのは、誰もが感じる疑問でした。

それに対して、松岡外相からは、すでに独ソ間には不可侵条約があり、ドイツは三国同盟にソ連が同調する可能性は十分にあるとの見通しを持っている旨の説明がありました。

ドイツが日独伊三国防共協定を結んでいた日本に断りなく、突如、独ソ不可侵条約を締結したのは、昭和十四年（一九三九年）八月二十三日のことでした。当時の平沼内閣は、ヨーロッパの情勢は不可解だと言って総辞職したほどで、日本に大きな衝撃を与えました。ある意味では、このとき三国間の同盟（防共協定）をやめて、ドイツと手を切るという選択肢もあったのですが、そうしなかった一つの理由は、ドイツとソ連は友好関係を希望しているに違いないという、非常に甘い観測があったことです。日本のソ連に対するその甘さは後々まで続き、大東亜戦争でも、最後までソ連に日米間の調停を頼もうなどという話があったほどでした。

日本は一貫してソ連との協調を望んでいました。シナ大陸で主要都市の大部分を占領したけれども、支那事変は終わっていない。さらにほとんど無限の援助が英米から流れ込んでいる。せめてソ連からの援助はやめてもらおうということで、日本は犠牲を払ってでもソ連との友好関係を構築しようと、熱心に働きかけていました。

二二、此の要綱中で問題となるのはその三及《および》四でありますが、これは決して世界の分割を為したり、或《あるい》は制覇を為すという意味ではありません。唯《ただ》、国際的に隣保互助《りんぽごじょ》の精神で自給自足を為すの範囲を予定するというの意味に外《ほか》なりません。

自給自足国家という悲願

日本が独伊との同盟に加えて、ソ連との協調を企図したのは、世界分割や制覇を目的とするものではなく、どこまでも日本の安全と自給自足のためだったということです。最も重要なのは、日本がアウタルキーを少しでも実現したいということでした。自給自足国家というのは、日本人の夢の夢でした。

二三、　当時日本側で外相渡欧の腹案として協議したことは以上の通りでありますが、当法廷で検察側より独逸から押収した文書であるとして提出せられたもの殊《こと》に「オット」大使の電報並に「ヒトラー」総統及「リッペントロップ」外相松岡外相との会談録に記載してあることは右腹案に甚《はなは》だしく相違して居ります。
松岡外相帰朝後の連絡会議並に内閣への報告内容も之とは絶対に背馳《はいち》して居ります。

ドイツ側文書との見解の相違

後に東京裁判でわかったことは、当時の日本の考えていることとドイツの思惑とは、ずいぶん隔《へだ》たりがあったということでした。しかしドイツがどう考えていようと、日本の思惑は前述のとおりだということを述べています。

二四、　松岡外相が渡欧したときは当時日本として考えて居ったこととは異なり独逸と「ソ」連との間は非常に緊張して居り「ソ」連を三国同盟に同調せしめるということは不可能となりました。又、独逸は日本と「ソ」連とが中立条約を結ぶことを歓迎せぬ状態となったのであります。従ってその斡旋はありません。即ち此点については我国の考えと独逸のそれとは背馳するに至りました。結局四月十三日松岡外相の帰途「ソ」連との間に中立条約は締結いたしましたがその外に此の松岡外相渡欧より生じた実質的の外交上の利益は何もなかったのであります。詳しく言えば⑴松岡外相の渡欧は独伊に対しては全く儀礼的のものであって、何も政治的の効果はありませんでした。要綱中の単独不講和ということは話にも出て居りません。⑵統帥に関することは初めより松岡に禁じたことでもあり、又「シンガポール」攻撃其他《そのほか》之に類する事項は報告中にもありません。⑶又、検察官のいう如き一九四一年（昭和十六年）二月上旬日独の間に軍事的協議をしたということも事実ではありません。

日ソ中立条約の意義

そのような思惑を胸に、松岡外相がドイツに行ってみると、独ソ間は緊張しきっており（この半年後に開戦）、とてもソ連を三国同盟に同調せしめるといったような空気ではありません。そもそもドイツはソ連と不可侵条約を結んでいましたが、ヒトラーのほうは、そんなものは一つの策略であって、まじめに考えていたわけではありません。松岡の考えは、まったく見当違いだったわけです。

この後松岡は、ドイツからの帰りにスターリンと会い、ソ連との中立条約を締結しました。この条約が結局何の意味もなさなかったことは、終戦直前に、日本は骨身にしみて思

日ソ中立条約の虚妄

条約締結の直後、スターリンは帰国する松岡をモスクワ駅頭まで見送るという厚意を示した。このパフォーマンスは何だったのか
(昭和16年4月13日撮影)

い知らされることになります。それも含めて、松岡がドイツに行ったことは、何の役にも立たなかった。見通しが全部甘かったのです。ヒトラーはソ連を油断させるために不可侵条約を結んだだけなのに、間抜けにも、日本は本気に受けとっていました。

二五、

日「ソ」中立条約は以上の状況の下に於て締結せられたものでありまして、その後の我国の国策には大きな影響をもつものではありません。又日本の南方政策とは何の関係もありません。この中立条約があるがため我国の「ソ」連に備えた北方の兵備を軽くする効果もありませんでした。乍然《しかしながら》、我国は終始此の中立条約の条項は厳重に遵守し、その後の内閣も屢々《しばしば》此の中立条約を守る旨の言質《げんち》を与え独逸側の要求がありましても「ソ」連に対し事を構えることは一度も致しませんでした。ただ「ソ」連側に於ては中立条約有効期間中我国の領土を獲得する条件を以て対日戦に参加する約束をなし、現に中立条約有効期間中日本を攻撃したのであります。

ソ連の背信行為、そそのかしたルーズベルト

昭和二十年（一九四五年）二月、ヤルタ会談において、ソ連が日ソ中立条約が有効な期間中であるにもかかわらず、わが国の領土を獲得する条件をもって対日戦に参加する約束

を連合国側と取り付けた事実が取り上げられています。

これは非常に大きな問題で、A国とB国が中立条約を結んでいるのに、第三国であるアメリカが、それを侵すようにそそのかしたわけです。それだけでもアメリカ大統領ルーズベルトは大いなる戦争犯罪人です。

それから六〇年も経って二〇〇五年、ブッシュ米大統領が、バルト三国を訪ねた際に自分の先輩であり、米国史上最大の大統領と言われるルーズベルトを、この件で批判するような発言をしています。これは「ブッシュのヤルタ会談批判」として報道されました。

さらに中立条約有効期間中に日本を攻撃したソ連の行為についても、言を俟《ま》ちません。二カ国の中立状態を強引に破らせたルーズベルト、条約を破って領土侵略の目的で日本に突入したスターリン、いずれも東京裁判で責任追及された第一番の眼目に相当する犯罪行為を自分たちがやっていたのでした。

第三章

日米交渉と南部仏印進駐

第二次近衛内閣に於《お》ける日米交渉

二六、　所謂《いわゆる》日米了解案なるものを日本政府が受取ったのは一九四一年四月十八日でありま す。

此の日以後、政府として之《これ》を研究するようになりました。私は無論《むろん》陸軍大臣として之に関与しました。但《ただ》し私は職務上軍に関係ある事項につき特に関心を有して居りまして其他のことは首相および外相が取扱われたのであります。

斯《か》かる案が成立しましたまでのことについて私の了解するところでは、これは近衛首相が三国同盟の締結に伴いその日米国交に及ぼす影響に苦慮せられて居ったのに淵源《えんげん》するのであって、早く既に一九四〇年末より日米の私人の間に、初めは日本に於て、後には米国に於て、話合が続けられて来て居った如くでありました。米国に於ける下交渉は日本側は野村大使了解の下に又米国側では大統領、国務長官、郵務長官の了解の下に行われて居った旨華府《ワシントン》駐在の陸軍武官からの報道を受けて居りました。

右了解案は非公式の私案という事になって居りますが併《しか》し大統領も国務長官も之を承知し特に国務長官から、在米日本大使に此案を基礎として交渉を進めて可なりや否やの日本政府の訓令を求められたき旨の意思表示があった以上我々は之を公式のものと思って居りました。即ち此の案に対する日本政府の態度の表示を求められた時に日米交渉が開始されたものと認めたのであります。

昭和十六年四月、日米交渉の始まり

日本の対米交渉における基本的態度は、何が何でも平和を実現したいということでした。何といっても支那事変の長期化は、大きな戦闘がなくても、莫大な国費の垂れ流しにつながっています。いまのイラク戦争でも、何兆という膨大な軍事費が浪費されていますが、それと同じことです。

しかも当時の日本はアメリカ、イギリスからは経済圧迫を受けて苦しんでいましたので、第二次近衛内閣の目的は、一にも二にもアメリカとの交渉を成立させて、支那事変をすみやかに解決することにありました。アメリカが蔣介石を援助しなければ、すぐに終わります。そうしたうえでアメリカには日本との貿易を継続して、必要な物資を売ってもらいたいというのが、日本の切なる願いでした。その意味で、日米交渉の開始そのものは、歓迎すべきことでした。

そうしたなか、アメリカから示されたのが四月十八日の「日米了解案」なるものでした。これは非公式の私案ではありましたが、ルーズベルト大統領の承知のうえ、ハル国務長官から駐米大使・野村吉三郎《のむらきちさぶろう》に、以後の交渉の基礎にしたいということで提案されたものでした。ですから日本側がこの提案を公式のものとして受け取ったのは、当然です。

二七、

此《この》案を受取った政府は直《ただ》ちに連絡会議を開きました。連絡会議の空気は此案を見て今迄の問題解決に一の曙光を認め、或《あ》る気軽さを感じました。何故かと言えば我国は当時支那事変の長期化に悩まされて居りました。他方米英よりの引続く経済圧迫に苦しんで居った折柄でありますから、此の交渉で此等《これら》の問題の解決の端緒を開いたと思ったからであります。米国側も我国との国交調整に依《よ》り太平洋の平和維持の目的を達することが出来ますからこれには相当熱意をもつものと見て居りました。米国側に於て当初から藁《わら》をも摑《つか》む心持ちで之に臨み又時間の猶予を稼ぐために交渉に当るなどということは日本では夢想だもして居らなかったのであります。連絡会議は爾来《じらい》数回開会して最後に四月二十一日に態度の決定を見ました。当時は松岡外相は欧州よりの帰途大連迄着いて居ってその翌日には着京する予定でありました。一九四一年（昭和十六年）四月二十一日の態度決定の要旨は

一、此の案の成立は三国同盟関係には幾分冷却の感を与えるけれども、之を忍んで此の線で進み速《すみやか》に妥結を図ること

二、我国の立場としては次の基準で進むこと即ち
（イ）支那事変の迅速解決を図ること
（ロ）日本は必要且《かつ》重要なる物資の供給を受けること
（ハ）三国同盟関係には多少の冷却感を与うることは可なるも明《あきら》かに信義に反すること
とは之を避けること

というのであります。我方では原則論に重きを置かず具体的問題の解決を重視したのであります。それは我方には焦眉《しょうび》の急務たる支那事変解決と自存自給体制の確立という問題があるからでありました。

三国同盟条約との関係の解釈に依って此の了解案の趣旨と調和を図り得るとの結論に達して居りました。日米交渉を独逸側に知らせるか否か、知らせるとすれば其の程度如何《いかん》ということが一つの問題でありましたが、此のことは外務大臣に一任するということになりました。以上の趣旨で連絡会議の決意に到達しましたから之に基き此の案を基礎として交渉を進むるに大体異存なき旨を直ちに野村大使に電報しようということになりましたが、此点については外務次官も異存はない。ただ松岡外務大臣が明日着京するから華盛頓《ワシントン》への打電は其時迄留保するという申出を為し会議は之を承認して閉会したのでありました。

日本に希望をもたせたアメリカの提案

四月十八日案を受け取った政府関係者は、一様に交渉の前途に明るさを感じます。それによると、三国同盟関係では、アメリカが欧州戦線に参戦した折りでも、日本は太平洋で事を起こさないといったものやら、また、支那事変関係では、米大統領は蔣介石に対し日支交渉の席に着くよう勧告し、それに応じない場合はアメリカの蔣介石に対する援助を中止するという内容だったといいます。

日本にとって焦眉の急は、支那事変の終結と、自給自足体制の確立ですから、この提案は十分、受け入れ可能と思えました。

日本にとって根本的な勘違いは、アメリカとて交渉で話がつくようであれば話をつけてしまいたいと考えているはずだ、よもや好き好んで戦争に突入したいとは考えていまいと、推量したことです。ところが、アメリカはそう考えていました。この日米交渉が、アメリカにとって戦争準備を進めるための時間稼ぎだったことを日本が知るのは、ずっと後のことです。

なお満洲については、日本人の考え方が正しいという絶対的確信が日本人にはありました。日本人は東洋史の知識があるので、満洲というのは満洲族の土地で、シナ人の土地ではないことを知っています。その満洲族が征服していたシナで、辛亥《しんがい》革命が起こりました

（明治四十四年＝一九一一年）。辛亥革命というのは、正確に言えば、征服されていたシナ民衆による満洲族王朝に対する独立運動です。独立運動によって追放された皇帝が、自分の郷里に戻って、自分の国を復興したのが満洲国でした。それに日本が協力しました。傀儡《かいらい》政権と言えば言えるのですが、それで満洲人も満足しているのですから、何ら問題はありません。総理大臣以下、大臣は全部満洲人か清朝の人であり、日本人は全部次官以下です。それは行政能力がないので、援助を必要としていたからです。

日本人は育てるのが好きですから、下級官僚を育てるのに力を貸しました。朝鮮半島も、わずか三〇年の日本統治の間に、終戦前には韓国人でも県知事級の人が何人も出ていましたし、軍人でも、将校になった人もいました。師団長級の将校までいたのですから、日本人は現地人の教育に熱心でした。わずか十何年で終わってしまいましたが、その間、満洲は世界の中でも最も輝いている地域の一つでした。発展のスピードは目を見張るものがありました。

ですから当時の日本人は、満洲国が悪いとは思っていません。それは本当の確信でした。悪いと思っていた日本人は、コミンテルンの影響下にあった左翼インテリと共産党員です。

二八、

しかし翌四月二十二日（一九四一年昭和十六年）松岡外相が帰ってから此の問題の進行が渋滞するに至ったのであります。松岡外相の帰京の日である四月二十二日の午後直ちに連絡会議を開いて之を審議しようとしましたが、外相は席上渡欧の報告のみをして右案の審議には入らず、これは二週間位は考えたいということを言い出しました。之が進行の渋滞を来した第一原因であります。外相は又、此の了解案の内容を過早《すぐ》に独逸大使に内報しました。之がやはり此の問題の渋滞と混乱の第二の原因となったのでありま す。なお其他《そのほか》外相は（A）回訓に先だち欧州戦争に対する「ステートメント」を出すことを主張し（B）又日米中立条約案を提案せんとしました。此等のことのため此の問題に更に混乱を加えたのであります。松岡外相の斯《かく》の如き態度を採るには色々の理由があったと思われます。松岡氏は初めは此の了解案は予《かね》て同外相がやって居った下工作が発展して此のようになって来たものであろうと判断して居ったが、間もなく此の案は自分の構想より発生したものではなく、又一般の外交機関により生れて来たものでもないということを覚知《かくち》するに至りました。それが為《ため》松岡氏は此の交渉に不満を懐《いだ》くようになって来ました。又松岡外相は独伊に行き、其の主脳者に接し三国同盟の義務履行については緊切なる感を抱くに至ったことがその言葉の上より観取することが出来ました。なお松岡外相の持論である、米国に対し厳然たる態度に依《よ》ってのみ戦争の危険が避けられるという信念がその後の米国の態度に依り益々《ますます》固くなったものであると私は観察しました。

二九、斯《か》くて我国よりは漸《ようや》く一九四一年（昭和十六年）五月十二日に我修正案を提出することが出来ました。「アメリカ」側は之を我国よりの最初の申出であるといって居るようでありますが、日本では四月十八日のものを最初の案とし之に修正を加えたのでありま す。此の修正案の趣旨について其の主なる点を説明すれば、

（一）その一つは三国同盟条約の適用と自衛権の解釈問題であります。四月十八日案では米国が自衛上欧州戦争に参加した場合に於《お》ては日本は太平洋方面に於て米国の安全を脅威せざることの保障を求めて居ります。然《しか》るに五月十二日の該修正案では三国同盟条約に因《よ》る援助義務は条約の規定に依るとして居るのであります。――三国同盟の目的の一つは「アメリカ」の欧州戦争参加の防止と及《および》欧州戦争が東亜に波及することを防止するためでありました。米国は此の条約の死文化を求めたものでありますが、日本としては表面より此の申出を受諾することは出来ませぬ。我方は契約は之を存して必要なることは、条約の条項の解釈に依り処理しようという考えでありました。即ち我方は実質に於いて譲歩し協調的態度をとったのであります。

（二）二は支那事変関係のことであります。四月十八日案では米大統領はその自ら容認

する条件を基礎として蔣政権に対し日支交渉を為す勧告をしよう、而《しか》して蔣政権が、之に応ぜざれば米国の之に対する援助を中止するという事になって居ります。我方五月十二日案では米国は近衛声明、日華基本条約及《および》日満華の三国共同宣言の趣旨を米国政府が了承して之に基き重慶に和平勧告を為し、もし之に応ぜざれば米国より蔣政権に対する援助を中止することになって居ります。尤《もっと》もこの制約は別約でもよし、又米国高官の保証でもよいとなって居ります。乃《すなわ》ち米国は蔣政権に対しその日本と協議することを要求するということになって居ります。

元来支那問題の解決は日本としては焦眉の急であります。此の解決には二つの重点があります。その一つには支那事変自体の解決であります。その二は新秩序の承認であります。我方の五月十二日案では近衛声明、日華基本条約及日満華共同宣言を基本とするのでありますから、当然東亜に於ける新秩序の承認ということが含まれて居ります。

撤兵の問題は四月十八日案にも含まれて居ることになるのであります。即ち日支間に成立すべき協定に基くということになって居ります。五月十二日案も結局は日華基本条約に依るのでありますから趣旨に於て相違はありません。門戸開放のことも四月十八日案と五月十二日案とは相違しないのであります。四月十八日案には支那領土内への大量の移民を禁ずるとの条項がありますが、五月十二日案は之には触れて居りません。

日本側より五月十二日案の提示

四月十八日のアメリカ側提案であれば、妥結の可能性もなくはないように見えていたのですが、ソ連で日ソ中立条約を締結して帰国した松岡洋右外務大臣がまたごねて、それに修正を加えた案をアメリカに提出しました。それが五月十二日です。

わが方は実質的に譲歩し、協調的態度を取っているのです。アメリカがヨーロッパに参戦した場合も日本は太平洋において米国の安全を侵さないようにとの要求にも応じる姿勢を見せています。

またアメリカの四月十八日案では、アメリカ大統領は蔣介石政権に対して、日中交渉に入るように勧告する案まで含まれていたのですが、これは発展しませんでした。松岡外相が自分の留守中に日米の話し合いが進むことを不快に思ったので、ごねたのですが、それが後々たたりました。

三〇、　五月十二日以後の日米交渉の経過につき私の知る所を陳述いたします。五月十二日以後右の日本案を中心として交渉を継続しました。日本に於《お》ては政府も統帥部もその促進につとめたのでありましたが、次の三点に於て米側と意見の一致を見るに至らなかったのであります。その一つは中国に於ける日本の駐兵問題、その二は中国に於ける通商無差別問題、その三は米国の自衛権行使に依《よ》る参戦と三国条約との関連問題であります。五月三十日に米国からの中間提案が提出されなど致しましたが、此の間の経緯は今、省略いたします。結局六月二十一日の米国対案の提出ということに帰着いたしました。

アメリカの変心

日本が、アメリカの四月十八日案に多少の修正を加えて提出したのが五月十二日案でした。しかしアメリカはその後、四月十八日案などははじめから存在しなかったかのような物言いをしています。日本とすれば四月十八日案であればいくらでも妥協の余地があったのに、アメリカからは四月十八日案などはなかったかのように、強硬そのものの六月二十一日案が出されます。

日米交渉を通して一貫して言えることは、アメリカは一切譲歩ということをしていないということです。

三一、　六月二十一日と言えば独「ソ」開戦の前日であります。此頃《このころ》には独「ソ」戦の開始は蓋然性《がいぜんせい》より進んで可能性のある事実として世界に認められて居りました。我々はこの事実に因り米国の態度が一変したものと認定したのであります。この六月二十一日案の内容は証第一〇九二号の通りでありますが、我方は之につき次の四点に注意致しました。

　その一つは米国の六月二十一日案は独り我方の五月十二日修正案に対し相当かけ離れて居るのみならず、四月十八日案に比するも米国側の互譲の態度は認められません。米国は米国の立場を固守し非友誼的であるということが観取せられます。その二つは三国条約の解釈については米国が対独戦争に参加した場合の三国同盟条約上の我方の対独援助義務につき制限を加えた上に広汎《こうはん》なる拘束を意味する公文の交換を要求して来ました。その三は従前の案で南西太平洋地域に関して規定せられて居った通商無差別主義を太平洋地域の全体に適用することを求めて来たことであります。その四は移民問題の条項の削除であります。四月十八日案にも五月十二日案にも米国並に南西太平洋地域に対する日本移民は他国民と平等且《かつ》無差別の原則の下に好意的考慮が与えられるであろうとの条項がありました。六月二十一日の米案はこの重要なる条項を削除して来ました。六月二十一日の米提案には口頭の覚書（オーラル・ステートメント）というものが附いて居ります。その中に日本の有力なる地位に在る指導者はナチ独逸《ドイツ》並にその世界征服の政策を支持する者ありとして暗に外相の不信認を表現する辞句がありました。之は日本の関係者には内政干渉にあらざるやとの印象を与えました。以上の次第で日米交渉は暗礁に乗り上げたのであります。

アメリカによる六月二十一日案

昭和十六年（一九四一年）六月二十一日というと、独ソ開戦の前日になります。その日にアメリカから出された案は、四月十八日案に対して日本が出した五月十二日修正案とは、とんでもなくかけ離れた内容でした。日本側としては、狐につままれたような感じがしたと思います。

問題は、ハル国務長官のオーラル・ステートメントの中に、日本の指導者の中にはナチス・ドイツの世界征服の政策を支持する者があるのではないかと、暗に松岡外相を不信認視するような言葉があったことです。これはある意味で内政干渉ですが、このあと近衛内閣は、そのために総辞職するのです。

三二、

しかも、この時代に次の四つのことが起りました。

一、六月二十二日独「ソ」戦争が開始したこと

二、「フランス」政府と了解の下に日本の行った南部仏印への進駐を原因として米国の態度が変化したこと

三、七月二十五日及二十六日に米、英、蘭の我《わが》在外資金凍結に依る経済封鎖

四、松岡外務大臣の態度を原因としたる第二次近衛内閣の総辞職

以上の内《うち》一及《および》二の原因に依り米国の態度は硬化し、それ以後の日米交渉は仏印問題を中心として行わるるようになりました。四の内閣変更の措置は我方は如何にしても日米交渉を継続したいとの念願で、内閣を更迭してまでも、その成立を望んだのでありまして、我方では国の死活に関する問題として此の交渉の成立に対する努力は緩めませんでした。前記の如く内閣を更迭しその後に於ても努力を続けたのであります。

田中上奏文が明らかな偽文書である理由

時局は、それに関係なくどんどん進んでいきます。フランス政府の了解の下に、日本はベトナム南部に進駐します。それも日本は一方的にするのではなく、フランス政府と交渉したうえの平和進駐でした。

しかし、アメリカは七月二十五日に日本資産を凍結しました。これに続いて翌二十六日には、イギリスとフィリピンが、二十七日にはオランダとニュージーランドも日本資産を凍結します。資産のみならず資金まで凍結したので、貿易もできなくなります。もっと重要なことは、近衛内閣は松岡が外務大臣でいたのでは、アメリカと交渉ができないのではないかということで、第二次近衛内閣は総辞職して松岡の首を切ったことです。

ヨーロッパの情勢が、交渉をややこしくしていったということはあります。アメリカがどう考えていたかは、当時のアメリカで書かれたもの、たとえばハーマン・ウォークの『戦争の嵐』などの小説を読むとわかります。司馬遼太郎の『坂の上の雲』が日露戦争当時の雰囲気をよく伝えているのと同じように、第二次大戦当時のことをよく書いてあるのはハーマン・ウォークです。

それを読むと、アメリカはとにかくイギリスを徹底的に助けてヒトラーをつぶしたい。そのためにヒトラーと手を結んでいる日本が気になる。

さらにウォークは書いていませんが、田中上奏文（田中メモランダム）の問題がありました。これは前にも述べたとおり、昭和三年ごろ田中義一内閣のもとでつくられたとされる日本の国策プランで、日本の世界征服の野望が述べられていました。いまではインチキ文書であったことがわかっているのですが、ルーズベルトはこれを読んで、日本が世界征服をたくらんでいると信じ込みました。そして、とにかく日本と戦争をしなければならない、と腹を決めていたのです。

もちろん田中上奏文は、東京裁判でも持ち出されましたが、そこでも、偽造であることは証明されました。なぜなら、田中上奏文には、「山縣有朋の臨席を経て」という文言がありますが、山縣有朋は、その六年前の大正十一年（一九二二年）には亡くなっているからです。田中義一は長州出身で山縣有朋の一の子分のようなものですから、こんな間違いをするわけがありません。ですから、偽造というにも、あまりにも幼稚でお粗末な偽造文書と言えます。日本人ならすぐわかることです。

ところが最近では、これはコミンテルンがつくったことが証明されています。日本語の原文はありません。とはいっても、これだけ出回っているのに、日本の外務省が、それはインチキであるという積極的な逆宣伝をどの程度行なったかというと、当時にしても、戦後にしても、あまり行なった形跡はありません。

そのためか、いまでも中国の、中学と高校の歴史教科書には田中上奏文が歴史的事実として記されています。

ともかく、この昭和十六年の時点で、ルーズベルトは何が何でも日本と戦争に入ろうとしているわけです。それは何が何でもイギリスを助けてナチスをつぶそうとしたのと同じ手なのです。イギリスに対するルーズベルトの援助も中立国の枠を外れていますし、蔣介石に対する援助も中立国の枠を外れています。

日本はそうしたことを何も知らず、そのルーズベルトを何とかなだめようと努力し、松岡が交渉の障害になっているのなら、これを内閣から外そうということで、第二次近衛内閣は総辞職したわけです。こうしたアメリカの態度を、東條さんも「内政干渉にあらざるや」と書いていますが、日本はここまでして、内閣を更迭してまで、日米交渉の成立を望んでいたのです。

同時期、アメリカを硬化させた一つの問題は、南部仏印（南ベトナム）進駐でした。先に行なわれた北部仏印（北ベトナム）進駐は援蔣ルートを切断するためでしたが、南部仏印進駐は日本が生き残っていくための必要な物資を確保することが目的で、六月二十五日に方針決定し、七月下旬に進駐が実行されました。

対仏印泰《タイ》施策要綱

三三、以上述べました日米交渉よりは日時に於ては少し遡《さかのぼ》りますが、ここに仏印及泰《タイ》との関係を説明いたします。

一九四一年（昭和十六年）一月三十日の大本営及政府連絡会議に於て「対仏印泰《タイ》施策要綱」というものを決定しました。これは後日我国が為《な》した泰仏印間の居中調停《きよちゆうちようてい》、仏印との保障及政治的了解及経済協定の基礎を為すものであります。右要綱の内には軍事的緊密関係の事も書いてありますが、此部分は情勢の緩和のため実行するに至らなかったのであります。

一九四一年（昭和十六年）七月下旬の南部仏印進駐は同年六月二十五日の決定に因るものでありまして、今茲《ここ》に陳述する一月三十日の施策要綱に依るのではありませぬ。従て南部仏印進駐の事は今ここには陳《の》べませぬ。

三四、

右対仏印泰施策要綱は統帥部の提案であります。

自分は無論陸軍大臣として之に参与しました。其の内容は本文に在る通りであります。而《しか》して其の目的とする所は、帝国の自存自衛のため仏印及泰に対し軍事政治、経済の緊密不離の関係を設定するにありました。本件に関する外交交渉は専《もっぱ》ら外相に依り取り運ばれましたので詳細は承知して居りませんが此の当時の事情は概《おおむ》ね次の如くであったと承知して居ります。

（一）日本は一九四〇年（昭和十五年）六月十二日、日泰間の友好和親条約を締結し日泰間の緊密化に努力して来ましたが、泰国内には英国の勢力の強きものが存在して居ります。

（二）日本と仏印の間には松岡「アンリー」協定の結果表面は親善の関係に在り、なお日仏印の交渉も逐次具体化したのであります。しかし、仏印の内部には種々錯綜した事情がありました。第一仏印内には「ヴィシー」政権の勢力と「ドゴール」派の勢力とが入乱《いりみだ》れて居り「フランス」本国の降伏後「フランス」の勢力が弱くなるにつれ米、英の示唆により動くような事情も生じましたため、仏印政庁は我国に対し不即不離《ふそくふり》の態度をとるのみでなく、時には反日の傾向をさえ示したのであります。

(三) 一九四〇年(昭和十五年)十一月以来泰国が仏印に対し失地回復の要求を為したるに端を発し、泰、仏印間の国境紛争は一九四一年(昭和十六年)に至り逐次拡大し第三国の調停を要する状態となりました。「イギリス」は此の調停を為すべく暗躍を始めましたが当時は「イギリス」と「フランス」本国とは国交断絶の状態でありましたから是亦《これまた》適当の資格者ではありません。

(四) 東亜安定のため支那事変遂行中の日本はその自存自衛のためにも一刻も早く泰、仏印の平和を希望せざるを得ません。以上の如き各種の事情が此の要綱を必要とした所以であります。

日本とタイを取り巻く状況

昭和十六年(一九四一年)一月二十五日、統帥部の提案で、「対仏印泰《タイ》施策要綱」が決定されました。その目的は、タイ及び仏印との関係強化で、後に起こる南部仏印進駐とこの要綱とは関係がないと、東條さんは述べています。その前提となる当時の情勢を挙げると、まず第一に、日本とタイとの間には友好和親条約（昭和十五年六月締結）が結ばれていて、関係は悪くないのですが、タイには伝統的にイギリスの影響が強い。そのためイギリスの干渉を受けぬよう、にらみを利かせる必要がありました。

次に当時のフランスはナチスの占領下にあり、ときの政府はヴィシー政権という、フランス内陸部のヴィシーに首都を置く臨時政権でした。首班はペタンです。ナチス寄りの対独協力政権であったため、フランス領に進駐するには、日本としては交渉しやすい相手でした。しかしドゴールは、ナチスの傀儡だとして、この政権自体を否定しており、仏印現地の駐留機関はドゴールの影響が強かったり、あるいはイギリスの影響下にあるタイもすぐ近くなので、不測の事態が起こるおそれがありました。

それを抑えるために、駐日フランス大使アンリーと松岡外相との間に協定が結ばれており（松岡・アンリー協定）、日仏間は表面上平和ではありましたが、予断を許さない状況であったのです。

また、当時タイと仏印との間で国境問題がありましたが、当時、タイに影響力を持つイギリスと、ドイツ占領下のフランス本国は断絶状態にありましたから、この紛争を英仏が仲裁するというのも無理な話でした。ですが、日本としては、自存自衛のためにも一刻も早い平和的解決を願っていたのです。この要綱に基いて、タイと仏印間の国境紛争の調停に日本が乗り出します。

三五、　此の要綱の狙いは二つあります。その一つは泰、仏印間の居中調停を為すということであります。その二は此の両国に対し第三国との間に我国に対する一切の非友誼的協定を為さしめないということであります。

居中調停は一九四一年（昭和十六年）一月中旬にその申出を為し、両国は之を受諾し、同年二月七日より東京に於て調停の会合を開き三月十一日に円満に調停の成立を見、之に基いて五月九日には泰仏印間の平和条約成立し、引続き現地に於て新《あらた》なる国境確定が行われました。泰は当初は「カンボジア」を含む広大な地区の要求を致しましたが我国は之を調停し彼《か》の条約通りの協定に落着かせたのであります。

第二の我国に対する非友誼的な協約を為さずとの目的に関しては右と同時に松岡外相の手で行われ五月九日の日仏印間及日泰間の保障及了解の議定書となったのであります。此の間の外交交渉については自分は関与致して居りません。

タイ・仏印間の国境紛争を日本が調停

こうして昭和十六年（一九四一年）二月から三月にかけて、東京においてタイと仏印と

タイ・仏印間の居中《きょちゅう》調停

日本はタイと仏印間の国境紛争の調停に乗り出し、これを成功させた。写真右はタイ国首相代理のワンワイタヤコーン殿下、中央が松岡外相
(昭和16年3月11日撮影)

の調停が進められ、無事に成功して両国間で平和条約が成立しました。

当時、仏印の宗主国であるフランス本国はヴィシー政権で、政権基盤が不安定でしたから、タイがカンボジアに対して過大な要求をしたのですが、日本はむしろそれを抑えてあげたわけです。日本が調停して国境紛争を解決させたのですから、これはむしろ誉められていいことでした。

南部仏印進駐問題

三六、

一九四〇年（昭和十五年）九月我国は仏国との間に自由なる立場に於ける交渉を遂げ北部仏印に駐兵したことは前に述べた通りであります。爾来《じらい》北部仏印に於ては暫《しばら》く平静を保ちましたが、一九四一年（昭和十六年）に入り南方の情勢は次第に急迫を告げ、我国は仏国との間に共同防衛の議を進め、一九四一年（昭和十六年）七月二十一日にはその合意が成立しました。之に基き現地に於て細則の交渉を為し此の交渉も同月二十三日には成立し、之に基いて一部の軍隊は二十八日に、主力は二十九日に進駐を開始したのであります。尤《もっと》も議定書は同月二十九日に批准《ひじゅん》せられました。以上はその経過の大略であります。

進駐と、米の対日石油禁輸との因果関係

日本は昭和十六年（一九四一年）七月二十八日に南部仏印への進駐を開始したわけですが、これはフランス政府との間で七月二十一日に合意が成立した共同防衛議定書によるものです。ここでは、当時のヴィシー政権と武力行使に拠らず話し合いで合意に達し、平和裏に進駐したということが重要で、繰り返し確認しておきたいところです。

ちなみに、アメリカの日本に対する石油全面禁輸は、南部仏印進駐によるものであったと、戦後、われわれは教えられましたが、今日明らかになっていることは、石油禁輸は、進駐の前に決定していたということです。

確かに、七月二十八日に日本が南部仏印に進駐した四日後の八月一日、アメリカが石油を全面禁輸にしました。ですが、進駐しなくても石油は止められていました。偶然わずかの差で日本の進駐のほうが早かったために、いかにも報復として止められたように言われていますが、進駐をもう四、五日遅らせれば、順序が逆になっていました。

三七、

右の日、仏印共同防衛議定書の締結に至る迄の事情に関し陳述いたします。之は一九四一年（昭和十六年）六月二十五日の南方施策促進に関する件という連絡会議決定に基くものであります。此の決定は源を同年一月三十日の連絡会議決定である、前記「対仏印泰施策要綱」に発して居るのであります。その当時は仏印特定地点に航空及船舶基地の設定及之《これ》が維持のため所要機関の派遣を企図したのでありましたが情勢が緩和致しましたから、之を差控《さしひか》えることにしました。然《しか》るにその後また情勢が変化し、わけても蘭印との通商交渉は六月十日頃には決裂状態にあることが判明しました。そこで同年六月十三日の連絡会議の決定で「南方施策促進に関する件」を議定しましたが松岡外相の要望で一時之を延期し之を同月二十五日に持越したのであります。斯様《かよう》な次第でありますから南部仏印進駐のことは六月二十二日の独「ソ」開戦よりも十日以前に決心せられたもので決して独「ソ」の開戦を契機として考えられたものではありません。此の「南方施策促進に関する件」は統帥部の切なる要望に基いたもので私は陸軍大臣として之に関与致しました。此の決定の実行に関する外交は松岡外相が事に当《あた》り又七月十八日第三次近衛内閣となってからは、豊田外相がその局に当ったものであります。

本交渉に当り近衛内閣総理大臣より仏国元首「ペタン」氏に対し特に書簡を以て仏領印度支那に対する仏国の主権及領土の尊重を確約すべき意向を表明致して居ります。此の書簡中の保証は更に両国交換文中に繰り返されて居ります。

進駐と独ソ開戦との因果関係

日本の南部仏印進駐は、昭和十六年（一九四一年）一月二十五日に決められた「対仏印泰施策要綱」の延長線上にあって外交交渉の結果として行なわれたものであり、もとより領土的野心によるものでなかったことは明らかです。ましてや六月二十二日の独ソ開戦を契機として進駐を決心したなどというのは、言いがかりもいいところでした。

七月には第三次近衛内閣が成立し、外務大臣には松岡に代わって、海軍出身、第二次近衛内閣で海軍次官を務めた豊田貞次郎《とよだていじろう》が就任しました。東條さんは、そのまま陸相に再任されます。

新内閣は当時のフランス・ヴィシー政権の首相であるペタン元首に、仏領インドシナにおけるフランスの主権および領土の尊重を確約しています。ですから、日本の仏印進駐は平和進駐だったのです。

三八、　南方施策促進に関する件の内容は本文自身が之を物語るでありましょう。その要点は凡《およ》そ三つあります。（一）東亜の安定並に領土の防衛を目的とする日仏印間軍事結合関係の設定（二）その実行は外交交渉を以て目的の達成を図ること（三）仏印側が之に応ぜざるときは武力をもってその貫徹を図る。従って之がためには軍隊派遣の準備に着手するということであります。然《しか》しその実行に当っては後段に述ぶる如くに極めて円滑に進行致し武力は行使せずにすみました。

三九、右に基いて我国と仏印との間に決定しましたのが日仏印共同防衛議定書であります。此議定書の要点は四つあります。（一）は仏印の安全が脅威せらるる場合には日本国が東亜に於ける一般的静謐《せいひつ》及日本の安全が危険に曝《さら》されたりと認めること、（二）仏印の権利利益特に仏印の領土保全及之《これ》に対する仏蘭西《フランス》の主権の尊重を約すること、（三）「フランス」は仏印に関し第三国との間に我国に非友誼的な約束を為さざること、（四）日仏印間に仏印の共同防衛のための軍事的協力を為すこと。但し此の軍事上の協力の約束は之を必要とする理由の存続する間に限るということであります。

四〇、然《しか》らば何故に斯《かか》る措置を為す必要があったかと申しますに、それには凡《およ》そ五つの理由があります。その一つは支那事変を急速に解決するの必要から重慶と米、英、蘭、の提携を南方に於て分断すること、その二は米英蘭の南方地域に於ける戦備の拡大、対日包

南部仏印進駐

日本としては自衛のためのやむを得ぬ進駐だったが、アメリカは、ただちに日本の在米資産凍結、石油全面禁輸の挙に出た。写真はカムラン湾海辺を行進する海軍陸戦隊
(昭和16年９月22日撮影)

囲圏の結成、米国内に於ける戦争諸準備並に軍備の拡張、米首脳者の各種の機会における対日圧迫の言動、三つは前二項に関連して対日経済圧迫の加重、日本の生存上必要なる物資の入手妨害、四つは米英側の仏印、泰に対する対日離反の策動、仏印、泰の動向に敵性を認めらるること、五は蘭印との通商会談の決裂並に蘭印外相の挑戦的言動であります。

以上の理由、特に対日包囲陣構成上、仏印は重要な地域であるから何時《いっ》米英側から同地域進駐が行われないとは言えないのであって日本としては之に対し自衛上の措置を講ずる必要を感じたのであります。

南部仏印進駐の目的

ここでは南部仏印進駐の目的が述べられています。それは何といっても、支那事変終結に向けて、米英蘭による援蔣ルートの切断です。とにかく、ほかの第三国が重慶の蔣介石政権に対する援助をやめれば、すぐにでも事変は収束するのです。

たとえば福岡、大阪、京都、東京を追われて盛岡に閉じこもっているような政権を、誰も援助しなければ、それはすぐに陥落するのと同じことです。ところが実際にはアメリカ、イギリスが南方から間断なく援助していますから、それを切断するにはサイゴンあたりで日本がにらみを利かせる必要があります。そのためには、あくまで平和進駐であることが重要です。

一方、当時ABCD包囲陣というのがありました。Aはアメリカ、Bはブリテン（英国）、Cはチャイナ（中国）、Dはダッチ（オランダ）です。いまの日本人にはピンと来ませんが、かつてはインドネシア全部がオランダ領でした。当時の蘭印（和蘭《オランダ》領東印度支那の略語）です。

同様にアメリカといった場合はフィリピンが含まれます。イギリスといった場合はインド、ビルマ、マレー半島、シンガポール、香港が含まれます。これらの地域からの援蔣物資を止めないと、支那事変が終わらないということです。

この包囲網は、日本にいろいろな意味の重圧をかけ、特に日本の生存に必要な物資が手に入らないようにしました。また、さらに重要なことは、放っておけばアメリカやイギリスが、当時の仏印（フランス領インドシナ＝ベトナム、ラオス、カンボジア）やタイにおいて反日運動を煽動する恐れがありました。加えて、蘭印の外相が日本との通商会談を決裂させ、非常に非友好的な発言をしていました。日本と蘭印経済の相互依存関係をオランダ側は全く否定したのです。口実としては、日本に資源を売れば、ドイツに渡される恐れがあるというものでした。

さらに重要なことは、日本がサイゴンを押さえなければ、英米がサイゴンを押さえてしまう恐れがあったことです。英米にしてみれば、そんな気はなかったと言えばそれまでですが、当時の情勢から言えば、その可能性は否定できません。昭和十六年（一九四一年）一月末には、アメリカとイギリスの参謀本部がワシントンで共同作戦会議を開いています。対ドイツ戦略が重点といわれますが、当然、日本も対象になったに違いありません。日本もボヤボヤしているわけにいきませんでした。

英米がサイゴン、及び南部仏印に進駐すれば、北部仏印に進駐している日本軍は、北のシナと南の南部仏印の両方から挟み撃ちになってしまうわけです。それだけで日本は終わりです。石油がぴたっと来なくなります。日本の石油はアメリカとオランダからしか来ませんでしたが、アメリカが日本向けの輸出を禁止しましたので、残りはインドネシアしかありません。しかし、それも昭和十六年（一九四一年）になると止められてしまうのです。

四一、　右、日仏印共同防衛を必要とした事情はこの事件につき重大な関係を有する点と考えますから、右の五種の事由《じゆう》につき一々、事実に基いて簡単なる説明を加えたいと存じます。

本材料は当時私が、大本営、陸海軍省、外務省其他より受けたる情報又は当時の新聞

援蔣ルート

列強は蔣介石政府にたえまなく援助物資を送りつづけ、支那事変の終結を妨げた。写真は、広西省と仏印との国境ドンダンに集結した援助物資満載のトラック
(昭和15年1月撮影)

電報、外国放送等に依り承知しありしものを記憶を喚起し蒐録《しゅうろく》せるものであります。

先ず第一の米英側の重慶に対する支援の強化につき私の当時得て居った数種の報道を挙げますれば(1)一九四〇年（昭和十五年）七月にはハル国務長官は英国の「ビルマルート」経由援蔣《えんしょう》物資禁止方につき反対の意見を表明して居ります。(2)一九四〇年（昭和十五年）十月には「ルーズヴェルト」大統領は「デイトン」に於て国防のため英国及重慶政権を援助する旨の演説を致しました。(3)一九四〇年（昭和十五年）十一月には米国は重慶政権に一億弗《ドル》の借款《しゃっかん》を供与する旨発表いたしました。(4)一九四〇年（昭和十五年）十二月二十九日には「ルーズヴェルト」大統領は三国同盟の排撃並に民主主義国家のため米国を兵器廠《へいきしょう》と化する旨の炉辺談話を放送しました。(5)一九四〇年（昭和十五年）十二月三十日には「モーゲンソー」財務長官は重慶及「ギリシヤ」に武器貸与の用意ある旨を演説して居ります。一九四一年（昭和十六年）に入り此種の発表は其数を加え又益々《ますます》露骨となって来ました。(6)一九四一年（昭和十六年）五月「クラケット」准将一行は蔣軍援助のため重慶に到着しました。(7)一九四一年（昭和十六年）二月には「ノックス」海軍長官は重慶政府は米国飛行機二百台購入の手続を了したる旨を発表しました。(8)同海軍長官は一九四一年（昭和十六年）五月には中立法に反対の旨を表明致して居ります。(9)その翌日には「スチムソン」陸軍長官も同様の声明を致しました。斯《か》かる情勢に於ては支那事変の迅速解決を望んで居った我国としては蔣政権に対し直接圧迫を加ふるのみならず仏印及泰《タイ》よりする援助を遮断し両者の関係を分断する必要がありました。

日本に対する敵対行為の数々

ここには、英米がそのころ日本に対してとっていた敵対行為が列挙されています。

まずハル国務長官は、イギリスがビルマ・ルートを使って行なっている蔣介石政権援助の禁止に反対を表明。またルーズベルトは、重慶政府援助を明言するばかりか、多額の資金援助を表明します。さらには、三国同盟排撃のためには、アメリカはそのための兵器廠になるとまで述べ、重慶およびギリシアに武器も貸与すると言っています。

クラケット准将一行は、蔣介石援助のために重慶に入り、ノックス海軍長官は重慶政府にアメリカの飛行機を二〇〇機購入させる手続きを完了し、さらには中立法に反対の旨を表明しています。スチムソン陸軍長官も同様のことを言っています。

最近明らかになったところでは、昭和十六年（一九四一年）九月に、アメリカ空軍がシナ基地より日本を空襲するという参謀部の案にルーズベルト大統領はサインをしています。この計画はヨーロッパ大陸に飛行機を廻さなければならない緊急事態のため中止になりましたが、アメリカが最初に日本空襲を行なう可能性があったわけです。

これでは、日本がいかに支那事変を早く解決したいと願っても、到底不可能でした。

四二、第二の米、英、蘭の南方に於ける戦備強化については当時私は次の報道を得て居りました。

(1)米国は一九四〇年（昭和十五年）七月より一九四一年（昭和十六年）五月迄の間には三百三十億弗《ドル》以上の巨額の軍備の拡張を為したるものと観察せられました。(2)此当時米英側の一般戦備並にその南方諸地域に於ける連携は益々緊密を加え活気を呈するに至りました。即ち一九四〇年（昭和十五年）八月には「ノックス」海軍長官は「アラスカ」第十三海軍区に新根拠地を建設する旨公表したとの情報が入りました。(3)同年九月には太平洋に於ける米国属領の軍事施設工事費八百万弗の内訳が公表せられました。(4)同年十一月には汎《はん》米航空路「マニラ」「シンガポール」間開設が許可せられて居ります。(5)同年十二月には米国は五十一ケ所の新飛行場建設及改善費四千万弗の支出を「スチムソン」、「ノックス」及「ジョオンズ」の陸、海、財各長官が決定したと伝えられました。此等は米国側が日本を目標とした戦争諸準備並に軍備拡張でありました。

一九四〇年（昭和十五年）九月には日仏印関係につき国務省首脳部は協議し同方面の現状維持を主張する旨の声明が発せられました。同年七月八日には「ヤーネル」提督はUP通信社を通じ対日強硬論を発表して居ります。同年十月には「ノックス」海軍長官は「ワシントン」に於て三国同盟の挑発に応ずる用意ありと演説しました。又同年九月には米海軍省は一九四〇年（昭和十五年）度の米海軍の根本政策は両洋艦隊建設と航空強化の二点にありと強調致しました。一九四〇年（昭和十五年）十一月には「ラモント」氏は対日圧迫強化の場合財界は之に協力し支持するであろうと演説致して居ります。同年同月十一日休戦記念日に於ては「ノックス」海軍長官は行動を以て全体主義に答えんと強調したりとの報を得て居ります。同年同月英国の「イーデン」外相は下院に於て対日非協力の演説を致しました。更に一九四一年（昭和十六年）に入り五月二十七日に「ルーズヴェルト」大統領は無制限非常時状態を宣言いたしました。

これより先一九四〇年（昭和十五年）十月八日には米国政府は東亜在住の婦女子の引上げを勧告して居ります。上海在住の米国婦女子百四十名は同月中上海を発し本国に向いました。米本国では国務省は米人の極東向け旅券発給を停止したのであります。同じ一九四〇年（昭和十五年）十月十九日に日本名古屋市にある米国領事館は閉鎖しました。

以上は当時陸軍大臣たる私に報告せられたる事実の一端であります。

着々と進む米英蘭の戦力増強

第二に、東條さんが指摘していることは当時のアメリカ、イギリス、オランダは、次のような戦備の増強を図っている事実でした。

まずアメリカは昭和十六年（一九四一年）五月までに、三三〇億ドル以上にわたる軍備拡張を行ないました。これにはアラスカと、太平洋における米国属領、つまりフィリピン、グアムなどが含まれます。

またマニラとシンガポール間に汎米航空路が開設されます。さらに五一カ所の飛行場を建設します。まだまだ挙げられていますが、これらは日本を目標とした爆撃準備および軍備拡張でした。五月二十七日にはルーズベルト大統領が無制限非常時状態を宣言しています。

さらにその前年には、アメリカはアジアからの米国婦女子の引き揚げを勧告し、上海からも引き揚げが始まりました。極東向けの旅券の発行を停止し、名古屋の領事館を閉鎖しました。これらは、いずれも戦争が迫っている兆候を示すもので、開戦の決意を示唆するものとも受け取れます。

四三、

第三の経済圧迫の加重、日本の生存上必要なる物資の獲得の妨害につき当時発生したことを陳《の》べます。一九三九年（昭和十四年）七月二十六日「アメリカ」の我国との通商航海条約廃棄通告以来米国の我国に対する経済圧迫は日々に甚だしきを加えて居ります。その事実中、僅《わず》か許《ばか》りを記憶に依り陳述致しますれば、一九四〇年（昭和十五年）七月には「ルーズヴェルト」大統領は屑鉄《くずてつ》、石油等を禁輸品目に追加する旨を発表致しました。米国政府は同年七月末日に翌八月一日より飛行機用「ガソリン」の西半球外への輸出禁止を行う旨発表いたして居ります。同年十月初旬には「ルーズヴェルト」大統領は屑鉄の輸出制限令を発しました。以上のうち殊《こと》に屑鉄の我国への輸出制限は当時の鉄材不足の状態と我国に行われた製鉄方法に鑑《かんが》み我朝野《ちょうや》に重大な衝動を与えたのであります。

日本に対する経済圧迫

東條さんの指摘する第三の点は、日本は生存上必要とされる物資の獲得ができなくなったことです。これも英米蘭の妨害によるものです。昭和十四年（一九三九年）の七月二十六日には日米通商航海条約の破棄通告がなされました。昭和十五年（一九四〇年）の七月には屑鉄、石油の輸出が許可制へ移行、つまり制限されました。

日本の鉄鋼業は、屑鉄を中心としていましたから、これは打撃です。また飛行機用ガソリンも来なくなりました。西半球には渡さないというのです。当時、カリフォルニアの石油はオクタン価で言うと一〇〇ということで、飛行機のガソリンに一番適した石油でした。それがまったく入って来なくなったのです。

四四、　第四の米英側の仏印及泰《タイ》に対する対日離反の策動及仏印泰に敵性動向ありと認めた事由の二、三を申上げますれば、泰、仏印の要人は一九四〇年（昭和十五年）以来「シンガポール」に在る英国勢力と連絡しつつあるとの情報が頻々《ひんぴん》として入りました。その結果日本の生存に必要なる米及《および》「ゴム」を此等の地区に於て買取ることの妨害が行われたのであります。日本の食糧事情としては当時（一九四一年頃にあっては）毎年約百五十万噸《トン》（日本の量目にて九百万石）の米を仏印及泰より輸入する必要がありました。此等の事情のため日仏印の間に一九四一年（昭和十六年）五月六日に経済協定を結んで七十万噸の米の入手を契約したのでありましたが仏印は契約成立後一ケ月を経過せざる六月に協定に基く同月分契約量十万噸を五万噸に半減方申出て来ました。日本としては止《や》むなく之を承諾しましたところ七、八月分に付《つい》ても亦《また》契約量の半減を申出でるという始末であります。泰に於ては英国は一九四〇年（昭和十五年）末に泰「ライス」会社に対して「シンガポール」向け泰米六十万噸という大量の発注を為し日本が泰に於ける米の取得を妨害致しました。「ゴム」に付ては仏印の「ゴム」の年産は約六万噸であります。その中日本は僅《わず》かに一万五千噸を米弗《ドル》払いで入手して居たのでありますが、一九四一年（昭和十六年）六月中旬米国は仏印の「ハノイ」領事に対し仏印生産ゴムの最大量の買付を命じ日本の「ゴム」取得を妨害し又、英国はその属領に対し一九四一年（昭和十六年）五月中旬日本及円ブロック向け「ゴム」の全面的禁止を行いました。

日本の物資輸入に対する妨害工作

東條さんが指摘する第四の点は、アメリカはシンガポールにある英国勢力と連携し、日本が米やゴムを、タイ、フランス領インドシナから買うことを妨害したことです。当時、日本では毎年一五〇万トンの米を仏印やタイから買っていましたが、イギリスがタイ米を六〇万トン買ってシンガポールに向けるなどして、日本に買わせないようにするわけです。結局、日本の輸入量は半減してしまいました。

ゴムも同様です。アメリカは仏印のハノイ領事に大量のゴムの買い付けを命じ、日本がゴムを買えないように妨害しました。イギリスも同様です。

四五、

第五の蘭印との経済会談の決裂の事由は次の通りであります。一九四〇年（昭和十五年）九月以来我国は蘭印との交渉に全力を尽くしました。当時石油が米英より輸入を制限せられたため我国としては之を蘭印より輸入することを唯一の方法と考え其の成立を望んだのであります。然るに蘭印の方も敵性を帯び来り六月十日頃には事実上決裂の状態に陥り六月十七日にはその声明を為すに至ったのであります。「オランダ」外相は五月上旬「バタビヤ」に於て蘭印は挑戦に対しては何時にても応戦の用意ありと挑戦的言辞を弄《ろう》して居ります。

以上のような訳で当時日本は重大なる時期に際会しました。日本の自存は脅威せられ且《かつ》以上のような情勢の下で統帥部の切なる要望に基き六月二十五日に右南方施策促進に関する件が決定せられ之に基く措置をとるに至ったのであります。

蘭印との貿易交渉決裂

重要なのは、蘭印との貿易交渉です。日本は石油の確保のために、この交渉に全力を尽くしましたが、オランダは次第に敵意をあらわにしてきました。昭和十六年（一九四一年）五月上旬にはオランダ外相が、蘭印は挑戦に対してはいつでも応戦する用意があるという挑発的言辞を発しました。

四六、

日本政府と「フランス」政府との間には七月二十一日正午（「フランス」時間）共同防衛の了解が成立し、七月二十二日午前中に交換公文が交換せられ、両国政府より之を現地に通報し現地に於てはその翌二十三日細目の協定が成立し、海南島三亜《さんあ》に集結して居った部隊にはその日進駐の命令が発せられ、二十五日三亜を出発しました。二十六日には之を公表しました。三亜を出発した部隊の一部は二十八日に「ナトラン」に、二十九日主力は「サンヂャック」に極めて平穏裡に上陸を開始したのであります。日本政府と「ヴィシー」政府との間の議定書は日仏印共同防衛議定書は二十九日調印を見て居ります。

海南島駐留部隊が平和裏に進駐

日本としては、仏印進駐にあたってはフランス政府と共同防衛を了解し、海南島にいた部隊が平穏裏に上陸を開始しました。日本軍がなぜ海南島にいたかというと、先にも述べましたが、南方からの援蔣ルートを押さえるためです。広東も同様です。

シナ人は、海南島でも日本人は一〇万人殺したなどと言っていますが、海南島は流刑地ですから、そんなところで戦争が起こるわけはありませんし、無血占領です。殺す必要もない。日本としてはとにかく海上ルートを封鎖したい。ところが香港があって、まだ唯一英国領のために、ここだけは手出しできないのです。それでいろいろと苦労します。これらの日本の苦労は全部、後に朝鮮とベトナムでアメリカが味わったことと同じです。朝鮮戦争とベトナム戦争は、日本が味わった苦労を、アメリカがそっくりそのまま引き継いだようなものです。朝鮮戦争でマッカーサーは仁川に上陸して、一度は北朝鮮軍を鴨緑江の縁まで追い払ったのですが、問題の解決にならないことがわかりました。その北の満洲（戦後は中国東北部と呼ばれる）にどんどんソ連の援助物資が入ってくるからです。

さらには、シナの軍隊が一〇〇万も投入されます。その部隊は皆歩いて来るわけではなく、東シナ海から船に乗って送られてくるわけです。それでマッカーサーは、満洲の爆撃と東シナ海の港湾の全面封鎖をトルーマンに申請しました。しかしそれが却下されたので、アメリカはまた後退を始めるわけです。

マッカーサーは、あとになって、当時の日本軍が昭和十六年（一九四一年）に直面していた苦労を自ら思い知らされることになったのです。

四七、「フランス」政府との交渉につき我方が「ドイツ」政府に斡旋を求めたことは事実でありますが、「ドイツ」外相は此の斡旋を拒絶して来ました。従って起訴状にある如く

「ドイツ」側を経て「フランス」を圧迫したという事実はありません。又起訴状は「ヴィシー」政府を強制して不法武力を行使したと申しますが、しかし、日本軍が進駐の準備として三亜に集結する以前に既に「フランス」政府と日本政府との交渉は成立して居りました。又、前に述べます如く、此の措置は「ドイツ」の対「ソ」攻撃と策応したという事実もないのであります。日本が南方に進出したのは止むを得ざる防衛的措置であって断じて米、英、蘭に対する侵略的基地を準備したのではありません。

一九四一年（昭和十六年）十二月七日の米国大統領よりの親電に依れば「更に本年春及び夏「ヴィシー」政府は仏印の共同防衛のため更に日本軍を南部仏印に入れることを許可した。但し印度支那に対して何等攻撃を加えられなかったこと並《ならび》にその計画もなかったことは確実であると信ずる」

と述べられて居ります。乃《すなわ》ち仏印に対しては攻撃を行った事もなく攻撃を計画した事もなかったと断言し得ると信じます。

当時日本の統帥部も政府も米国が全面的経済断交を為すものとは考えて居りませんでした。即《すなわ》ち日米交渉は依然継続し交渉に依り更に打開の道あるものと思ったのであります。何故なれば全面的経済断交というものは近代に於ては経済的戦争と同義のものであるからであります。又検察側は南部仏印進駐を以て米英への侵略的基地を設けるものであると断定致して居ります。之は誣告《ぶこく》であります。南部仏印に設けた航空基地が南を向いて居ることはその通りでありますが、南方を向いて居るということが南方に対する攻撃を意味するものではありません。之は南方に向っての防禦《ぼうぎょ》のための航空基地でありま す。そのことは大本営が四月上旬決定した対南方施策に関する基本方針に依っても明かであります。

これには我国の南進が仏印及泰を限度として居ります。然《しか》も平和的手段に依り目的を達せんとしたものであります。

日本の南部仏印進駐は自存自衛のため

フランスのヴィシー政権と日本との関係は、おおむね友好的でしたが、仏印進駐をめぐる交渉の過程で、日本は同盟国であり、フランスを占領しているドイツ政府に斡旋を求めたことがありました。ところが、あにはからんや、ドイツの外相はこれを拒絶します。三国同盟の盟友であるはずのドイツも、実は日本に敵対的なのです。ドイツには、日本を利用するつもりしかなかったのです。こうした態度はこの後も一貫しており、まるで敵国と同じです。このときも日仏間の交渉において、ドイツがフランスに圧力をかけて側面支援をしてくれるということはありませんでした。

また、ドイツとソ連との戦争に日本の南部仏印進駐が連動したということも全然ありません。独ソ開戦は、日本にとっても寝耳に水だったのです。

さらに東京裁判では、南部仏印進駐において日本軍が不法武力を行使したとされましたが、このことも東條さんは、明確に否定しています。

事実、昭和十六年（一九四一年）の十二月に、アメリカのルーズベルト大統領から天皇陛下に宛《あ》てて電報が入っており、その電報は結局天皇陛下に届きませんでしたが、その中でルーズベルトは、次のように言っています。

「ヴィシー政権は日本軍が南部仏印に進駐することを許可したが、インドシナに対して何ら攻撃を加えなかったこと、ならびにその計画もなかったことは確実である」。つまり南部仏印進駐を、日本の侵略とは、敵の大統領も認めていなかったということです。これも日本人が知っておくべきことです。

アメリカも、当時はこのことは問題にしていないということを言っているわけです。戦後になって東京裁判では問題にしましたが、当時は問題にしていなかった。そんなことには関係なく、アメリカは戦争をするつもりだったのです。日本が南方に行こうが行くまいが、そんなことは問題ではなかった。

ただ日本は、この時点ではアメリカが全面的に経済断交するとは考えていませんでした。全面的経済断交というのは、近代においては戦争と同義ですから、そういうことをやるわけがないと、最後まで考えていたのです。

しかし逆に、仏印はヴィシー政権のものです。ヴィシー政権は、ドイツと共存しています。イギリスとドイツは戦争をしていますから、イギリス軍が仏印に侵入してくる恐れは十分ありました。ですから、日本が自衛のために進駐してもおかしくないのです。

もっとはっきり言えば、イギリスとヴィシー政権は、ある意味で戦闘状態にあるわけです。ですからヴィシー政権はけしからんと言って、シンガポールあるいはマレーからやってきたイギリス軍がサイゴンを占領する恐れがある。アメリカが、すぐ目と鼻の先のフィリピンからそれを助けることだって、大いにあり得ます。ですから日本は、ヴィシー政権の了承を得た上で進駐した。そこにつくった航空基地も、元来は防禦的なものでした。

日本の南進は仏印とタイでした。アメリカやオランダが全面的に経済断交するに及んで、生存のための攻撃基地に変わったわけです。これは、戦略的におかしいことではありません。実際敵の大統領が、この点は問題ないと言っているわけです。

つまり日本の南部仏印進駐とは自存自衛のためであり、それも平和的外交交渉に則《のっと》ったものであった。ましてや検察が言うような「南部仏印進駐を以て米英への侵略的基地を設けるためのもの」では断じてない。これが結論です。

独ソ開戦に伴う日本の態度決定

四八、

日本政府が独「ソ」の開戦を確定的に知ったのは一九四一年（昭和十六年）六月二十二日であります。此の日大島駐独大使よりその旨の公電に接したのであります。直《ただ》ちに政府及統帥部の連絡会議を開き帝国のとるべき態度につき十分協議を致しました。そして同月三十日に一応の成案を得、七月二日の御前会議にかけ、ここに此際《このさい》の国策を決定したのであります。

独ソ開戦の通知

独ソ開戦は、昭和十六年（一九四一年）六月二十二日で政府は大島浩《おおしまひろし》駐独大使からの公電でこれを知りました。

四九、

独ソ開戦の風説は一九四一年（昭和十六年）四月下旬頃より既に各方面より伝わって来て居りました。同年六月六日頃「ヒトラー」総統と大島大使の会見の電報に接しました。之に依れば独逸は「ソ」連に対する戦争を考えて居るらしい。然し、日本のこれへの参加希望の意は表明しませんが、内心は之を望んで居る様子であるとのことでありました。之に関し、直ちに連絡会議を開きましたが、当時の統帥部の判断も、最近に欧州より帰って来た松岡外相の報告も、独「ソ」の開戦を信ぜず、独ソ両国関係がさまで急迫して居るものとは見なかったのでした。「モスコー」駐在建川大使よりの報道も独「ソ」の関係は相当急迫はして居るが開戦までには至らざるべしとのことでありました。日本としては初めより「ソ」連を三国側に同調せしめんとし、独「ソ」開戦を希望しないのでありますから、従って自然所謂《いわゆる》希望的判断に陥り、独逸側の言分《いいぶん》は英国本土上陸を偽装する一つの手段なるべしと見たのであります。従って此の事態に対する政策を決定せず「成行《なりゆき》を注意」するという事に推移して来ました。六月十二日頃、偶々《たまたま》日「ソ」通商協定仮調印が成立し、又その頃「ノモンハン」境界確定の手続も好都合に進行しつつありました。即ち此等《これら》「ソ」連の態度の軟化には幾分の疑惑を持たぬでもありませんでした。しかし、之は日「ソ」中立条約の結果なりと考え、之を独「ソ」開戦に結びつけて深く考えませんでした。六月十六日頃に駐独陸海武官よりの電報にて独「ソ」開戦の企図ありと報じて来ましたが、但《ただ》し開戦の期日は判明しませぬ。六月十九日頃の「ルーター」電報は独逸が「ソ」連に進撃せりと報じました。二十日頃には独ソ開戦説は一般を風靡したのであります。前記の如く六月二十二日の大島大使の電報に依って之を知る迄は確定的に此のことを知りませんでした。

完全に読み違えた日本政府

独ソ開戦の風説は少し前からありましたが、六月六日ころヒトラーと会見した大島駐独大使から「ドイツに開戦の意思あり」という電報が来ています。しかし松岡外相も、このような風聞は信じませんでしたし、モスクワの建川美次《たてかわよしつぐ》駐ソ大使も「開戦までは至らざるべし」と考えていました。

そのような風聞を流して陽動し、その実、ドイツはイギリス本土に上陸するつもりではないかという臆測がされる程度でした。その点で日本は、完全に読み違えました。開戦の一〇日前には、日ソ通商仮協定が成立したばかりでした。ノモンハンの境界線も落ち着いてきていた。これも日ソ中立条約の結果であると思って喜んでいたぐらいで、このことが独ソ開戦の地ならしであったなど考えてもいなかったのです。

五〇、当時の連絡会議の模様を一言致しますが、連絡会議は一般に之をもって好ましからぬ怪事《かいじ》の発生として迎えたのであります。近衛首相は独「ソ」開戦は独逸の日本に対する不信行為であるから此の際三国同盟を脱退すべしとの意見を持たれ、従ってその意味を私に話されたこともあります。斯様《かよう》な経過でありました事は、独「ソ」開戦につき日独間に作戦的の打合、政治的の謀議等は絶えてなかったことを証明するに足るものであります。又、日本自体としても斯《かく》の如くにして突発せる独「ソ」開戦については何等《なんら》準備を持って居りませんでした。

近衛首相の立腹

この報に接した日本は、びっくりすると同時に、むしろ腹を立てたというのが、本当のところのようです。

近衛首相も連絡会議の席上で、三国同盟があるのに事前に知らせもせず、ソ連に攻め込んだのは背信行為であるから、この際三国同盟を止めようではないかとまで発言していまず。日本は、これほどまで、独ソ開戦に関する事前情報がありませんでした。

五一、　前述の如く七月二日の御前会議では「情勢の推移に伴う帝国国策要綱」を決定したのでありますが、之は統帥部より提出せられ、私は陸相として参加しました。法廷証第一一二三号として提出された私に対する検事訊問《じんもん》調書に此案を陸軍大臣の発案なりと陳《の》べたのは記憶の間違であって只今《ただいま》述べた所が真実であります。此の会議は同日の午前十時より正午迄であったと記憶致します。此の要綱は日本と中立関係にある強大なる隣国「ソ」連と、又日本の同盟国たる独逸との間に戦争が始まったという画期的新事態に対する国策をきめたものであって、其後《そのご》の日本の進路を決定したものではありますが、その内容に於ては実は従来採り来った国策の再確認に外《ほか》ならないのであります。その要点は次の四つに集約せられます。(一) 日本は世界情勢の変化に拘《かかわ》らず大東亜共栄圏の建設に関する従来の方針を堅持すること。(二) 日本は依然支那事変の迅速なる処理に邁進すること。(三) 自存自衛の基礎を確立するため一九四一年(昭和十六年)一月三十日、同年六月二十五日の連絡会議の各決定を確認して南方政策の歩を進めること。(四) 独「ソ」戦の進展に伴う北方情勢の変化に備うるため一部の武力的準備を具《そな》える事、というので前に言った如く大体従来採り来った施策を再確認したものに過ぎませぬが、唯、第四項のみが、独「ソ」戦に伴い新《あらた》に確定したものであります。然し、これとても独「ソ」戦がシベリア方面に反響することに因《よ》る国防上の変化なき限り日ソ中立条約に依り「静謐保持」の政策を持するということには変化はないのであります。

再確認すべき日本の国策

日本の外交的な状況はと言うと、ソ連とは中立条約、ドイツとは軍事同盟という関係でありながら、その両国が戦争を始めたのですから非常に複雑な状況です。ですから日本は、いずれにも関係せず、いままでどおりの大東亜共栄圏の構築に進もうということで方針を確認しています。

大東亜共栄圏というのは、要するに日本のアウタルキーは、日本を中心としてつくるより仕方がないではないかということです。簡単に言えば、日本が東南アジアの諸国と貿易ができるような体制にしたいという意味です。

また、支那事変はとにかく止めなければいけない。また自存自衛の基礎のために、南方政策を既定方針どおり推進する旨も確認されます。とりわけ日ソ関係については「静謐《せいひつ》保持」ということで、とにかく静観しようということでした。

五二、　従って此の国策の決定に基いて日本が新に具体的に実施したことは平時編制をとって居《お》った在満鮮軍隊の作戦行動に必要なる不足の人馬等を補充し、一部の部隊を増加したというに過ぎません。南部仏印進駐は前にも述べました如く七月二日の決定に依るものではなく、これより以前に定められましたが、その実施が仏国との交渉や軍隊の派遣準備のため時間を要し七月末に及んだのみであります。

在満洲・朝鮮部隊の補充

ただし不測の事態にそなえて、満洲・朝鮮に駐留している部隊には不足している人馬を補給するといった最小限の動きはありました。

また、南部仏印進駐についても、先にも述べたとおり、一月の方針決定に基づいて、七月二日に確認され七月下旬に実行されたもので、独ソ開戦に連動したものではないということを述べています。

五三、

此の要綱の作成過程たる連絡会議並に御前会議に於てとり上げられたる主なる事項は次の諸項であります。此の当時の日本政府の意図を了解するに足る資料となると思いますから簡単に列挙致します。

(a)日本は独「ソ」戦に参入する義務を負うのではないか——独逸は日本が独「ソ」戦に参入することを希望して居るようではあるが、日本は三国条約第五条の規定よりするもその義務はない。元来三国条約締結のときは「ソ」連を三国に同調せしむるという両国政府の年来の合意したる政治目的を含むものであって、その点からいうも日本が独「ソ」戦に参入する義務をもつものではない。ただ独「ソ」戦の推移に伴い極東「ソ」連領が混乱に陥り、引いて満洲国の治安にも影響するというが如き場合、或《あるい》は「ソ」連が日本を以て独逸の同盟国なりとして進んで挑戦し来《きた》る場合には条約上の義務如何《いかん》に拘らず別個の立場より参戦の必要を生ずる場合なしとは言えぬ。従って或る程度ここに武力準備を為す必要ありと考えました。然し縦令《たとい》、斯《かく》の如き際と雖《いえど》も米英の対日動向楽観を許さざる現状に於ては止むを得ずして惹起《じやつき》せらるる対米英戦に対する防衛的基本体制を怠ってはならぬという判断に帰着したのであります。

(b) 独「ソ」戦の開始に伴うて日「ソ」中立条約に如何なる関係を及ぼすか――此のことについては三国同盟の第五条に依り、独「ソ」開戦は日ソ中立関係には法的に何等関係あるものではなく、日本は中立条約を維持し「北方の静謐《せいひつ》」を守り得るものと考えました。

(c) 独「ソ」開戦が日米交渉に及ぼす影響如何――一九四一年(昭和十六年)六月二十一日の米国の提案を見るに独「ソ」開戦後米国の我方に対する態度は硬化したものと考えられました。従って今後も、此の交渉には相当の困難を伴うものであると感じたのであります。然《しか》し、日本としては支那事変を解決するという目的より言うも南方の情勢を緩和するの必要から言うも更に又欧州戦争の東亜波及を防止するの観点からいうも、日米の交渉は極力之を成立せしめることに努力せねばならぬという結論に達しました。

(d)南方に於ける米英蘭の脅威とその程度並《ならび》に南方施策の再確認——六月二十五日決定の南方施策促進に関する件の決定に付き前に述べたる如く、其後此の方面の状況少しも緩和を見ず、極力外交に依って之を打開しようと考えましたが、米英の対日圧迫態度は益々強化せられる。もし斯の如き圧迫態度が更に強化せられ、米英蘭があくまで帝国の仏印及泰に対する施策を妨害し、之が打開の途なきときは遂《つい》には対米英戦に立至《たちいた》ることなきを保《やす》し難し。ここに於て我国は最悪の場合には我国の自存の途を講ずる唯一の途として対米英戦をも辞せざる覚悟をもって其の防衛的準備を整え仏印泰に対する施策を完備する方針の再確認は必要であるとせられました。

(e)支那事変解決促進の方途如何——独「ソ」開戦に依りその影響が東亜に波及するの算益々大である。従ってその解決の必要は益々加って来た。蔣介石政権圧迫のためには従来とり来った政策即ち蔣政権と其の背後勢力たる米英との提携を分断する必要は一層緊切《きんせつ》となりました。従来、支那事変解決に徹底を欠いた原因に鑑《かんが》み、蔣政権に対し交戦権を行使すること及《および》支那における敵性租界を接収することは時を見て之を実行するの必要がある。然し、之は米英と極めて機微の関係にある問題であるから、各般の情勢を検討して慎重に考慮する。例えば若し米国が対独戦に参入する等最後の場合には之を実行するという意見でありました。

（f）米国が欧州戦に参入する公算ありや否や、又その参入の場合日本の態度如何――此点については米国の最近の行動、わけても、事実上戦争にも均《ひと》しき態度及独「ソ」戦の開始によって戦争参入の公算は増大したと判断しました。而して米国が参戦する場合には帝国は三国同盟に基いて行動することは勿論であるけれども、米国がいつ如何なる段階を経て参戦するやは固《もと》より予想は出来ない。そこで米英等に対し武力行使を為すべきや否や又為すとせば、その時期及方法はその時の情勢に基き帝国の自主的見地に立ちて更に之を決定するの必要があるというのでありました。

七月二日の御前会議「対米英戦も辞せざる覚悟」

昭和十六年（一九四一年）七月二日の連絡会議ならびに御前会議、実質的には同じことですが、ここで確認されたことは、以下の事柄でした。

まず、三国同盟のために日本がソ連との戦争に入る義務は何もないということです。ただしソ連が混乱に陥って満洲国が危なくなった場合、あるいはソ連が、日本はドイツの同盟国だという理由で日本に戦争を仕掛けてきた場合は応じるより仕方がないということで、これは当然のことです。

次に、ドイツとソ連の戦争は、日本とソ連の中立条約に何ら支障をきたさないということを確認しています。アメリカとの関係はというと、これまでどおり、何とか日米交渉を成立させるべく努力を継続するということです。

ただ、日本の置かれた状況はますます悪くなってきています。困難も増す一方ですから、最悪の場合は自存の途《みち》を講ずる唯一の手段として、「対米英戦をも辞せざる覚悟をもって」交渉を進めるということが決められました。日本の口から「対米英戦」という言葉が出たのはこれがはじめてで非常に重要な意味を持ちます。これが後々まで尾を引きます。

また、日本にとっては支那事変の解決がますます急がれる状況となりました。蔣介石が抵抗をつづけられるのは背後にアメリカとイギリスがいるということだけですから、その援助ルートを分断する必要に一層迫られることになります。

とにかく、日本が知らないうちに、いきなりドイツとソ連が戦争を始めたわけです。ドイツと日本は軍事同盟を結んでいる関係ですから、その対策を議論するのは当然で、この場合も、あらゆる事態を想定した議論があり、その中で選択肢の一つとして「戦争」という文言が出てくることも、これまた当然のことです。だからといって、すぐに戦争云々ということではなく、覚悟はしなければいけないということです。これをもって「戦争の意思あり」と受け取るのは、あまりにうがちすぎというものでしょう。

五四、検察側は此の情勢の推移に伴う帝国国策要綱第二要領中の第二号の規定をとらえて日本が明かに米英蘭を目標とする南進政策を決定した、といっております。然《しか》し乍《なが》ら、既に陳べたように此の場合この決定は仏印及泰に対する施策を完遂することを定めたものであって馬来《マレー》又は蘭印を対象としては居りませぬ。即ち米英蘭に対する南進を決定したものではないのであります。ただ仏印及泰に対する諸方策の遂行は当時に於ては米英の妨害を受けることが予想せられました。此の間万一米英側が挑戦するならば勢い対米英戦を辞するわけには行かぬ。従って右は此の意味に於ける対米英戦の防衛的準備を整えるという意味に外ならぬのであります。

常に後手に回る日本の対応

開戦五カ月前のこの段階で、南進政策は仏印とタイが対象であり、米英蘭に対する攻撃は考慮に入っておらぬと述べています。日本の政策はいつも付け焼刃的で後手後手に回っているだけで、ある意味で情けないのですが、少なくとも、世界征服の長期プランの下に行動が練られているわけでないことは明らかです。相手がこう来たからこう出たということで、常に後手後手ですから、将棋でも必ず負けます。守るだけでは勝てません。そのうち守りきれなくなります。

第四章

第三次近衛内閣と日米交渉決裂

第三次近衛内閣に於ける日米交渉（其《その》一、九月六日の御前会議以前）

五五、

第二次近衛内閣の日米交渉は停頓し遂《つい》に該《がい》内閣の倒壊となったのであります。第二次近衛内閣の辞職の表面の理由は曾《かつ》て御手洗証人の朗読した声明書の通りであり、又、辞職の経緯の一部は木戸侯日記にも記載してありますが、私の観察に依《よ》れば此の政変は日米交渉を急速に且《かつ》良好に解決するために松岡外相の退場を求めたということに在ります。同氏に辞職を迫るときは勢い混乱を生ずるが故に、総辞職という途を択《えら》んだのでありました。そのことは七月十六日、目白の近衛公別邸にて首相並に連絡会議関係の閣僚、即《すなわ》ち平沼、鈴木、及川の諸氏及《および》私が集って協議した趣旨によっても明《あきら》かでありますす。そこで総辞職の決行を決議しその日の夕方総辞職になったのであります。即ち第二次近衛内閣は外務大臣を取《とり》かえても日米交渉を成立せしめようと図ったのであります。此の経過によっても、次に出来た第三次近衛内閣の性格と使命が明かとなります。

第三次近衛内閣の性格と使命

戦争が終わって五〇年も経ってから、アメリカの資料が出てきてわかったことですが、昭和十六年（一九四一年）九月中旬にアメリカ参謀部は、大量の戦闘爆撃機をシナに派遣して、シナで日本軍がまだいないところを基地とし、そこから九州の八幡《やはた》製鉄所あたりを爆撃するという案を提出しています。

参謀本部というのは様々な事態を想定して、その対策を考えますから、そういう案が出てくること自体は、どうということはありません。ところがルーズベルトは、それにOKとサインをしています。これは戦後にわかったことです。

ところがその案は急遽取りやめになりました。それはヨーロッパの風雲が急を告げ、飛行機を急いでイギリスに送らなければならなくなったからでした。ですから日本がどう考えていようと、九月中ごろにはアメリカ軍の方から日本爆撃を始めていた可能性があったということになります。

第三次近衛内閣というのは、繰り返し述べてきたとおり、一言で言えばアメリカとの交渉を何とか成立させるために、内政干渉とも言うべきアメリカの暗黙の要求を容《い》れてまでして、外務大臣・松岡洋右を馘《クビ》にするために発足した内閣です(七月十八日)。

総辞職してまでも何とかアメリカと話し合いで解決したいという誠意が、痛々しいです。ですが、もし近衛首相に、昭和十二年(一九三七年)の支那事変勃発時に、このくらいの覚悟があったなら支那事変はすぐに終結していたかもしれないのです(当時の政府は、第一次近衛内閣)。というのは、陸軍参謀本部は、事変不拡大、早期終結を唱えていたからです。その意見を容れて、事変を停止していたら、責任内閣である近衛内閣は総辞職を余儀なくされたかもしれません。

いまから見ると、そうすればよかったではないかと思いますが、そうはならず、結局参謀本部が自分の主張を取り下げて戦争を続けることにしたのは、「内閣が退陣となると蔣介石を元気づける、戦争中に内閣を辞めるというのは、日清、日露の例にもない」という理由からでした。

しかし近衛内閣は結局長続きせず、南京占領の約一年一カ月後には総辞職しています。その後も事変継続中にもかかわらず、平沼《ひらぬま》騏一郎《きいちろう》内閣（昭和十四年一月〜八月）、阿部《あべ》信《のぶ》行《ゆき》内閣（昭和十四年八月〜昭和十五年一月）、米内光政内閣（昭和十五年一月〜七月）と、目まぐるしく内閣は変わっているのです。ですから、支那事変が始まって間もない時期に、参謀本部の意向を受け容れて事変を停止し、内閣総辞職していればよかったのではないかという思いが、いまでもぬぐいきれません。

見方によれば、近衛首相が一番の問題でした。近衛の背後に誰が動いたか。いま一番残念なのは、近衛さんが戦後自殺したことです。東京裁判でその背後を暴《あば》いたら、おもしろかったと思います。

あるいは自殺しなかったとしても、東京裁判ではソ連がそれをさせなかったかもしれません。しかし、少なくとも自殺しなければ、近衛内閣の内外や敗戦後の日本の政界で働いた人たちの多くが、全部ゾルゲや尾崎秀実といったコミンテルンの回し者とつながっていた事実が明るみに出ていたことでしょう。

五六、然《しか》るに「アメリカ」側では南部仏印進駐を以《もつ》て日本の米英蘭を対象とする南進政策の第一歩であると誤解しました。之に依て太平洋の平和維持の基礎を見出すことを得ずといって日米交渉の打切を口にし、又資産凍結を実行するに至りました。日本政府に於ては猶《な》お平和的解決の望を捨てず其後《そのご》と雖《いえど》も日米交渉の促進に苦慮したのであります。大統領の提案は我国が仏印進駐の意図を中止するか又は進駐措置が既に開始せられたるときは撤兵を為すべしというのでありました。之を条件として次の二つのことを主張して居ります。その一つは日、米、英、蘭、支に依り仏印中立化の共同保障であります。その二つは仏印に於ける物資獲得に付《つき》、日本に対する保障を為《な》すというのでありました。他方日本としては八月四日に連絡会議を経て之に対する対策を定めました。日本の回答の重点は四つであります。

一、日本は仏印以上には進駐せぬ。而《しか》して仏印よりは支那事変解決後には撤退すること。

二、日本政府は比島《フィリピン》の中立を保障する。
三、米国は南西太平洋の軍事的脅威を除去すること。そして「イギリス」、「オランダ」両政府に対し同様なる処置を勧告すること。
四、米国は南西太平洋、殊《こと》に蘭印に於ける日本の物資獲得に協力すること。又日本と米国との正常関係の復帰の為に必要なる手段を採ること。
元来、日本の南部仏印進駐は前に述べたような理由で行われたので、之を必要とした原因が除去せられるか、又は緩和の保障が現実に認められるにあらざれば仏印撤退に応ずることは出来ぬのであります。国家の生死の問題に対しては一方的の強圧があったというだけで、之に応ずるということは出来ないのであります。日本は進出の限度及撤兵時期も明示して居ります。此の場合に出来得るだけの譲歩はしたのであります。然るに米国側は一歩もその主張を譲らぬ。日本の仏印進出の原因の除去については少しも触れて来ない。ここに更に日米交渉の難関に遭遇したのであります。

自分の主張は一歩も譲らないアメリカの頑《かたくな》さ

第三次近衛内閣はアメリカとの交渉を続けましたが、アメリカでは南部仏印進駐をもって、米英蘭に対する南進政策の一歩であると言い募《つの》るわけです。

先に挙げた十二月七日付ルーズベルト大統領の天皇に宛てた親電でも明らかであるように、本当はそうでないことは知っていたのですが、そのように言い募り、日本には交渉をまとめる気はない、という難癖をつけて日米交渉の打ち切りを匂わせています。さらには資産の凍結も実行しました。

日本はアメリカの要求に対して、きちんと返答しています。仏印進駐は支那事変の解決のためのものであるから、事変が終結すれば撤退する。また、フィリピンには手を出さない。南西太平洋の軍事的脅威などはもちろんなくする。その代わりイギリスもオランダも同じようにしてほしい。さらには、とにかく日本は物資がなければ生きていけないのだから協力してほしいと、そのことだけを要求しているのです。

要するに、アメリカと日本が正常なる国交関係に戻れるようにということを願ったわけです。わかりやすく言うと、ペリー来航時のようなニュートラルな関係になりたいということです。

日本からアメリカに仕掛けたことは何もないということは、何度も主張しなければいけません。そもそも両国関係をおかしくしたのは、排日移民法をはじめとして、すべてはアメリカから出てきているのです。日本はそれに対してどう対応すべきか困惑してうろうろしたということです。

その後もアメリカは一歩も主張を譲らない。日本の仏印進出の原因が重慶政府に対する英米の援助にあるのだから、それを止めてもらえばということを言っているのに、援助が止む気配はありません。日本を仏印に進出せざるを得ないようにしたところの原因を、自分のほうでは一切取り除くことをしていないのです。

五七、　近衛首相は此の危険を打破するの途《みち》は唯一つ。此際《このさい》日米の首脳者が直接会見し、互《たがい》に誠意を披瀝《ひれき》して、世界の情勢に関する広き政治的観点より国交の回復を図るの外《ほか》はないと考えました。そこで一九四一年（昭和十六年）八月七日に野村大使に訓電を発し首相と大統領との会見を申出しめ又、同年八月二十八日には近衛首相より「ルーズヴェルト」大統領に対する「メッセージ」を送りました。米国では趣旨に於ては異存はないけれども、主要なる事項、殊に三国同盟条約上の義務の解釈並にその履行の問題、日本軍の駐留問題、国際通商の無差別問題につき先《ま》ず合意が成立することが第一であって、此の同意が成立するにあらざれば首脳者会見に応ずることを得ずという態度でありました。そこで此の会談は更に暗礁に乗り上げたのであります。

日米首脳会談の申し入れ

近衛首相は膠着《こうちゃく》した事態を打開するために、野村駐米大使などを使って、日米首脳会談を申し入れました。

その際、日本の姿勢として三国同盟は、ドイツと連関して軍事行動を起こすものではないこと、また日本の仏印駐留問題は支那事変が終結さえすれば、いくらでも引き揚げるということ、国際通商の無差別問題にもいくらでも話に応じるということを伝えましたが、アメリカは強硬な態度を一歩も譲らず、事前に基本的な合意なくして首脳会談に応ずることはできないという姿勢を崩しませんでした。

九月六日の御前会議

五八、米英蘭の一九四一年（昭和十六年）七月二十六日の対日資産凍結を繞《めぐ》り日本は国防上死活の重大事態に当面しました。此の新情勢に鑑《かんが》み我国の今後採るべき方途《ほうと》を定める必要に迫られました。ここに於て一九四一年（昭和十六年）九月六日の御前会議に於て「帝国国策遂行要領」と題する方策が決定されたのであります。此の案はこれより一両日前の連絡会議で内容が定められ、更に御前会議で決定されたのでありまして、統帥部の要求に端を発し、その提案にかかります。私は陸軍大臣として之に関与致しました。

米英蘭による対日資産凍結

昭和十六年（一九四一年）七月二十六日、アメリカ、イギリス、オランダは対日資産凍結という処置をとりました。

この場合に考えなければならないのは、日本は近代国家であるということです。江戸時代までの日本であれば国の中から出る資源、産物だけで何とかやっていけましたが、近代国家になると近代国家を支えるための物資が、日本国内にはほとんど何もないという厳たる事実があるわけです。

特に石油は全然出ないと言ってもいいくらいです。当時、日本がどのくらい石油の心配をしたかというと、山本五十六《やまもといそろく》が海軍次官のとき、海の水から石油が出るというインチキな話に乗ったというエピソードがあることからもわかります。石油の話が出ると、山本五十六くらいの頭脳明晰《めいせき》な人でも理性を失うくらい、日本にとって石油問題は頭が痛かったのです。「石油の一滴は血の一滴」という標語がありました。バスなどは戦時中、木炭自動車になるわけです。

ですから石油があるうちでなければ、日本はいわゆる「弾発性」、つまり交渉力がなくなるのです。日本は連合艦隊が強いとは言っても、石油がなければ軍艦は動けません。零戦ができたといっても、飛べません。ノモンハンで千何百機のソ連機を落とした陸軍機も飛べません。戦車も走りません。何もできません。

アメリカの対日資産凍結を受けて、日本政府は昭和十六年（一九四一年）九月六日、御前会議を開き、その後の国の方針について基本政策を確認しました。これが「帝国国策遂行要領」と題されるものです。

五九、　此の帝国国策遂行要領の要旨は急迫せる情勢に鑑《かんが》み、従来決定せられた南方施策を次のような要領により遂行するというのであります。即ち

一、十月上旬頃迄を目途として日米交渉の最後の妥結に努める。之がため我国の最少限の要求事項並に我国の約諾《やくだく》し得る限度を定め極力外交に依ってその貫徹を図ること。

二、他面十月下旬を目途《もくと》として自存自衛を完《まっと》うするため対米英戦を辞せざる決意を以て戦争準備を完成する。

三、外交交渉に依り予定期日に至るも要求貫徹の目途なき場合は直ちに対米英蘭開戦を決意する。

四、其他の施策は従前の決定に依る。

というのであります。

石油全面禁輸が日本に与えた衝撃

そこで確認されたことが、ここに挙げられた四点でした。

まず、石油が枯渇すれば戦争すらできなくなり、丸腰でアメリカと交渉しなければなりませんが、これでは足許を見られて交渉になりません。したがって、石油の残量を見ながら、交渉妥結の最終期限を区切る必要が生じます。

石油がいつまで使えるかというと、戦争を始めて三日で無くなるというのでは論外です。少なくとも一年か七、八カ月はもってもらわないといけない。そこまでの目途《めど》はどうかというと、十月上旬ころまでに石油輸入の目途が立たないと困るということです。

そこで交渉の期限が、自然と定まってしまいました。このへんのことは、いまの人にはわからないことかもしれません。その結果、交渉がどうしても妥結しないときに備えて、十月下旬を目途に、自存自衛をまっとうするためには戦争準備を完成するという方針が決められました。あくまでも外交交渉による解決を目指すのですが、どうしてもできない場合は開戦の決意もしなければならない。ここが一番のヤマでした。

このころの状況を覚えている人も少なくなりましたが、私は小学校五年生でした。年表では昭和十六年六月十七日とありますが、この日、蘭印（つまりオランダ）との交渉が決裂します。

とにかく日本は石油が買えれば武力を持っていますから戦争を始めなくても泰然としておれるわけですが、石油がなくなると戦争ができなくなる。戦争ができなくなると、どんな難問を押しつけられても「はい、はい」と言わなければならない。

そういうわけで、必死になってインドネシア（蘭印）の宗主国であるオランダと交渉します。バタビヤに政庁がありました。最初は第二次近衛内閣の商工大臣・小林一三《こばやしいちぞう》が日蘭通商の交渉のための特派大使になりましたが埒《らち》があかないので、芳沢謙吉《よしざわけんきち》という特使が行くのです。それでもうまくいかず、交渉が決裂したという報が入ります。交渉打ち切り声明ですが、これには子ども心に非常に暗い思いをした覚えがあります。

当時は小学校五年生といっても、当時の日本の男の子は、いまの大学の国際関係研究科の学生以上に国際関係にピリピリしていました。というのは、周囲の成人男子の多くは支那事変に出征しています。もう五年も経てば自分も戦場に行かなければならないという切迫感がありましたので、時局には非常に敏感でした。交渉打ち切り声明で、これは大変だということが、ぴんと来ました。

夏休みに入ったころ、いよいよ八月一日という夏休みのはじめ、アメリカによる石油の全面禁輸です。子ども心に、目の前が真っ暗になったという感じを覚えています。「いよいよ、これで戦争だな」、という覚悟を決めたような感じでした。子どもでもそうなのですから、いわゆる軍事の中心にあって責任ある立場の人がどんな気持ちだったか、よくわかります。

昭和十六年(一九四一年)九月六日の御前会議のとき、東條さんは陸軍大臣でした。彼はこの席で決まった十月下旬までに戦争準備完成という決定を非常に重く受けとめ、御前会議で決まったことを勝手に変えることはできないと考えました。このことがこのあとの東條さんの行動を縛ってしまうのです。

そのあと総理大臣になったときに、このときの御前会議の決定を白紙還元してもいいという条件を受け入れてもらった上で就任しています。

九月六日の御前会議のあと、昭和天皇は、明治天皇の御製

四方《よも》の海みな同胞《はらから》と思ふ世に
　など波風の立ち騒ぐらむ

を詠《よ》み上げられ、「自分はこの明治天皇の平和愛好の御心を実現したいと思っている」と述べられたので、満座粛然として、しばらく一言も発する者はなかったということです。

六〇、この要領を決定するに当って存在したりと認めた急迫せる情勢及之を必要とした事情は概《おおむ》ね次の七項目であります。

ａ 米英蘭の合従《がっしょう》連衡《れんこう》に依る対日経済圧迫の実施――米英蘭政府は日本の仏印進駐に先立ち、緊密なる連携の下に各種の対日圧迫を加えて来ました。これ等《ら》の国は一九四一年（昭和十六年）七月二十六日既に資産凍結令を発しました。又比島高等弁務官は同時に之を比島に適用する手続をとりました。「イギリス」は同日、日英日印、日緬各通商航海条約の破棄を通告し同日日本の資産を凍結しました。蘭印政府も亦《また》七月二十六日日本の資産凍結を行いました。

右の如く同じ日に「アメリカ」「イギリス」「オランダ」が対日資産凍結を為した事実より見て此等の政府の間に緊密なる連絡がとられて居ったことは明白なりと観察せられました。その結果は日本に対する全面的経済断交となり、爾来《じらい》日本は満洲、支那、仏印、泰以外の地域との貿易は全く杜絶《とぜつ》し日本の経済生活は破壊せられんとしたのであります。

b　米英蘭に依る対日包囲態勢の間断なき強化、米英軍備の間断なき増強等――当時我統帥部の観察に依りますれば米国の海軍主力艦隊は一九四〇年（昭和十五年）五月以来「ハワイ」に進出し益々増強されて居り殊に航空的に増強されて居ると判断せられました。一九四一年（昭和十六年）七月には米大統領は太平洋に散在の諸島の防備強化の費用として三億弗《ドル》の支出を米国議会に求めました。当時日米の関係は甚《はなは》だしき緊迫の状態を示して来て居りました。之と対応して米国陸海軍の大拡張が計画せられました。一九四一年（昭和十六年）七月には米国上院は海軍長官に国家非常事態宣言中、海軍勤務年限延長の権限を賦与する法案を可決しました。同月中大統領は海軍費並に海軍委員会費三十三億二千三百万弗の追加予算の支出を議会に要求しました。一九四一年（昭和十六年）九月三日には米国海軍省は同年一月乃至《ないし》八月までの間の完成乃至就役戦艦二隻、潜水艦九隻、駆逐艦十二隻其他を含め合計八十隻なる旨を発表して居ります。同年七月二十六日には「フィリッピン」に極東米陸軍司令部を創設し之を「マッカーサー」将軍の麾下《きか》に置く旨を発表して居ります。同年七月三十日には米国下院陸軍委員会は徴集兵、護国軍及予備兵の在営期間延長の権限を大統領に付与する決議案を採択して居ります。一九四一年（昭和十六年）八月米陸軍予備兵三万人を召集し九月一日より米国極東軍「マッカァーサー」総司令官の麾下に編入する旨「ケソン」比島大統領が命令を発しました。一九四一年（昭和十六年）七月二十五日には米国の国防生産管理局は一九四〇年（昭和十五年）七月以降一ケ年間に議会の承認せる国防充実及援英予算は五百七億八千万弗中飛行機費百十七億九千万弗なる旨を発表して居ります。一九四一年（昭和十六年）七月十日には「ルーズヴェルト」大統領は議会に対し百五十億弗の国防費及武器貸与予算中陸軍強化費四十七億四千万弗の支出を求めて居ります。

此等の情報に依ても一九四一年（昭和十六年）七月以降に於ても米国側は軍備拡張に狂奔せることが窺《うかが》われました。又以下の情報に依り米英蘭の間に緊密なる連携あることも窺われました。即ち一九四一年（昭和十六年）七月二十四日に米国海事委員会は南阿、「ダーバン」「カルカッタ」「シンガポール」「マニラ」「ホノルル」紅海方面に海事連絡員の派遣を発表して居ります。同年八月二十六日には「ニュージーランド」の首相「フレザー」氏は「ニュージーランド」の基地の米濠、蘭印の共同使用に同意する旨を表明致しました。

一九四一年（昭和十六年）七月四日重慶の郭外交部長は米、英、支、結束の必要を放送致しました。同年八月末には「マグルーダー」准将を団長とする軍事使節を重慶に派遣する旨「ルーズヴェルト」大統領が言明して居ります。

なお次に米側高官は威嚇《いかく》的言動を発表したという報道が我方に達しました。これらの報道の二三を挙げますれば「ノックス」海軍長官は「ボストン」で開催中の各洲長官会議に於て今こそは米国海軍を用うべき時である旨演説いたしました。「ルーズヴェルト」大統領は議会に特別教書を送り議会が国家非常時状態の存在を承認せんことを要求しました。一九四一年（昭和十六年）七月二十三日には「ノックス」海軍長官は海軍が米国の極東政策遂行上必要なる措置を敢行する旨言明致しました。同年八月十四日には有名な米英の共同宣言が発表されました。八月十九日には「ケソン」比島大統領と「ウォーレス」米国副大統領とは交換放送を行い米国参戦の暁には「フィリッピン」は之に加担する旨言明致しました。以上の如く此の当時に於ては米国側の威嚇的言動の情報が引続いて入って来たのであります。なお同年六月には「シンガポール」に於て英、蔣軍事会議が開かれ両者の間の軍事同盟が出来たとの情報が入って居ります。

ｃ　日本の国防上に与えられたる致命的打撃——米英蘭の資産凍結に依り日本の必要物資の入手難は極度に加わり日本の国力及び満洲、支那、仏印、泰に依存する物資に依るの外なく其他は閉鎖せられ或種の特に重要な物資は貯蔵したものの消耗に依るの外はなく殊に石油は総《すべ》て貯蔵に依らなければならぬ有様でありました。此の現状で推移すれば我国力の弾発性は日一日と弱化しその結果日本の海軍は二年後にはその機能を失う。

液体燃料を基礎とする日本の重要産業は極度の戦時規則を施すも一年を出でずして麻痺状態となることが明らかにされました。ここに国防上の致命的打撃を受くるの状態となったのであります。

d　日米交渉の難航と最後の打開策の決定――以上の如き逼迫《ひっぱく》状態に伴い、政府としては松岡外務大臣の退陣までも求めて、成立した第三次近衛内閣は極力交渉打開の策を講じましたが、遂に毫《ごう》も其の効果はなく、更に近衛首相は事態の窮境《きゅうきょう》を打開するため日米首脳者の会談を企てましたが、米側に於て之に応ずる色もないという情況でした。しかし、日本としては前諸項の米英蘭の政治的、軍事的、経済的圧迫に依り日本の生産は極度の脅威を受けるけれども戦争を避ける一縷《いちる》の望を日米交渉に懸けその成立を図らんとしたのであります。之がため従来の好ましからざる結果にも鑑み新たなる観点に立ちて交渉の基礎を求めねばならぬと考えたのでありました。

e　支那事変解決の困難さの増大――重慶は其後更に米英の緊密なる支援を受けて抗戦を継続し日本は各種の方法を以て解決を図りましたが、その目的を達成しないために、南方の状態は益々急迫し日本としては支那の問題との両者の間に苦慮するに至ったのであります。

f　作戦上の要求に基く万一の場合に於ける対米英蘭戦争の応急準備――前諸項の原

因で日本は国防上の危機に追い詰められて来ましたが、それでも日本は極力平和的手段に依り危機の打開に尽力しました。しかし、他面日米交渉の決裂も予想して置かねばならぬのでありました。この決裂を幾分でも予想する以上は統帥部はその責任上之《これ》に応ずる準備を具えねばならぬのであります。その準備は兵力の動員、船舶の徴用、船舶の艤装、海上輸送等広汎に亙《わた》るものであります。外交上の関係は別とするも此の準備は統帥部だけでは出来ませぬ。先《ま》ず国家意思の確乎《かっこ》たる決定を前提とするのであります。

g　外交と戦略との関係——外交に依り局面が何《ど》うしても打開出来ぬとなれば日本は武力を以て軍事的、経済的包囲陣を脱出して国家の生存を図らねばならないのであります。

然《しか》るときは問題は外交より統帥に移るのであります。上陸作戦の都合と戦争物資の状況に依り武力を以てする包囲陣脱出の為には重大なる時期的制約を受けるのであります。即ち統帥部の意見に拠《よ》れば上陸作戦の都合は十一月上旬を以て最好期とし、十二月は不利たるも猶《なお》不可能にあらず、一月以降は至難、春以降となれば「ソ」連の動向、雨季の関係上包囲陣脱出の時期は著しく遷延することとなる。此の間戦争物資は消耗し我方の立場は更に困難に立ち至るというにありました。又武力行使の為には統帥部としては国家意思決定後最少限一ケ月の余裕が必要であるとの事でありました。

以上主として国防用兵の関係に拠り日米交渉に十月上旬なる時期的制限を要したのでありまず。以上のような各種の情勢が九月六日の国策要綱を必要とした理由でありまず。

「帝国国策遂行要領」決定に至る背景

こうして九月六日の御前会議において、日米交渉に全力を尽くすも、交渉決裂という事態に備えて、戦争準備に入ること、石油の残存状況から見て交渉期限は十月上旬まで、戦争準備は十月下旬に完成という「国策」が決定されました。ここでは、この決定に至るまでの背景を七つにまとめて述べています。

①米英蘭は、日本の仏印進駐の前から互いに緊密なる連絡を取って、日本に圧迫を加えてきていました。七月二十六日の資産凍結令に続いて、この処置をフィリピンにも適用しました。イギリスも日本・インド間、日本・ビルマ間の通商航海条約を破棄し、日本の資産を凍結しました。そして蘭印政府も同じく日本の資産を凍結します。

同じ日にイギリス、アメリカ、オランダが対日資産を凍結した事実から見ても、事前の三国間の連携が緊密であることは明らかで、この結果、日本に対する全面的経済断交となりました。これは宣戦布告と同じことです。

②そして経済のみならず軍事面においても、日本に対する包囲網を、間断なく、じわじわと強化してきたわけです。アメリカの主力艦隊は、すでに一年前からハワイに進出してますし、航空機もどんどん増強されていました。ルーズベルト大統領は太平洋の島々の防衛強化に、当時のお金で三億ドルという巨額の資金を投入しました。また、海軍勤務年限を延長するなどの法的体制を整え、さらに議会は海軍への天文学的な追加予算を承認しています。

昭和十六年八月までに完成した軍艦が二隻、潜水艦九隻、駆逐艦一二隻で、これらを含めて新造艦船は八〇隻になります。また七月にはフィリピンに極東米陸軍司令部を創設し、マッカーサーを司令官とします。

つづいて徴集兵、護国軍および予備兵の在営期間を延長し、八月には予備兵三万を徴集します。これはもうはっきり戦争体制です。イギリスに対する援助費もやはり天文学的な数字に上ります。

お金の換算ですが、いまとはレートが全然違います。当時は一ドルが四円から五円でした。一ドル五円というのはどれくらいかというと、当時東大を出て一年目の人の月給が五〇円から六〇円です。いまは二五万円くらいですから、当時の一円はいまの四、五〇〇〇円くらいに相当します。

さらにアメリカはカルカッタ、シンガポール、マニラ、ホノルル方面に海軍の連絡員を派遣しています。ニュージーランドのフレザー首相も、国内の基地を米豪蘭が使用することに同意しました。八月末には、アメリカはマグルーダー准将を団長とする軍事使節を重慶に派遣しています。ほとんど戦争参加です。

ノックス海軍長官もボストンで、アメリカ海軍を使うときが来たと言明しています。ルーズベルト大統領も、国家非常時状態の承認を議会に求めています。アメリカが海軍を使うというのは、対日戦しかないわけです。

八月十四日には、米英の共同宣言が行なわれました。その前の六月十四日には、有名な大西洋憲章が発表されています。フィリピンのケソン大統領は、アメリカが開戦の場合、これに参戦することを表明します。シンガポールにおいてはイギリスと蔣介石の軍の会議が開かれていますから、イギリスはすでに参戦しているのと同じです。

③資産凍結によって、日本の国力の弾発性は日に日に弱くなり、このままいけば、日本海軍は二年以内には確実にその機能を失い、重要産業は一年で麻痺状態となることが明らかになりました。

④近衛内閣はアメリカの希望を忖度《そんたく》し、松岡外相を馘《クビ》にしてまで改造されましたが、アメリカには何の効果もありません。アメリカには、交渉に応ずる色もありませんでした。

⑤一方、支那事変ですが、重慶政府は山の中にこもって、日本とアメリカとの交渉の推移を黙って見ていればいいという感じになっています。米英から十分な援助を受けていますから、悠々たるものです。解決は、ますます困難になっていきました。

⑥かたや日本ですが、外交では何もできないとなった場合、つまり交渉が決裂した場合に備えて、軍を動かす部署である参謀本部（陸軍）と軍令部（海軍）に問題が移ることになります。

⑦その場合、一番重要なのは時期的な制約です。石油が切れて軍の機能が失われる以前に和戦の決定をし、準備を終わらせねばなりません。また作戦上の時期的制約もあります。そうした場合、軍事作戦上、冬期の開戦はむずかしく、最良は十一月上旬、十二月初旬までは何とかできる、ということになります。それ以後は気候的に困難ですし、春以降になればシベリアのソ連軍の動きが心配になります。

いろいろな意味で戦争するか、しないで屈伏するかを十二月上旬くらいまでに決めねばならないという具合に、選択肢が絞られてきます。

六一、　万一太平洋戦争開戦となる場合の見透《みとおし》は、世界最大の米英相手の戦争であるから容易に勝算の有り得ないことは当然でありました。

そこで日本としては太平洋及印度洋の重要戦略拠点と、日本の生存に必要なる資源の存在する地域に進出して、敵の攻撃を破砕《はさい》しつつ頑張り抜く以外に方法はないと考えたのであります。

はたして勝算ありや

万一、開戦という事態に至ったときに、はたして勝算ありやという問題について、当時の政府は冷静な読みをしていたことがわかります。

海軍の保有量でも主力艦の米・英・日の保有比率が五・五・三、補助艦で十・十・七です。その二国を相手にする以上、容易に勝利はあり得ないことはわかっていました。

事実、永野修身《ながのおさみ》軍令部総長は、アメリカが対日石油輸出を全面禁止したことを報告するため、昭和十六年（一九四一年）七月三十一日に天皇にお目にかかったおり、「三国同盟がある限り、日米関係の調整は不可能であり、石油の供給源を失います。日米開戦となった場合は日本海海戦のような大勝はおろか、勝利もおぼつかない」と申し上げています。

太平洋作戦準備

六二、

日本に於《おい》ては統帥部は其の責任上外交と離れて別に隣国に対する作戦計画を持って居りました。然《しか》し乍《なが》ら統帥部に於ても政府に於ても共に戦争計画を持って居りませぬ。(イ)之は日本独特の制度たる統帥独立の理論に基く政府と統帥機関の分立ということ、(ロ)陸軍と海軍と画然と分れて居るということ、(ハ)並に陸軍と海軍とが将来戦に於ける作戦上の目標を異にして居るということから来て居ります。故にもし事実上の戦争計画の必要を認めるとするも之を作成することは不可能でありました。斯《かく》の如く事実上の戦争計画はなかったのであるから戦争準備なるものはないのであります。況《いわ》んや太平洋戦争を目標とする恒久的戦争計画は夢想だもして居らなかったのでした。

唯《ただ》、支那事変の解決及国際情勢の急変に対応するために国防国家又は高度国防国家の建設を標語として迅速に国内の戦時態勢を実現せんことを希望して居った事実はあります。然し之は飽くまで時局の変転に対応する策であって帝国の存立を確保するためであります。即ち支那事変以上の戦争に捲込《まきこ》まれることを避けるために国家の総力を発揮する態勢をとることを目的としたのであります。その意図する所は畢竟《ひっきょう》戦争の防止にあり、戦争の準備ではないのです。当年世界の各国が国防を忽《ゆる》がせにしなかったと同一であって彼此の間に区別はないと考えました。

陸軍は対英米戦を想定せず

日本がいつから対英米の戦争を考えていたかという問題ですが、ここでは連合国側が言うような、「太平洋戦争を目標とする恒久的戦争計画」があったことを否定しています。日本の内部の構造として、戦争を担当する統帥と外交を司る政府が、はっきり分かれていること。また陸軍と海軍とでも、完全に分かれていること。さらに陸軍と海軍とでは、将来の作戦の目標が違うことを挙げ、協調して統一した方針を固めることすら困難であったと述べています。

陸軍の仮想敵国はソ連、海軍はアメリカで、陸軍がアメリカを敵とは本気で考えたことはありません。海軍はソ連など問題にしていませんでした。ですから対英米戦を共同の目標にすることは、開戦の直前まで夢にも考えていませんでした。

六三、　他面に於て我国も軍備の充実を企図したことは是亦《これまた》事実であります。その目的は陸軍にあっては主として対「ソ」防衛作戦計画が基礎でありました。且つ支那事変勃発後は之に加うるに支那事変遂行に要する軍備の整備ということが加っただけであります。従って陸軍に於て太平洋戦争を本来の目的とする軍備充実ではなかったのであります。海軍の軍備については自分は関与して居りませぬ。

陸海軍の間に統一戦略なし

日本も支那事変が始まったために、高度国防国家をモットーにして、世界の大勢に早く順応せんものと軍事力の強化に努めましたが、それはどこの国も同じで日本に限るものではありませんでした。陸軍には対ソ作戦計画はありましたが、太平洋作戦は考えておらず、そのための軍備整備もしていませんでした。それほど陸軍と海軍とで、横のつながりがまったくなかったのです。これはこれで日本の問題でした。海軍のことは、東條さんもわからないと言っています。

日本には政治と陸軍・海軍とを統括することのできる首相は、制度上いなかったのです。強《し》いて言えば天皇ですが、天皇は直接命令するようには憲法上なっていませんでした。日本にはチャーチルやルーズベルトやスターリンやヒトラーのような権力を振るえる人はいなかったのです。これが東條さんの悲劇と言えましょう。

六四、日本の対米英戦に対する準備は応急的のものであって凡《およ》そ次の三段階を基準として臨時に行われました。

即ち

（a）一九四一年（昭和十六年）九月六日の御前会議――此の決定に基き和戦両様の意図に依り対米英戦を目的とせる応急的の作戦準備を開始しました。

（b）後に言及する一九四一年（昭和十六年）十一月五日の御前会議に基き本格的に作戦準備を行いました。

（c）一九四一年（昭和十六年）十二月一日の決定に基き開戦準備行動に移りました。

対英米戦準備の三段階

日米戦に対する準備は急に決まったものでしたが、強いて段階的に言えば昭和十六年（一九四一年）九月六日の御前会議で、外交交渉をつづけつつも十月ころまでには和戦いずれか腹を決めることになりました。しかしアメリカは一歩の譲歩もせず、ハル・ノートを突きつけてきたために、十二月一日には開戦を決定し、つづいて、開戦準備に移ったということです。

六五、　我国の陸軍軍備は前述の如く対「ソ」防衛計画を目的として準備せられたものであって、その動員上の基準兵力は「ソ」連の極東に使用し得る予想兵力の三分の二を目標として整備せられたものであります。然し「ソ」連の間断なき極東兵力の増加、日本国内の財政、並に国内軍需生産力の面よりする制約を受け、以上の目的を十分に達成することが出来ず、殊に航空機並に機械化兵器に於て甚だ不十分でありました。一九三七年（昭和十二年）七月、支那事変の勃発以来この事変の遂行のための軍備の整備を必要とし之がため一般戦備の整備は益々困難となりました。

殊に航空機関係に於て然りであります。次《つい》で情勢の急迫に伴い遂には満洲、支那及内地にある既存の兵力、既存の資材を抽出して配置転換を為し、南方渡洋作戦に応ずる如く編成及装備を改変し随時応急の体制を以て之に応じたのであります。作戦資材の配置も亦右の趣旨に依り行われました。従って一九四一年（昭和十六年）九月より十二月迄の間に於て全軍の約一割程度が南方に必要なりとして台湾及仏印に移送されたに過ぎません。

陸軍にとって戦争は急の事態

陸軍の軍備は、極東に配備されるソ連軍の三分の二を目標としていました。ですが、これはなかなか実現困難でした。というのも、ソ連のほうは間断なく増強を続けていますし、一方、日本のほうには財政力、軍事生産力に制約があります。航空機、機械化兵器は特に不十分でした。それに加えて、南洋の緊急事態にも対応できるよう、ただでさえ不足している戦力の一部を配備する必要に迫られました。陸軍としては、十二月に軍の一割近くが、台湾や仏印に移動を余儀なくされています。

明治以来、日本はイギリスやアメリカと戦争をすることなど、考えたこともないわけで、これは急に起きた事態なのです。「急に起きた」ということが重要です。東京裁判においてA級戦犯は、昭和三年（一九二八年）から一貫して対英米戦の共同謀議を行なったとして裁かれましたが、実際に対米英の戦争を本気で考えたのは、開戦の三、四カ月前、石油が止められてからだったのです。

六六、

日本の軍需生産は以上の必要に応ずるものでありまして其内容は陸軍に関するものは次の四つであります。

（a）対「ソ」作戦計画に基く所要軍需資材の整備のための生産

（b）支那事変の遂行に要する所要軍需資材の生産（之は主として消耗の補給）

（c）軍事教育用の軍需資材の生産

（d）内地予備貯蔵のための軍需資材の生産

右等は海軍軍需資材の関係もあり、殆《ほと》んど其の最小の要求だけでも之に応ずることは出来ませんでした。

追いつかぬ軍需生産

陸軍の軍需生産は、対ソ連、支那事変、軍事教育用、内地の予備軍のための貯蔵がその目的でした。しかし海軍は海軍で別の軍需を必要としますから、最小限の準備をすることすら困難でした。

六七、対米英情勢の緊迫するに及び之を如何《いか》にしたかというに、右緊迫に伴い軍需資材並に兵力につきても転用による配置変更、内地予備の使用、対支作戦の使用量の制限、教育用資材の圧縮等に依り応急的準備を調《ととの》え辛うじて開戦の初期之《これ》に応じ得たのでありま す。軍需生産の基をなす生産力の向上というものは一朝一夕に出来るものではないのであります。米英よりの数年に亘《わた》る経済上の圧迫、殊に一九四一年（昭和十六年）七月の経済封鎖に依り原料及材料の入手難に陥り其の入手が杜絶に瀕《ひん》したる結果、軍需生産面に於て米英戦に応ずる生産増加を為すことが困難といわんよりは寧《むし》ろ不能に近くなったのであります。特に航空機の生産及石油の製造に於て甚だしかったのであります。此点より見るも本格的なる対米英戦の準備は陸軍に関する限り皆無の状態でありました。

対米英戦の準備は皆無

対米英戦の開戦初期の軍備は、すべて「応急的準備」によって応じました。軍事生産力の向上は、すぐにできるわけがありません。しかもアメリカやイギリスによる経済封鎖によって、原材料が不足していましたから、アメリカやイギリスと戦うための生産増強などということは困難というよりむしろ不可能でした。少なくとも陸軍では、アメリカやイギリスと戦争する準備は皆無と言ってもよかったわけです。

六八、　次に人的資源について申しますが之は比較的に余裕はありました。然し軍需生産の面に制約せられ、その拡充は十分目的を達し得なかったのであります。政府としては止むを得ず此の不利を逆用して、他面国家の将来を考え学生の就学を継続させる方針をとりました。然《しか》し乍《なが》ら太平洋戦争の進行に伴いその中期頃は兵力の不足を訴え来《きた》り、且つ下級幹部補充の必要のためその大部分をも召集するに至りました。要するに人員資源に於ては余裕をもっておりましたが生産力の制限を受け、余裕はあり乍らも其利益を活用して戦争準備をすることは出来なかったのであります。

足りていたのは人的資源のみ

人的資源である兵員は足りていましたが、軍需生産の面では制約があり、当初、学生の徴兵は控えていました。しかし昭和十八年（一九四三年）十二月になると、軍の下級幹部候補生の必要のために、学生も徴兵するようになります。これが学徒出陣です。つまり、生産力が追いつかないために、人的資源があっても、それを利用して戦争準備をすることはできなかったのです。すべて応急準備であったということです。

日本の資源不足は、それは涙ぐましいほどでした。当時、鉄や金属製品の供出ということがありました。家の中から、余分の鍋、釜をはじめ、銅の火鉢や真鍮《しんちゅう》製などの金属製品が出されました。銅の置物やお寺の釣鐘なども、町に集められたわけです。学校に行く途中でそうした光景を見ながら、何か大変なことになったという思いがしました。おもちゃでも同様で、私もおもちゃはたくさん持っていましたが、ブリキ製のものはみな供出しました。すでに大戦争が始まろうかというときです。

戦後一九六〇年代の終わりごろにアメリカに行ったとき、その地のアメリカ人婦人会で、戦争前の日本の状況を述べ「当時私もトイをみんな出しました」と言うと、聴衆は

おもちゃの供出

金属は兵器の素材、セルロイドは火薬の原料として再生された
(昭和19年4月撮影)

「おっ」というような顔になりました。

そのころはベトナム戦争もそれほど深刻ではなく、太平洋戦争の正義を信じていた婦人たちですが、日米開戦前の日本がどれくらい深刻だったかを、全然知らなかったわけです。おもちゃまでみんな供出したと言われると、カルタゴとローマの話を思い出すのです。火鉢やおもちゃまで鎔《と》かして使って他国を侵略しようとする国などあるわけがないのです。

何しろ、江戸時代から伝わるものでも、本当のお宝と認められたものは供出を免れたのですが、どうということのないお寺の梵鐘《ぼんしょう》まで供出させられたのです。それを逃れようと記念碑やら何やらを地中に埋めたという話もあります。そこまで資材が不足していたということです。

石油もそうです。戦後の暖房の変化で、石油ストーブが入ってきた時代があります。私も買いましたが、においもないし、練炭に比べると抜群に暖かい。石油を一斗缶のようなもので買いましたが、石油をこんなに使えるのかと思うと、感激でした。

七〇年代のオイルショックのとき、日本人には、その悪夢が甦ったのです。それがあの騒ぎになりました。当時、外相だった大平さんが本当に憔悴《しょうすい》しきって交渉に奔走していたことが記憶に残っています。

この供述書を通して読むと、東條さんが総理大臣になったときには、もうどうすることもできない状況であったことがよくわかります。彼としては、その中でこれしかないというできるかぎりのことをずっとやってきたということです。陸軍大臣に就任したころまでに、ほぼ流れは決まっていました。それなのに従容《しょうよう》として自分の戦争責任を引き受け、弁解がましいことも言わず終わりました。立派な人だという印象です。

それだけでなく、彼が言ったことが正しいということは、その後、アメリカも認めたのです。東條さんの主張は基本的に正しいと認められた史観になっています。日本人が全員知らなくてはならない歴史観であるということです。

私は東京裁判は法的に完全に破綻していたことと、そのことをマッカーサーも認めていたこと、A級戦犯は存在しないということを、日本人に知らせたいと思います。

A級戦犯については、戦後に国会決議があり、もう戦犯はないということになり、収監中の人たちも全員釈放されたわけです。それは日本が勝手にやったことではなく、サンフランシスコ講和条約第十一条の条項に基づき、日本は関連国に事前の了解をとり、また国会決議をして決められたのです。死刑になった人たちは、死亡しているために釈放できなかっただけで、名誉は回復されているのです。

第三次近衛内閣に於ける日米交渉（其二、九月六日の御前会議以後）

六九、

九月六日の御前会議の決定以後の対米外交は専《もっぱ》ら豊田外相の手に依りて行われたのであります。茲《ここ》には其の大綱に就《つい》て私の承知する限りを申し述べます。而して対米外交の経路は従前と異なり二つの筋によって行われました。その一つは野村大使を経て米国国務省に通ずる道であり、他の一つは豊田外相より米国駐日大使を通じて進行する方法でありました。此の交渉と近衛首脳者会談とは我方では大きな期待をかけて居ったのであります。之に対する回答は十月二日米国の「口上書」として現われました。之を野村大使に交付するときの「ハル」長官の言に依れば米国政府は予《あらかじ》め了解が成立せざれば両首脳の直接会見は危険であるというのであります。太平洋の全局の平和維持のためには「間《ま》に合《あわ》せ」の了解ではいけない。「明瞭なる合意」を必要とするというのであります。此の米国の提案には四つの原則の確認を要求して居ります。

1、各国の領土並《ならび》に主権の尊重
2、他国の内政不干渉主義の支持
3、通商上の機会均等を含む均等原則の支持
4、平和的手段に依るの外《ほか》太平洋に於ける現状の不変更

米国はそれに附加して従来主張し来った三国条約の解釈、中国及《およ》び其他に於ける兵力の駐留、通商無差別に関する日本政府の見解を明示すべしと要求して居ります。要するに以上に依って首脳者会談の成立せざることは明白となりました。日本は日米交渉の成立のため忍び得ざる限度まで譲歩を行ってその成立に努力しましたが、十月二日の米国案を見れば曾《かつ》ての六月二十一日案以来一歩も互譲の跡が認められませぬ。日本は生存上の急を要する問題を解決しようとするに対し、米国は当初よりの原則論を固執するのみであります。当時の米国の考えは野村大使よりの十月三日の米国の一般情況具申の電報に依り明かであると認めました。之に依れば米国はいよいよ大西洋戦に深入りすることとなり、これがため対日態度に小康を保ちつつあるが、さりとて対日経済圧迫の手を緩めずその既定の政策に向って進みつつあることは最も注意すべきことであるといって居ります。なお此の電報には此のまま対日経済戦を行いつつ武力戦を差控えるにおいては米国は戦わずして対日戦の目的を達するものであるといって居ります。

尚《な》お此時の事態の観察として駐日英大使が本国外相「イーデン」氏に発した電報があります。之に依れば（一）松岡外相の辞任に依り穏健政策の見込は増大した。（二）日米会談は日本側は急を要し且つ現在のところ一般了解以上に出て得ざるに対し、米国側は遷延策を講じ且《かつ》国交調整の如何なる取扱についても技巧をこらせつつある。日本の心持乃至は遷延を許さざる日本国内情勢を理解せず徒《いたず》らに警戒的態度をとり、現在の好機を逸する愚策なりといって居ります。之は当時日米交渉につき第三者がもって居た観察を証するものであると解しました。斯《か》くて情勢は好転せず日米交渉は更に又大なる難関にぶつかったのでした。第三次近衛内閣は日米交渉に全力を挙げましたけれども遂に其の効なく十月中旬に瓦壊するに至ったのであります。

アメリカに戦争を避ける意思は皆無

昭和十六年（一九四一年）九月六日の御前会議の決定後、対米交渉を担当したのは豊田貞次郎外相です。もう一つのルートとして、野村駐米大使をして、米国務省との交渉にあたらせました。また、近衛首相とルーズベルト大統領との首脳会議を打診するなどして、いろいろ努力をしました。

ですが、先にも記したとおりアメリカは基本事項における了解なくして首脳会談には応じられないと言ってきたのです。

米国の提案は四つです。領土および主権の尊重。内政不干渉主義。通商上の機会均等を含む均等原則。平和手段以外の方法による太平洋における現状の不変更。それに加えて三国条約の解釈、中国における兵力の駐留問題、通商無差別に関する日本政府の見解などを明示すべしと迫ってきます。

要するに、これが解決しないうちは首脳会議もできないと言っているのですから、実現するわけがありません。アメリカには六月以降ずっと、譲歩の跡が見られません。日本のほうは、生存上の急を要するし、時間が経てば経つほどじわじわと石油が減っていきます。今日から見ても、アメリカはこうして自分に都合のよい原則論を押し通せば、黙っていても勝てるわけです。それで一歩も譲らない。

野村駐米大使からの一般情勢の電報でも、アメリカはドイツとの戦いにどんどん深入りするから、太平洋ではしばらく静かにするつもりかもしれないが、経済圧力は緩めないで既定の方針で進める予定であるらしいという情報を寄せてきました。これは、いまから見ても正しい情勢分析です。

そうすると、このままいくと戦わずしてアメリカは日本を征服することになります。駐日イギリス大使から、本国の外務大臣イーデンへ宛てた電報があります。松岡外相が辞任して穏健政策の見込みが増大したこと。アメリカ側はどんどん話を先延ばしにしようという政策らしいが、日本のほうでは内的情勢から、それは許されないと述べています。イギリスは客観的に、日本の事情をよく見ています。

このへんで話をつけるのがいいだろうと、イギリスの駐日大使は見ているわけです。しかしアメリカには、そのような気配はない。戦争を避けるのなら、いまなら話がつくだろう、日本に譲歩させることも多少はできるだろうと第三者は見ていたわけですが、アメリカには、戦争を避ける意思はさらさらありませんでした。

第三次近衛内閣の総辞職

七〇、第三次近衛内閣は当時の我国の国際危機打開の望《のぞみ》を日米交渉の上に繫《つな》げ、之に一切の努力を集中したのでありますが、前にも述べました通り、之も空しく停頓し、他面作戦上の要求は国家として和戦決定の遅滞を許さざるものがありました。その間に於て一九四一年（昭和十六年）十月十二日、荻外荘《てきがいそう》における五相会合があり、次いで同年同月十四日閣議において豊田外相と陸軍大臣たる私との間に今後の国策遂行の方途に関し意見の相違を来し、その結果は遂に同内閣の総辞職となったのであります。此の顚末《てんまつ》は略《ほ》ぼ近衛公の口述筆記なりと称せられる「第三次近衛内閣総辞職の顚末」並に同年十月十五日の木戸侯日誌の記載の如くでありますが、唯、その中当時の陸相としての私の経験したところと相違する箇所もありますから次に其の概要を述べます。

交渉のいきづまり

第三次近衛内閣は、対米交渉に全力を挙げましたが、アメリカには譲歩する気がまったく見えず、何ら成果を挙げることもできず、その後、豊田外相と東條陸相の意見の相違もあり、内閣総辞職となりました。それが十月十六日です。

七一、　先に述べたる如く十月上旬を目途として日米交渉の最後の打開を為し、其時期迄に我要求貫徹の目途なき場合は、直ちに対米英蘭戦争を決意すとの国家意思が決定せられて居りました。

右「第三次近衛内閣総辞職の顚末」中第二項の終りに、近衛公は此の一九四一年（昭和十六年）九月六日の御前会議を必要とした理由につき次の如く述べて居ります。『曰く、そこで八月二十八日「ルーズヴェルト」大統領に「メッセージ」を送り会談を申込んだのであるが、それに対し「ル」大統領は会談は喜んで応ずるがその前提として重要案件だけは大体の話合をつけて置きたいということだったのでその対策の根本を決定するため九月六日の御前会議が開かれたのであった』と。即ち「ルーズヴェルト」大統領との会談の前提条件の決定を此の御前会議を必要とした唯一の理由と為して居ります。勿論此のことも此の会議を必要とした主な理由の一つには相違ありませんが、これのみを御前会議開催の理由とするのは誤りであります。本来此の御前会議はその議題の内容に依っても明白なる如く外交の見透しと牽連《けんれん》して我国の南方施策遂行に関する方途を決定するにありました。而《しか》も之は統帥部の応急的作戦準備の必要上其《そ》の要請に基くものであります。

七二、

此の御前会議の決定に基いて政府及統帥部は夫々《それぞれ》外交及作戦準備を進めました。作戦準備は均整には進みませぬが大体予定通り進捗《しんちょく》しておりましたが対米交渉の方は仲々進捗しませぬ。九月の下旬に至るもなお停頓の状態でありました。そこで陸海軍統帥部は九月二十五日の連絡会議に於て、政府に対し、対米交渉の成否の見通し及和戦の決定を十月十五日迄に為さんことを要望して来たのであります。然るに米国政府は前述の如く我国の九月六日の御前会議決定に基く提案にも、近衛首相の首脳者会談の提案にも応じて来ない。その回答として「ハル」国務長官は十月二日の口上書を寄せたのでありました。その内容には互譲の精神の片鱗《へんりん》も認められないのです。十月二日の口上書を日本政府が受取ったのは十月四日でありました。之を受取った政府は直ちに連絡会議を開き、その検討に着手しました。引続き十月十八日にも会議をしましたがなかなかその議は纏《まと》まらないのでした。

此の前後に於ける陸軍統帥部の態度及見解は概《おお》ね次の如くでありました。

(一)以上の如き互譲の様子なき米国の態度に鑑《かん》み対米交渉妥結の見込はない。

(二)米国側の主張する四原則を無条件に認むること並に支那に於ける駐兵条件及これの譲歩には不同意。

(三)九月六日の御前会議の決定を変更する意思なし。

当時参謀総長よりの通報に依れば海軍軍令部に於ても全然同意見なることを承知しました。

統帥部として恐れたのは、当時の米国の情勢より見て我国が米国の遷延策に乗ぜられることでありました。私も大体右統帥部の意見と同様の考えをもって居りました。依て私は十月十日、首相に会見して、大本営の見解の大要を述べて首相の決意の参考としたのであります。

十月二日、アメリカからの返答

九月六日の御前会議決定に基づく日本側提案に対して寄せられたアメリカ側の十月二日の返答は、一切の譲歩を排し、原則論を押し通すもので、それについての陸海軍統帥部の見解は、以下のとおりでした。

アメリカには一切譲る気がないのだから、対米交渉の見込みはない。シナにおける駐兵条件その他、アメリカが言い出したことを無条件に認めることはできない。九月六日の御前会議の決定は変更する意思はない。

東條陸相は参謀総長からそのように報告を受けました。海軍軍令部も同意見でした。戦争が始まれば戦場で相手と直接戦わなければならない軍部としては、アメリカがぐずぐず交渉を延ばしているのに乗せられると、石油がなくなって戦争ができなくなり、戦わずして屈伏することになること、つまり弾発性がゼロになることを恐れたわけです。

七三、　一九四一年（昭和十六年）十月十二日午後二時より首相の召致に依り荻外荘（近衛首相の荻窪に於ける邸宅）にて五相会議が行われました。出席者は近衛首相、及川海相、豊田外相、鈴木企画院総裁及陸相の私でありました。陸海軍共統帥部の責任者は出席致して居りません。其他《そのほか》には列席者は一人もありません。会合は午後六時過《すぎ》まで継続いたしました。統帥部の考えは私は予《かね》てから知っておりましたから、此会議に出席するに当り改めて参謀総長又は其他の参謀本部職員などとは協議して居りません。法廷証第一一四八号「第三次近衛内閣総辞職の顚末」日本文二頁英文も二頁に「然るに会議の前日海軍の岡軍務局長の来ての懇談に、軍令部は別として海軍首脳部は日米戦をやりたくないが、大本営決定に賛成した手前海軍自身からは、やれぬということは言えぬから、明日の会合に於て、海相から総理一任ということを持出すから総理から外交交渉で行くと裁断して貰《もら》い度《た》い」という申出のあった記事がありますが、私も私の部下も、こんなことは全く知らぬことでありました。

此の会合の目的は日米交渉の成否の見透並《ならび》に和戦の決定についての懇談でありました。長時間に亙《わた》って議論されましたが、詳細は今記憶して居りませぬが、各自の主張の要点は次の如くでありました。近衛首相並に豊田外相の主張——日本の今日までの主張を一歩も譲らぬというのであったならば日米交渉成立の見込はない。しかし交渉の難点は撤兵問題である。それであるから、撤兵問題に於て日本が譲歩するならば交渉成立の見込はある。日本としては撤兵問題に際し、名を捨て実をとるということが出来る。即ち一応は「アメリカ」の要求に従て全面撤兵をすることにし、そして中国との交渉に依り新なる問題として駐兵することも可能であるというのであります。之は実際に於ては明かに九月六日の御前会議の決定の変更でありますが両大臣は特に決定変更とまでは言われなかったのでした。私の主張——今日までの日米交渉の経過より見、殊に日本の九月六日の御前会議の決定に基く対米交渉に対し米国の十月二日の回答並に首脳者会談の拒否の態度を見ても日米交渉の成功の目途はないのではないか。これ以上の継続は徒《いたず》らに米側の遷延策に乗ぜられるのみである。もし、日本が対米開戦をせねばならぬという場合に立到らば此の遷延策に乗れば作戦を著しく制約せられる危険に陥る。それであるから今や九月六日の決議に予見せられた決定を為すべき時期に到着したものと思われる。

支那における撤兵問題は日米交渉の初めより我国は全面撤兵の原則の承認及駐兵に就ては日華基本条約に依ることに依て話が進められ居り外相の取らんとする態度も之に異ならぬ。しかし米国の狙いは全然以上に相違して居る。交渉の進むに従いその目的が無条件撤兵であるという事が明かとなって来た。換言すれば名実共に即時且《かつ》完全撤兵を要求して居るのである。従って両大臣が言わるる如き名を捨てて実を採ると云う案に依って妥協が出来るとは考えられぬ。然らば仮りに米国の要求を鵜呑みにし、駐兵を放棄し、完全撤兵すれば如何なることになるか。日本は四年有余に亘りて為したる支那事変を通しての努力と犠牲とは空となるのみならず、日本が米国の強圧に依り中国より無条件退却するとすれば、中国人の侮日思想は益々増長するであろう。共産党の徹底抗日と相待ちて日華関係は益々悪化するであろう。その結果、第二、第三の支那事変を繰返すや必ずである。日本の此の威信の失墜は満洲にも、朝鮮にも及ぼう。なお日米交渉の難点は駐兵、撤兵に限らず彼の米国の四原則の承認、三国条約の解釈、通商無差別問題等幾多そこに難関がある。此等の点より言うも、日米妥協はもはや困難なりと思う。しかし、外相に於て成功の見込ありとの確信あらば更に一考しよう。又、和戦の決定は統帥に重大関係がある。従って総理だけの決定に一任する訳には行かぬ。

及川海相の意見――外交に依る成功の目途の有無は総理に一任しようではないか。しかし、日本は今や和戦の関頭《かんとう》に立って居る。戦争をするならば今が好機である。もし、開戦するということならば只今《ただいま》之を決められたい。開戦を決定せずして外交妥結の見込ありとし二、三ケ月も経ち其後に戦争というのでは海軍は困る。外交で行くならば徹底的に外交に徹すべし、というのでありました。しかし妥結の目途並に妥結の方法に付《つい》ては何等述べられないのであります。総《すべ》て総理一任ということでありました。以上の如くで意見が一致せず、そこで私の提案で一の申合せを作りました。即ち

「一、駐兵（中国）並に之を中心とする諸政策は変更せず

二、支那事変の成果に動揺を与えず

以上を前提として外交の成功を収める。而も統帥部の庶幾《しょき》する時期までに成功の確信を得て貰いたい。此の決心を持って進む間は作戦の準備はやめる。外相に於て之が出来るかどうかを研究する事」

この申合せは書面としては存在しませぬ。しかし、右提案せることは昭和十六年十月

十二日木戸日記法廷証第一一四七号に依り傍証せられます。

支那からの全面撤兵という無茶な要求

近衛内閣総辞職に先立つこと四日前の昭和十六年（一九四一年）十月十二日に五相会議（首相、外相、企画院総裁、海相、陸相）が行なわれました。この会議に企画院総裁が出たのは、まことに象徴的です。なぜなら戦争となった場合、必要な資源や材料がどれくらいあるかということを握っているのが企画院だからです。

この会議の前に、東條さんの知らないことがありました。前日に海軍の岡敬純《おかたかずみ》軍務局長が近衛首相を訪れ、「軍令部は別として、海軍首脳部は日米戦争はやりたくないのだけれども、大本営決定に賛成した手前、海軍からはやれないということは言えないから、海相から総理一任ということを持ち出すから、総理から外交交渉で行くと裁断してもらいたい」という申し出があったことです。

陸軍大臣である東條さんは、このことをまったく知りませんでした。陸軍にしてみれば、海軍は戦争したくない、あるいはできないと、はっきり言ってくれれば話は別だったという恨みがあります。何度も出てきますが、日本では本当の統師がなかった。陸海軍の両方をよく知り統率する人が、制度上、一人もいないのです。

この五相会議の目的は、日米交渉の成否の見通し、和戦の決定についての検討でした。交渉で一番難しいのは、シナからの撤兵問題です。近衛首相と豊田外相は、一応アメリカの要求に従って全面撤兵した上で、あとからシナとの交渉によってあらためて駐兵することも可能だとして、いわば名を捨てて実をとることを主張します。そうすれば日米交渉が成立する可能性もあるというのです。しかしこれは近衛首相も豊田外相も、そうは言いませんが、明らかに九月六日の御前会議の決定の変更を意味します。

東條さんという人はそういう意味でも頭が固い天皇主義者ですから、御前会議で決まったことを勝手に変更するわけにはいかないのではないかというのが彼の主張でした。日米交渉でも成功の可能性はないのではないかということと、これ以上の交渉継続はアメリカの引き延ばし策に乗せられるばかりで、日本の軍事作戦に著しい支障をきたすのではないかということを言ったわけです。

シナ大陸からの撤兵問題は、日米交渉のはじめから、日本は原則は承認しており、しかし汪兆銘政権と日華基本条約によって話も進められているのですが、アメリカの狙いはこれともまったく違います。

というのも、アメリカの要求は、無条件撤兵であることが明らかになっています。名実ともに、即時完全撤兵を要求しているのです。しかし日本は四年余りの支那事変で犠牲も出ていますし、アメリカの圧力によって無条件に撤兵すれば、シナ人はますます日本人を侮辱するようになる。汪兆銘政権関係者は粛清される怖れがある。共産党は徹底的に反日活動をして、シナとの関係はますます悪くなるだろう。

また撤兵すれば、必ず第二、第三の支那事変を起こされるような事態になる。このようにして日本が威信を失うならば、満洲にも、朝鮮にも、どこまでも影響が及ぶ可能性がある。もし外務大臣がアメリカとの交渉に成功する確信があるならば考えてもいいが、戦争をするかしないかの決定は統帥に重大な関係があるから、総理に決定を任せるわけにはいかないと述べたということです。

このあたりのやりとりが、のちの裁判で東條さんが一番責任を問われたところです。ところがこの問題もいまから見れば、よくわかる話で、アメリカはイラクから駐留軍を引き揚げたくてしようがないのです。しかし、そうするわけにはいかない。もしいま完全に引き揚げれば、せっかくアメリカの努力で行なわれた選挙によって生まれた新しい政権が、つぶれることは確かです。

この状況を当時の日中関係に置き換えてみて、もしもいまアメリカがイラクから引き揚げなければ、アメリカを攻撃すると圧力をかける国があったら、アメリカはどうするかということです。アメリカは、メンツにかけても、そう簡単には引き揚げるわけにはいかない。それはドイツが反対しようとフランスが反対しようとロシアが反対しようと、中国が反対しようと引き揚げられないのです。引き揚げればアメリカのメンツは丸つぶれで、しかもアメリカがせっかく立てた民主政権もつぶれてしまいます。

日本の場合は、もっと深刻でした。撤兵の影響は満洲、朝鮮にも及ぶからです。しかもその裏には、共産主義勢力が糸を引いています。汪兆銘（精衛）が日本に協力して建てた政府はどうなるかという責任もあります。ちょうどいまのイラクの新政権と同じです。それを見捨てて日本が引き揚げたらどうなるか。そんな無責任なことができるわけはありません。

日本がしかるべき条件の下で撤兵する場合は、蔣介石と汪兆銘は、しばしば喧嘩もし、戦争したこともある間柄ですが、彼らで話し合いがつく可能性はあったと思います。しかしアメリカが要求するような日本の無条件即時撤兵などということはできません。やれば必ず二度、三度と支那事変が起こる状況が生まれます。当時の状況では、撤兵は不可能であるというのが、正論であったと思います。

東條陸相を悪者に仕立てた海軍と首相の狡猾《こうかつ》さ

東條陸相と豊田外相とのやりとりをよそに、及川海相は、外交が成功するかどうかは総理に一任しようではないかと言いました。これは海軍がずるかったところです。海軍がはっきりと「太平洋で戦争をする勇気はありません」と言えば終わりです。陸軍は太平洋で戦争するわけにはいかないのですから。これは東京裁判になってから東條が知ったことで、気の毒な話です。

先にも記したように、五相会議の前日、岡海軍軍務局長が近衛さんに手を回していたことが、外相の総理一任の背景にあるわけです。戦争をやるかやらないかの判断を総理にまかせてしまって、海軍は発言しないのです。本当は、できないならできないと一番言わなければならない立場の人が、そのようにして逃げたのです。

当時、東條陸相がものすごく強硬で、首相、外相、そして総理一任で逃げた海相を向こうにまわして、日本を戦争に引きずり込んだと言われるのは、このためです。

しかし考えてみれば、陸軍大臣がアメリカとの戦争に引きずり込むわけはないのです。太平洋のむこうと陸軍は戦争できません。海軍がノーと言えば、できません。もちろん輸送船も海軍です。大戦後半になると海軍があまりあてにならないものだから、陸軍海上輸送部隊をつくろうかというバカな話が出てきますが、それはまた別の話です。それだけ陸海軍の連絡が悪かった。

近衛首相も不正直です。近衛首相は、どうしても戦争を避ける気があるのなら「海軍はこう言っている」と言うべきでした。これをやれば日本は、戦争をしないで滅んだかもしれませんが、戦争は避けられたでしょう。どちらがよかったかはわかりませんが。ともかく、近衛首相は態度をはっきりさせていません。このあたり、やはり公家のずるさです。いざというときは逃げてしまう。腹を決めて、海軍は戦争できないと言っているが、陸軍はどうかと、はっきり言えばよかったのです。

ただここで、問題があります。もし海軍の反対で戦争をしないということに決まったら、海軍関係者を皆殺しにするような第二の二・二六事件が起こるのではないかというのです。本当のことをいうと、近衛はそれが怖かったのだと思います。戦争をしないでアメリカに降伏するとなると、どんな暴動が起きるかわからない。当時の日本では戦わずして敗北するなどということはできなかったと思います。

後段で高松宮《たかまつのみや》殿下が海軍は戦争ができないということを、天皇に言上していたという話が、出てきます。

ハル・ノートが出されたあとでも戦争はしない、自重すべきだと言っている人も、実際いるにはいたのです。戦争をしなければアメリカはどうしたでしょうか。要するに海軍も首相も責任を逃げたということです。本当は二・二六事件のような事件が再び起こることが怖かった。このことは、どこにも出てきていませんが、私はそのように考えます。いまからではなかなか想像できませんが、二・二六事件の影響というのは、それほど大きかったということです。

七四、翌十三日朝私は参謀総長に会い右大体の会合の経緯を説明、申合事項を連絡しました。そして外交交渉の間作戦準備を止めることを申出ました。統帥部としては難色がありましたが、とにかく之に応諾しました。

七五、十月十四日は閣議の日であります。その日の朝、閣議前に私は首相官邸に於て首相と会見しました。此の時の話はやはり十二日荻外荘の会談と同様のことに終りました。その様子は多少修飾されて居りますが大体は法廷証第一一四八号（第三次近衛内閣辞職の顚末）に書いている如くであります。

同日午前十時閣議が開かれました。豊田外相は外交妥結の見込に付いては荻外荘会談と同様の意見を述べました。私も当時と同趣旨の説明をしたのでありました。此の閣議では近衛首相も及川海相も他の全閣僚も何等発言しませぬでした。ここに於て外相と陸相との衝突となり、之にて万事は休したのであります。

豊田外相と東條陸相の衝突

その二日後の十月十四日の閣議において、豊田外相と東條陸相は二日前と同趣旨の発言を行ない、近衛首相と及川海相は、何も発言しませんでした。他の閣僚も同じです。ここにおいて豊田外務大臣と東條陸軍大臣の衝突は決定的となり、結果的に、東條陸相が積極的に戦争を推進したようなかたちになりました。

七六、

其後の経過は私に関する限りに於ては略ぼ《ほ》証第一一四八号「第三次近衛内閣総辞職の顛末」の通りであります。同証日本文第十二頁英文七頁に「陸軍の武藤軍務局長が富田書記官長の所へ来て此際海軍にハッキリ言って貰おうじゃないかということであったので富田官長は之を海軍の岡軍務局長に話したところ、岡局長は不相変《あいかわらず》海軍としては言えぬ。総理の決定に従うということ以上に申せぬということであったので云々《うんぬん》」との記事があります。この事柄は私は同人（武藤）より確かに報告を受けて居ります。又右証第一一四八号日本文十四頁、英文八頁に私が鈴木企画院総裁を使《つかい》として近衛総理を訪問せしめ、九月六日の御前会議の決定を一応白紙に還《かえ》すこと、時局収拾を東久邇宮殿下に御願いすることを述べたとの記事があります。十四日の夜鈴木企画院総裁と陸相官邸に於て会見し私がこの軍の依頼を同総裁にしたことは相違ありません。

海軍の煮えきらぬ態度

その後、陸軍の武藤《むとう》軍務局長や富田《とみた》書記官長は、この際海軍にはっきり言ってもらおうではないかということで、海軍の岡軍務局長に話をしたところが、岡局長は相変わらず「海軍としては言えない。総理の決定に従う」というずるい態度に終始しました。

七七、

之を要するに私が総辞職の意見を述べたのは次の理由に拠るのです。

一、日米交渉に於て我要求を貫徹し得る目途ありや否やを断定し得る迄に交渉の手が十分に詰められてないこと

二、海軍の開戦すべきや否やの決意は不確実であること右に依り九月六日の御前会議の決定は不適当なりしこと及び不適当なりしにせよ御前会議の決定通り実行出来ないとすれば（実際当時に於ては私も実行しない方がよいと考えて居りました）之に参与した政府は責任を負うて辞職し新《あらた》な政府の責任に於て九月六日の御前会議の決定をやり直し、日米交渉にも新なる努力をなすべきである。

九月六日御前会議決定の白紙撤回を提言

そこで東條さんは、第三次近衛内閣は総辞職すべきだという意見を述べたのです。外務

大臣と陸軍大臣との話し合い不一致がその理由ですが、その結果、近衛さんは内閣を放り出すのに慣れていて、また放り出したわけです。

東條さんの意見を結論的に言えば、まだ日米交渉において本当の詰めはできていないのではないかということです。また海軍は戦争をする気があるかどうかということが不確実であるから、九月六日の御前会議の決定は、もう一度白紙に戻したほうがいいのではないかということです。

そして、九月六日の御前会議を一時白紙に返すにあたっては、発言はなさらなかったけれども天皇陛下ご臨席の上で決定した事項を白紙に返すということは、普通の民間人では恐れ多くて、とてもできることではないとの理由から、後継総理には、皇族の中から、東久邇宮《ひがしくにのみや》殿下がよいのではないかと東條さんは考えて、推薦しました。

第五章

東條内閣成立

東條内閣の組閣

七八、　一九四一年（昭和十六年）十月十七日には前日来辞職願を出したため此日私は官邸にてその引払《ひきはらい》の準備を致して居りました。午後三時三十分頃侍従長より天皇陛下の御召《おめし》に依り直ちに参内《さんだい》すべしとの通知を受けました。突然の御召のことではありますから私は何か総辞職に関し私の所信を質《ただ》されるものであろうと直感し、奉答の準備のために書類を懐《ふところ》にして参内しました。

七九、　参内したのは午後四時過《すぎ》と思いますが、参内すると直ぐに拝謁《はいえつ》を仰付《おおせつ》かり組閣の大命を拝したのであります。その際賜わりました、御言葉は一九四一年（昭和十六年）十月十七日の木戸日記にある通りであります。

私は暫時の御猶予を願い御前を退下し宮中控室に居る間に続いて及川海軍大臣が御召に依り参内し「陸軍と協力せよ」との御諚《ごじょう》を拝した旨海軍大臣と控室にて面会承知しました。間もなく木戸内大臣がその部屋に入って来て御沙汰を私と及川海相との双方に伝達されたのであります。其《その》御沙汰は昭和十六年十月十七日木戸日記の通りであります。即ち『只今陛下より陸海軍協力云々の御言葉がありましたことと拝察しますが、なお国策の大本を決定せらるるについては九月六日の御前会議決定に捉わるることなく、内外の情勢を更に広く深く検討して慎重なる考究を加うるを要すとの思召《おぼしめし》であります。命に依り其の旨申上げて置きます』というのであります。之が後にいう白紙還元の御諚であります。

「九月六日の御前会議決定にとらわれる必要なし」

第三次近衛内閣総辞職のあと、侍従長（百武三郎《ひやくたけさぶろう》海軍大将）から東條さんに天皇陛下のお召しがあると伝えられました。近衛内閣の辞職に関して自分の意見を聞かれると思い、その心積もりで参内すると、総理大臣を命ぜられたというわけです。

その間、木戸幸一内大臣から、陛下の御意志として「九月六日の御前会議の決定にとらわれる必要なし」とお聞きして、はじめて東條さんは首相を引き受けたということです。

こうして東條首相が誕生します。一度は戦争準備と決まっていたものを白紙還元することを条件に首相を受諾したわけですから、後世言われるように、東條さんが好戦家で、日本をひたすら戦争に引きずりこもうとしたわけではないことは明らかです。ただ、外から見ると、現役の陸軍大臣が総理大臣に就くというのは、戦争を決意したサインと受け取られても、いたしかたなかったかもしれません。

当時私は小学生で普通の映画は観ることを禁じられていましたが、ニュース映画だけは許されていました。テレビもない時代ですから、ニュース映画はみんな楽しみにして観たものです。第二次か第三次近衛内閣の組閣のニュースで陸軍大臣東條英機を見たときに、ほかの閣僚に比べて、何か突出したオーラがあるのを感じました。ですから、この人は後に総理になるのではないかと、子ども心に思った記憶があります。それだけ、周囲から期待される雰囲気を持った人でした。

八〇、

私としては組閣の大命を拝すると云うが如きことは思《おもい》も及ばぬことでありました。田中隆吉氏は佐藤賢了氏が、阿部、林両重臣を訪問して「東條を総理大臣にしなければ陸軍の統制はとれぬ」と述べた旨証言しました。既に記述した如く私は近衛内閣の後継内閣は東久邇宮内閣でなければ時局の収拾は甚だ困難であろうと考え、此の意見は既に近衛総理及木戸内大臣にも伝えたのであります。私は十六日夜、この意見を阿部、林両重臣に伝えることが適当であると考え佐藤軍務課長をして阿部、林両重臣に此意見を伝達させたのであります。佐藤氏は私の意見のみを伝達し両重臣は私の意見を聞いただけで彼等の意見は述べなかった旨を私に報告しました。

従って田中証言は事実に反して居ります。私が皇族内閣を適当なりと考えたのは次の

東條内閣の誕生

東條自身、思いもよらぬ大命降下だったが、この時点で日本に残された選択肢は、ほとんどなかった
(昭和16年10月18日撮影)

理由に拠《よ》るのであります。

新内閣は組閣直後、九月六日の御前会議の決定を変更しなければならない立場に在ります。新内閣が前内閣の決定を覆えすことは出来ますが、御前会議は閣議と異なり内閣だけの決定でなく政府と統帥部との協定を最高の形式に於て為したものであります。従って統帥部が九月六日の御前会議決定の変更に同意しない場合には非常に厄介な問題を惹起する惧《おそれ》があったのであります。皇族内閣ならば皇族の特殊の御立場により斯《かか》る厄介な問題をも克服して円滑に九月六日の御前会議の決定を変更し得ると考えたからであります。

従って私自身私が後継内閣の総理大臣たるの大命を受くること乃至《ないし》は陸軍大臣として留任することは不適当なりと考えたのであります。

又斯《かく》の如き事の起ろうとは夢想もしませんでした。殊に私は近衛内閣総辞職の首唱者であるのみならず、九月六日の御前会議決定に参与したる責任の分担者であるからであります。特に九月六日の御前会議決定の変更のためには私が総理大臣としては勿論陸軍大臣として留任することが却《かえ》って大なる困難を伴い易いのであります。

以上は当時私及び私を繞《めぐ》る陸軍部内の空気でありました。故に若《も》し「白紙還元」の御諚を拝さなければ私は組閣の大命を承《う》け容《い》れなかったかも知れないのであります。此の

「白紙還元」と云うことは私もその必要ありと思って居ったことであり、必ず左様せねばならぬと決心しました。なお此際、和か戦か測られず、孰《いず》れにも応ぜられる内閣体制が必要であると考えました。之に依り私自身陸軍大臣と内務大臣と兼摂《けんせつ》する必要ありと考え其の旨を陛下に予《あらかじ》め上奏することを内大臣に御願いしました。当時の情勢では、もし和と決する場合には相当の国内的混乱を生ずる恐れがありますから、自ら内務大臣としての責任をとる必要があると思ったのであります。陸軍大臣兼摂には現役に列する必要があり、それで現役に列せられ陸軍大将に任ぜられましたが、このことは後日閑院宮殿下の御内奏に依ることであります。

木戸幸一が東條を推挙した本当の理由

政治に全然かかわったことのなかった人が、入閣して一年と少しで総理大臣になりました。東京裁判で田中隆吉（陸軍少将）は、佐藤賢了《さとうけんりよう》（陸軍中将）が元総理大臣であった重臣たちに対して、「東條総理大臣でなければ陸軍は統制できない」と証言したという話を紹介しています。

田中隆吉というのは、前にも話が出ましたが、非常にけしからん男で、東京裁判では検事側の証人となり、かつての上司に対して、不利になる証言を次々にした人物です。

東京裁判の主席検事のキーナンは、アル・カポネを裁いた人ですが、カポネを摘発するときに、一味の一人にお前を告発しないからと利益を与えて情報を取りました。そのときと同じように、東京裁判では田中隆吉に目をつけて、キーナンはいろいろなことを言わせています。ですから、その証言の信頼性は、きわめて疑わしいものです。

当時は田中隆吉の家に行くと、アメリカの酒でも食べ物でもたばこでも何でもあったそうです。田中隆吉は満洲事変よりもある意味では侵略性のある、綏遠《すいえん》事件（昭和十一年＝一九三六年十一月、対ソ戦略の一環として内蒙古の王族である徳王《とくおう》率いる軍勢がシナ軍と衝突した事件。徳王の背後に関東軍がいたとされる）を起こした首謀者です。それでも検事はその事件にはノータッチでした。この田中ははじめから日本を告発するために抱きこまれた陸軍少将です。ですからその証言を鵜《う》呑みにするわけにはいきません。

その田中隆吉の証言では、東條内閣成立時に、佐藤賢了が阿部信行、林銑十郎《はやしせんじゅうろう》両重臣を訪問し、「東條を総理にしないと陸軍は統制がとれぬ」と言ったといいます。

佐藤賢了は、陸軍軍務局軍務課国内班長だった昭和十三年（一九三八年）、国会で国家総動員法の審議中、野次を発した議員に「黙れ」と言った有名な人ですが、「統制がとれぬ」というのは、また二・二六事件のような反乱軍の蹶起が起こるぞという脅しです。実際、この脅しが一番効いたのです。

東條は陸軍の急進派を完全に抑える力があるから総理大臣にしろ。逆に言えば、そうしなければ二・二六事件がまた起こって重臣たちの身の上に何があっても知らないぞ、ということです。二・二六事件が常に背景にあります。そうすると、重臣たちも従わざるを得ませんでした。

佐藤の「脅し」を聞いた重臣たちは、首相の指名に一番力のあった木戸幸一に、これを伝え、木戸はそれを受けて東條を推挙したとされています。

しかし、東條さんは、この田中証言は事実に反していると言います。彼が皇族内閣が適任と考えた理由は、九月六日の御前会議の決定を変更しなければならないという状況下にあって、それは普通の人にはできないと考えたからです。したがって東條自身は、後継内閣の総理大臣どころか、自分は陸軍大臣として留任することも不適当だと考えていました。ですから東久邇宮を推薦したというわけです。

これは本心だと思います。彼は内閣総辞職の責任者でもあり、九月六日の御前会議の決定にも参席していますから、組閣はもとより陸相留任も不適当だと本当に考えていました。

東條さんが適任と考えた東久邇宮は、皇族では一番信用があり、実際、戦後は最初の総理大臣になっているぐらいですから、ここで名前が挙がるのも、けっして突飛なことではありません。

ですが結局、九月六日の御前会議の決定を「白紙還元」してよいとの御諚《ごじよう》を拝した上で、東條さんは組閣を受諾しました。

「当時の情勢では、もし和と決する場合には相当の国内的混乱を生ずる恐れがあります」とありますが、この場合の「和」とは、とにかくアメリカの要求をすべてに無条件で呑むことを意味します。そうすると二・二六事件のような事件が起こる可能性が高いということです。そのため、内務大臣も兼ねることとなります。

本来であれば「政治に拘《かかわ》らず只々一途に己が本分の忠節を守り」と軍人勅諭にあって、軍人が政治にかかわることを禁じられているのですから、現役の軍人が、陸相、海相以外の大臣になってはいけないのです。それがいつのまにか軍人が政治にかかわるようになり、ついには現役の陸軍大将が首相になりました。

それまでは、さすがに現役の軍人が首相にはなっていないのです。海軍大将・齋藤實《さいとうまこと》（在職一九三二―三四年）、海軍大将・岡田啓介《おかだけいすけ》（在職一九三四―三六年）、陸軍大将・林銑十郎（同一九三七年）、陸軍大将・阿部信行（同一九三九―四〇年）、海軍大将・米内光政（同一九四〇年）と、軍人の首相はいましたが、いずれも予備役であったか、あるいは首相就任を機に予備役に編入されています。

ところが東條さんの場合、陸相も兼任です。この場合、陸海軍大臣は現役でなくてはならないという規定があるため、東條さんはついにはじめて、現役の軍人として首相に就任する事態となりました。

木戸は、近衛から東條が強硬だと伝え聞いて「虎穴に入らずんば虎児を得ず」との考えから東條さんを首相に内奏したのだと言います。これはずるい話です。実のところは、東條さんが抑えていないと二・二六事件のようなことが起こるのがこわかったのです。二・二六事件が起きれば木戸も命が危ない。近衛も怖い。ですから陸軍で一番統制力のある東條にしておけということだったわけで、ずいぶんずるいことを言っていると思います。

東條さんが内務大臣も兼任したのは、先にも述べたとおり、内政、特に二・二六事件のような混乱を抑える必要があったからです。

内務省というのは警察を持っていました。戦前の内務省は、絶大な権力がありました。戦後は内務省が解体され、その機能は新設の自治省、建設省、国土庁などへ移管されました。戦後に新しくできた省庁はだいたいが内務省の管轄だったところで、もちろん警察庁などもそうでした。憲兵は軍人だけを対象にしていますが、特高（特別高等警察）は内務省です。

八一、組閣についてはなかなか考えが纏《まとま》りません。此の場合神慮《しんりよ》に依るの外なしと考え、先《ま》ず明治神宮に参拝し、次に東郷神社に賽《さい》し、更に靖国神社の神霊に謁しました。その間に自ら組閣の構想も浮かびました。

(一) 大命を拝した以上は敢然死力を尽くして組閣を完成すること。

(二) 組閣には遅滞を許さず。

(三) 閣僚の選定は海軍大臣は海軍に一任するが其他は人物本位にて簡抜《かんばつ》すること。即ち当該行政に精通して居る人を持って行き度《た》い。行政上の実際の経験と実力をもって内閣の決定を強力に施行して行く堪能なる人を持って行く。政党又は財閥の勢力を顧慮せず又之を忌避せずという態度で行きたいということでありました。

「神頼み」の総理大臣

東條さんは総理大臣を命ぜられたものの、組閣については神慮によるより仕方ないと考え、明治神宮に参拝し、東郷神社に参拝し、さらには靖国神社に参拝しました。緊迫した局面の打開のために「神頼み」になった感じがあります。

そこまで日本は追いつめられていたと考えるべきでしょう。ぐずぐずしておられないので、海軍大臣は海軍に任せるにしても、あとは人物中心で自分が選んだということです。

財閥の勢力は、一切考慮に入れませんでした。

八二、　右大命を拝した其日の夜六時半頃陸相官邸にて組閣に着手しました。組閣に当っては右の方針に則り私一個にて決定し、何人にも相談しません。しかし、助手が要《い》るから、先ず内閣書記官長の選定を必要としました。同夜八時半頃星野直樹氏に電話し来邸を求めて之を依頼したのであります。星野氏は第二次近衛内閣の閣僚として同僚であり、其の前歴の関係に於ても、才能の上に於ても適任と考えました。星野氏は来邸して直ちに之を受諾してくれました。電話で決定したのは橋田（文相候補）岩村（法相候補）井野（農相候補）小泉（厚相候補）鈴木（企画院候補）岸（商工候補）の諸氏であります。招致して懇談の上受諾したのは賀屋（大蔵候補）東郷（外相候補）寺島（逓信、鉄道候補）湯澤（内務次官候補）の諸氏であります。此の中で東郷氏と賀屋氏は今後の国政指導は極力外交交渉で進むのかとの意味の駄目を押しました。私は白紙還元の旨を説明し極力日米交渉の打開をして行きたしとの意を答えました。湯澤氏は次官のことでありますが私は内務大臣兼摂でありますので大臣級の人物を要したのであります。同夜中に海軍大臣より海相推挙の返事は来ません。翌朝（十八日）及川海相より嶋田氏を推挙するとの確報を得、続いて嶋田氏が来邸しました。この時に対米問題は外交交渉で行くのかという点と国内の急激なる変化を避けられたしとの質問と希望がありました。私は前の質問に対しては、白紙還元の説明を与え後の希望に対しては勿論国内の急激変更はやらぬといいました。嶋田氏は之を聞いて後海相たることを承諾しました。

十八日朝は靖国神社例祭日で午前中は天皇陛下は御親拝あり自分も参列しました。午後一時閣員名簿を捧呈《ほうてい》、四時親任式を終り茲《ここ》に東條内閣は成立致しました。

東條内閣の顔ぶれ

東條さんは組閣にあたっては、誰にも相談していません。ただし、助手が必要ですから、内閣書記官長としては星野直樹《ほしのなおき》に来てもらいました。星野直樹とは満洲で知り合っています。満洲では東條が関東軍参謀長、星野が満洲国国務院総務長官でした。

当時満洲には、前に述べたようにいわゆる「二キ三スケ」と言われた傑物がいました。二キというのは東條英機、星野直樹です。三スケというのは松岡洋右（当時、満鉄総裁）、鮎川義介《あゆかわよしすけ》（日産コンツェルン総帥）と、岸信介《きしのぶすけ》（満洲国産業次長）です。

星野直樹は非常に有能な人だったそうですが、軍人ではなく大蔵官僚出身の財政家でした。ちなみにほか四人は、岸信介は農商務省（のちに商工省）出身の官僚、鮎川は実業家、松岡は政治家、東條は軍人です。このときの組閣では岸信介も入閣しています。

外務大臣の東郷茂徳《とうごうしげのり》と大蔵大臣の賀屋興宣《かやおきのり》は入閣の要請に対し、「今後の対米政策は極力外交交渉で進むのか」という意味の駄目押しがありましたが、東條は九月六日の御前会議の「白紙還元」の意味を説明し、極力交渉による打開を目指す旨答えたということです。

海軍大臣からは、海相推挙の返事がなかなか来ません。ようやく及川海相より嶋田繁太郎《しまだしげたろう》大将が推薦されて来ました。このときも嶋田大将から、「対米交渉は外交でいくのか」という質問と「国内の急激な変化を避けられたし」という希望がありました。東條さんは、やはり外交中心にいくということと、国内は急に変えないという方針を伝えました。国内の急激な変化というのは、戦争するということです。

組閣は昭和十六年（一九四一年）十月十八日でした。

十一月五日の御前会議及其《およびそ》の前後

八三、

前に述べた通り私が組閣の大命を拝受したとき天皇陛下より平和御愛好の大御心《おおみこころ》より前に申した通りの「白紙還元」の御諚を拝しました。依て組閣後、政府も大本営も協力して直ちに白紙にて重要国策に対する検討に入りました。十月二十三日より十一月二日に亙り屢々《しばしば》連絡会議を開催し、内外の新情勢に基き純粋に作戦に関する事項を除き、外交、国力及軍事に亙り各般の方面より慎重審議を重ねました。その検討の結果米側の十月二日の要求を参酌《さんしやく》して、先ず対米交渉に関する要領案を決定したのであります。
之は後に十一月五日の御前会議決定となったもので其の内容は法廷証第七七九号末段と略《ほ》ぼ同様と記憶します。

「対米交渉要領案」の決定

十月中には和戦いずれかに決するという九月六日の御前会議の決定を「白紙還元」してよろしいという御諚《ごじょう》をいただいて、東條内閣はあらためて、国の進むべき方針を協議することになります。そこでまず決定されたのが「対米交渉要領案」です。

八四、
次《つい》で此の対米交渉要領に依り日本の今後に於ける国策を如何に指導するかに付《つき》更に審議を尽し最後に三つの案に到達したのであります。第一案は新に検討を加えて得たる対米交渉要領に基き更に日米交渉を続行する。而して其の決裂に終りたる場合に於ても政府は隠忍《いんにん》自重《じちょう》するというのであります。

第二案は交渉をここで打切り、直ちに開戦を決しようというのであります。

第三案は対米交渉要領に基きて交渉を続行す。他面交渉不成立の場合の戦争決意を為し、作戦の準備を為す。そして外交に依る打開を十二月初頭に求めよう。交渉成立を見たるときは作戦準備を中止する。交渉が決裂したるときは直ちに開戦を決意す。開戦の決意は更《あらた》めて之を決定するのであります。

三つの選択肢

その要領案には三案あり、第一案は、対米交渉貫徹。たとえ対米交渉がうまくいかなくても、戦争に訴えず我慢するということです。これは結局戦わずしてアメリカに降伏し、日露戦争以来日本が合法的に得ていた大陸の利権をすべて捨てることを意味します。

第二案は、即刻交渉は打ち切って戦争をしようというものです。第三案は、交渉は続行するけれども不成立の場合は戦争をするというもので、誰が考えてもこの三つしかないのです。

さらに戦争をするとすれば、前にもその理由が述べられていたように、十二月はじめしかありません。したがってそこまでは外交努力を継続し、交渉成立を見たときは、ただちに作戦行動を途中でも中止するということで話し合いがつきました。

すべては支那事変に始まったことでした。これを早く終結させたいということで、そのときどきの政府のとってきた施策の結果として、この日の事態があるわけです。その最終決断を支那事変の開始にはまったく関係なかった東條さんがやろうとしているわけです。

戦後、東條さんなどがA級戦犯であっても靖国神社に祀《まつ》られているのに、某々は自殺したために祀られていないのはけしからんという批判をされたことがあります。それは間違いで、靖国神社には敗戦のときに自殺した人も祀られています。

東條さんが祀られているのはけしからんという意見がありますが、その根拠は戦争を始めた張本人ではないかということです。それがどれだけ見当違いかというと、戦争のもとは、あくまでも支那事変なのです。その後片づけが対米英戦につながったわけで、東條さんが組閣した時点で、右に挙げた三つのほかに、選択肢はなくなっていたのです。

八五、

次に以上各案について少しく説明を加える必要があります。第一案について言えば米国の十月二日の案は其のまま受諾することは出来ぬということは了解出来る。又従来の米国政府の態度より見て今回の対米交渉要領、よりするも外交交渉に依る打開ということは、米側に於てその態度を変更せざる限り或《あるい》は不可能かも知れぬ。即ち決裂となることとなしとは保証できぬ。然《しか》し縦令《たとい》決裂に陥りたる場合に於ても直ちに米英蘭と戦争状態に入ることは慎重なる考慮を要する。それは我国としては支那事変は既に開始以来四年有余となるが、而《しか》も未だ解決を見ぬ。支那事変を控えて更に対米英戦に入ることは、日本の国力より言うも、国民の払う犠牲より言うと、之を極力避けなければならぬ。今は国力の全部を支那事変の解決に向けて行きたい。故に日本は外交決裂の場合に於ても、直ぐに戦争に入らず、臥薪嘗胆《がしんしようたん》再起を他日に期すべきである。次の理由は国民生活の上よりするも、また支那事変遂行の途上にある今日、軍需生産維持の点よりいうも、今日は至大なる困難にある。而して最も重要なる問題は液体燃料の取得である。これさえ何とか片付けばどうにか耐えて行けるものではあるまいか。それ故《ゆえ》人造石油を取上げ必要の最小限の製造に努力しようではないかというにありました。

此の案に対する反対意見は国家の生存に要する物資は米英蘭の封鎖以来致命的打撃を受けて居る、殊に液体燃料に於て然《しか》りである。もし此儘《このまま》推移すれば、就中《なかんずく》、海軍と航空は二年を出でずして活動は停止せられる。之は国防上重大なる危機である。支那事変の遂行もために挫折する。人造石油の問題をその設備の急速なる増設により解決し得るならば之は最も幸である。依て此の点に対し真剣なる研究を為した。その結論は日本はその一ケ年の最小限の所要量を四百万噸《トン》とし、これを得るためには陸海軍の軍需生産の重要なる部分を停止するも四年乃至《ないし》七年の歳月を要するとの結論に到達した。この期間の間は貯蔵量を以て継《つな》がなければならぬのであるが、斯《かく》の如き長期の間貯蔵量を以てつないで行くことは出来ぬ。そうすれば国防上重大なる危険時期を生ずる。且《か》つ軍需生産の重要部分の停止ということは、支那事変遂行中の陸海軍としては、之を忍ぶことは出来ぬ。故に此際《このさい》隠忍自重、臥薪嘗胆するということは帝国の死滅を意味する。ここに座して死滅を待つよりも死を決して包囲環を突破し、生きる道を発見する必要がある。支那事変四年有余、更に米英戦に入ることは国民の負担の上に於ても政府としては耐え難き苦悩である。然し悠久なるべき帝国の生命と権威のためには国民は之を甘受してくれるであろうというのでありました。

第一案、絶対に戦争を避ける

「要領」にまとめられた三案のうち、第一案は、仮に交渉がうまくいかずとも、米英を相手とした戦争は避け、とにかく全力を支那事変の解決に向けたいということでした。ただその場合でも問題は液体燃料、石油です。石油がないことにはジリ貧になって、弾発力がゼロになる。そうなっては無条件降伏するしかないわけで、これは困るということです。

なかんずく海軍は、戦争をしなくても二年を出ずして活動は全面停止を余儀なくされます。支那事変も、この先、遂行することができません。人造石油などという珍案もありましたが、これなどもいつになるかわかりません。支那事変遂行中の陸海軍としては、軍需生産が全部止まるという事態になることは我慢ができない。それは帝国の死滅を意味するということです。これを突破するためには、何としても石油交渉をまとめなければなりませんでした。

八六、

第二案即ち直ちに開戦の決意をしようという案の理由とする所は米国側の十月二日の案を受入れることの出来ないのは勿論、「対米交渉要領」に依《より》ても日米の国交を調整し危機を打開するの望みはない。交渉継続ということは徒《いたず》らに米国の遷延策に乗ぜられるばかりである。時の経過と共に日米の軍備の懸隔《けんかく》は益々大となる。我国の石油の貯蔵量は日一日と枯渇して来る。而も其の回復の見込はない。もし、外交交渉に依り危機打開が出来ないとすれば作戦の成功を重視しなければならない。作戦上よりすれば十一月が本来天候等の関係で都合が最も好適であったのである。然し十二月になれば上陸作戦には困難は増すがなお可能である。その後に至っては一年の間好機は来ない。其の間液体燃料は枯渇するの危険に陥り、他面明年の後半期になれば米国の海軍力は非常に増大するというのであります。これは統帥部方面の見解でありました。

之に対する反対意見としては、作戦上よりすれば開戦決定は早きに若《し》くはない。乍《しかし》然《なが》ら、外交による打開の道は無いとは認められぬ。困難は予想するが然し国家として望みが猶《な》お存する限りは、作戦上許し得る限度迄は之を忍んで外交交渉に努力すべきではないか。作戦上の不便はあるが、もしそうならば日米交渉の継続中作戦上の準備を進めて行けば宜《よろし》いではないか。寧《むし》ろ、かくすることに依り米国側の反省に資することも出来る。又、斯《か》くして置けば開戦決意の場合にも何等作戦上支障がなくなるのではないかというのであります。

第二案、即時開戦

「対米交渉要領」の第二案は、すぐに戦争に入ろうというものです。時間的制約がありました。アメリカによってダラダラと交渉を延ばされるとその間に日本の石油の備蓄が枯渇します。しかしそれを回復する見込みがありません。ともかく開戦に追い込まれた最大の理由は石油です。後世の人は、当時のこの状況がわからないと、本当のことが見えなくなります。さらに交渉が延びて翌年の後半期になれば、アメリカの海軍力が非常に増強されることがわかっていました。当時のアメリカの軍艦の建造計画は先にも述べたとおり、べらぼうなものでした。

八七、

第三案、即ち交渉を続行し他面交渉不成立の場合の戦争決意を為し作戦の準備を為すという案の理由は前記第一号二案を不可とする理由として記述したものと同一でありまず。

八八、

連絡会議に於ては結局は第三案を採ったのでありますが、決定に至るまでの間に一番問題となったのは前記第一案で行くか、第三案で行くかという別れ目でありました。十一月二日午前二時に一応第三案と決したものの出席者中の東郷外相、賀屋蔵相は之に対する賛否は留保し、翌朝に至って両人共漸《ようや》く第三案に同意して来たという経過でありました。

採択された第三案

第三案は交渉を続行しながら、交渉不成立の場合に備えて開戦の準備をするということでした。

連絡会議においては、第三案を採りました。東郷外相と賀屋蔵相は、いちじは賛否を保留しましたが、翌日になって、いろいろ考えたけれども「これしかない」ということで同意しました。

大蔵省はお金を出すところで、蔵相は戦争ができるかできないかということに相当の発言力を持っているので重要なのです。十月十二日の荻外荘《てきがいそう》での会談でも、企画院総裁が参席しています。

企画院は戦争となった場合の物資を押さえていますし、大蔵省の統轄範囲は、もっと広範です。賀屋さんというのは頭がよくて有能な人です。戦後はA級戦犯に指名されましたが、釈放後は政界に復帰し、池田内閣の法務大臣を務めています。

八九、

此の案に付《つき》ては更に連絡会議に於ては第三案の主旨に基き今後の国策遂行の要領を決定し必要なる手続を経て後に一九四一年（昭和十六年）十一月五日の御前会議で更に之を決定しました。これには私は総理大臣及《および》陸軍大臣として関与したことは勿論であります。これが十一月五日の「帝国国策遂行要領」というのであります。此本文は存在せず提出は不能でありますが、此の要旨は私の記憶に依れば次の通りであります。

第一、帝国は現下の危機を打開し自存自衛を完《まっと》うするための対米英戦を決意し、別紙要領甲乙両案に基き日米外交交渉に依り打開を図ると共にその不成立の場合の武力発動の時機を十二月初頭と定め陸海軍は作戦準備を為す。――尤《もっと》も開戦の決定は更にあらためてする。乃《すなわ》ち十二月初頭に自動的に開戦となるわけではない。

第二、独伊との提携強化を図り且つ武力発動の直前に泰《タイ》との間に軍事的緊密関係を樹立する。

第三、対米交渉が十二月初頭迄に成功せば作戦準備を停止す。

というのであります。

右の中第一項に別紙として記載してあるものが前記証第七七九号末段である甲案乙案であります。之を要するに我国の自衛と権威とを確保する限度に於て甲乙の二つの案をつくり之を以て日米交渉を進めようとしたのであります。その中の甲案というのは九月二十五日の日本の提案を基礎とし既往《きおう》の交渉経過より判断して判明したる米国側の希望を出来るだけ取入れたる最後的譲歩案であって慎重なる三点につき譲歩して居ります。其の要旨は法廷証第二九二五条にある通りであります。乙案というのは甲案が不成立の場合に於ては従来の行《いき》がかりから離れて日本は南部仏印進駐以前の状態にかえり、米国も亦《また》凍結令の廃止其他日本の生存上最も枢要とし緊急を要する物資取得の最小限度の要求を認め一応緊迫した日米関係を平静にして、更《あらた》めて全般的日米交渉を続けんとするものであります。其の要旨は法廷証第一二四五号にある通りであります。

交渉不成立の場合の武力発動の時機を設定

以上の方針は十一月五日の御前会議で決定されました。「帝国国策遂行要領」というものです。その要旨は

第一に、自存自衛のために日米交渉を進めつつも、交渉不成立の場合の武力発動の時機を十二月初旬に設定する。ただし開戦の決定はあらためて行ない、自動的に開戦するわけではないというものです。

第二に、独伊の同盟国とも提携を強め、タイとも関係を強めます。

第三に、もしも十二月初頭までに交渉が成立すれば、戦争準備はいつでも止めるということでした。

さらに第一案については、わが国の自衛と権威を守ることを最低条件にして、二つの交渉案をつくります。甲案は、九月二十五日の提案を基礎として、いままでの交渉経過から判断してアメリカの希望をできるだけ取り入れた譲歩案です。

乙案は、甲案でもまとまらない場合です。その場合、いきがかりから離れて、日本は南部仏印進駐以前の状態に戻るかわりに、アメリカも石油凍結令を廃止し、日本が必要とする物資を売ってくれるところまで下がって、あらためて話し合おうというものです。

とにかく日本は石油を売ってもらわないと、だまっていてもつぶれるのです。それはい

昭和15（1940）年以降の御前会議と議題

開催日	議長（首相）	議題
昭和15年 9月19日	近衛文麿	日独伊三国同盟調印
昭和15年11月13日	近衛文麿	支那事変処理要綱と日華基本条約案
昭和16年 7月 2日	近衛文麿	情勢の推移に伴う帝国国策要綱決定
昭和16年 9月 6日	近衛文麿	帝国国策遂行要領　対米英戦準備
昭和16年11月 5日	東條英機	帝国国策遂行要領決定 開戦を辞せざる決意のもとに外交交渉
昭和16年12月 1日	東條英機	対米英蘭開戦を決定
昭和17年12月21日	東條英機	大東亜戦争完遂のための 対支処理根本方針
昭和18年 5月31日	東條英機	大東亜政略指導大綱 大東亜会議召集決定
昭和18年 9月30日	東條英機	今後採るべき戦争指導の基本大綱 （絶対国防圏の設定）
昭和19年 8月19日	小磯国昭	今後採るべき戦争指導の基本大綱 （比島決戦）
昭和20年 6月 8日	鈴木貫太郎	今後採るべき戦争指導の基本大綱 （本土決戦）
昭和20年 8月 9日	鈴木貫太郎	国体護持の条件確認と ポツダム宣言検討
昭和20年 8月14日	鈴木貫太郎	ポツダム宣言受諾

※（網掛け）は、対米英開戦前の重要会議

までも変わりません。

九〇、右深刻なる結論を一九四一年(昭和十六年)十一月二日午後五時頃より参謀総長、軍令部総長と共に内奏しました。其の際天皇陛下には吾々《われわれ》の上奏を聞《きこ》し召されて居られましたが、其の間陛下の平和御愛好の御信念より来る御心痛が切々たるものある如くその御顔色の上に拝察しました。陛下は総《すべ》てを聴き終られ、暫《しばら》く沈痛な面地《おももち》で御考えでありましたが、最後に陛下は「日米交渉に依る局面打開の途《みち》を極力尽すも而《しか》も達し得ずとなれば、日本は止むを得ず米英との開戦を決意しなければならぬのかね」と深き御憂慮の御言葉を漏らされまして、更に「事態謂《い》う如くであれば、作戦準備を更に進むるは止むを得なかろうが、何とか極力日米交渉の打開を計って貰いたい」との御言葉でありました。我々は右の御言葉を拝し恐懼《きょうく》した事実を今日も鮮かに記憶して居ります。斯《か》くして十一月五日の御前会議開催の上更に審議を尽すべき御許しを得たのでありましたが、私は陛下の御憂慮を拝し更に熟考の結果、連絡会議、閣議、御前会議の審議の外に、更に審議検討に手落なからしめ陛下の此の御深慮に答うる意味に於て十一月五日御前会議に先立ち更に陸海軍合同の軍事参議官会議の開催を決意し、急遽《きゅうきょ》其の御許しを得て十一月四日に開催せらるる如く取り運んだのでありました。此の陸海軍合同の軍事参議官会議なるものは一九〇三年（明治三十六年）軍事参議官制度の創設せられてより初めての事であります。

天皇陛下のご憂慮

御前会議は十一月五日でしたが、その前にこの結論を十一月二日に参謀総長、軍令部総長とともに参内し、内奏しました。陛下は沈痛な面持ちで、何とか極力外交交渉による打開を目指してもらいたいと言われました。そのご憂慮を拝し、さらに審議を尽くすことになりました。

陸海軍合同軍事参議官会議

九一、

御前会議の前日、即ち一九四一年（昭和十六年）十一月四日に陸海軍合同の軍事参議官会議が開催せられました。此の会議に於ては天皇陛下には十一月五日の御前会議の議題に関連し、対米交渉妥結を見ざる最悪の場合に応ずる軍事の措置として陸海軍統帥部が、太平洋戦争の作戦準備を促進する可否に関し御諮詢《ごしじゅん》があったのであります。

本会議は陛下御親臨の下に閑院元帥宮《かんいんげんすいのみや》議長として議事の進行に当られ、午後二時頃に亙《わた》ったと記憶致します。私は勿論陸軍大臣として軍事参議官の資格に於て列席致しました。議事の詳細は既に記憶を失《しつ》して居りますが、記憶にある大要を述ぶれば以下の如くであります。

先《ま》ず永野軍令部総長より海軍統帥に関して説明がありました。その要旨は、

現在の情勢の儘《まま》で推移せば帝国は遂《つい》に国力の弾発性を喪失すると共に戦略上極めて不利の地位に陥ること明瞭である。帝国としては今後も引き続き外交手段を尽くして極力此の危急の打開を計ることに政府とも意見が一致し、政府は目下懸命の努力を払って居る。然し他面遂に之により目的を達し得ざる場合、帝国として戦争を決意せざるを得ざる情勢に立到《たちいた》ることも今日深く胸算《きょうさん》し置かねばならぬ。統帥部としては此の場合に備うるため作戦準備を本格的に進めて行きたき考えである。此の作戦準備を進むることは他面現在の情勢段階に於ては、これに依り外交交渉の進展に寄与し得るものと思う。然し幸に日米交渉打開を見れば作戦準備行動は直ちに之を中止する考えである。政府とも此の点は約束されて居る。不幸日米交渉決裂し日米英蘭戦闘ともなったときの見透《みとおし》に就ては彼我《ひが》太平洋に於ける現有兵力の関係を以て開戦時機を十二月上旬とせば第一段作戦及邀撃《ようげき》作戦には勝利の算我れに多しと確信する。

第一段作戦にして適当に実施せらるれば、帝国は南西太平洋に於ける戦略要点を確保し、長期作戦に対応する態度を確立し得るであろう。而して対米英戦は確実なる屈敵手段なきを以て、結局長期戦となる算が多い。之に対しての覚悟と準備とを必要とする。長期戦となりたる場合の見透は形而上下の各種要素、国家総力の如何《いかん》及世界情勢の推移如何に因りて決定せらるる処《ところ》大にして、今日に於て数年後の確算の有無を断ずること困難である。

と謂《い》うのであったと記憶します。真珠湾攻撃の件に就《つい》ては何等触るる処ありませんでした。

次《つい》で杉山参謀総長より陸軍の統帥に関して説明がありました。其の要旨は、

南方諸邦の陸軍軍備は益々増強せられ、欧州戦争開始直前頃に比すれば其の陸軍兵力に於て三倍乃至《ないし》八倍に増強せられ、其の兵力約二十数万、飛行機六百機に達す。今後情勢の推移に伴いその増加率は急速に増強せらるべし。

若《も》し不幸日米英の間開戦となりたる場合、印度、濠州、新西蘭《ニュージーランド》等より増援兵力戦場に輸送せらるべく、これ等地域に保有する兵力は約八十数万飛行機六百と推定する。

帝国陸軍の現有兵力は五十一師団基幹とし、現に支那事変遂行途上にあり、他方対「ソ」警戒に相当部分を充当しある関係上、対米英戦に対しては其の内より抽出して之

に応ぜざる可《べか》らざる苦境にありて、目下の処斯《か》くして之に充当を予定し得るものは約十一師団である。

開戦時機は米英側の防備の増強及気象の関係より時日の遷延を許さず成《な》る可《べ》く速かなるを要し、其の時機は十二月初頭を希望する。

作戦の主体は上陸作戦なるを以て海軍の作戦の成否に期待する処多きも陸軍としては相当の困難を予期するも海軍作戦順調に進展せば必成を確信する。

南方要域に対する攻略作戦一段落後は政戦両略の流用に依り米英側の戦意を喪失せしめ、極力戦争を短期に終結せしむるに勉むべきも、恐らくは長期に亙《わた》ることを予期せざる可《べか》らず。

然《しか》し乍《なが》ら米英側の軍事根拠地或《あるい》は航空基地を占領し飽く迄之《これ》を確保し海上交通の確保と相待て戦略上不敗の態勢を占め得ば諸般の手段を尽くし敵の企図を挫折せしめ得べし。

南方作戦に伴い対「ソ」防衛並に対支作戦は概《おおむ》ね現在の態勢を堅持し之に依《より》て北方に対し不敗の態勢を整え支那に対しては依然其の目的の達成に指向する。

南方作戦に伴う北方の情勢に就ては「ソ」が積極的に攻勢を採るの公算少し。只《ただ》満洲支那に於て共産党を利用する破壊的工作又は思想宣伝等の謀略的工作を以て我を牽制《けんせい》するの策動あり得べし。又米国が極東「ソ」領の一部を北方よりの対日攻勢拠点として飛行基地乃至《ないし》潜水艦基地其他に利用するため之が使用を「ソ」連に強制することはあり得べし。従って「ソ」に対しては厳重なる警戒を要す。特に我が南方作戦が長期戦に陥る場合、若《も》しくは「ソ」の内部的安定状態が回復に向う場合は極東赤軍が漸次《ぜんじ》攻勢的姿勢に転じ来る可能性あり。帝国としては成る可く速かに南方作戦を解決して之に対処し得る準備に遺憾なきを期せざるべからずと謂うのであります。

右の説明の後に各参議官より質疑あり、之に対し両総長及私より所要の説明を致しました。質問は専《もっぱ》ら統帥に関するものでありましたが、其の詳細は記憶にありません。説明に当《あたっ》ては昭和十六年十月二十三日乃至十一月二日に亙る連絡会議の結論の主旨を以てなされた丈《たけ》記憶致して居ります。

斯くて議事を終了し「陸海統帥部が最悪の事態に応ずる戦争準備を促進せんとする統帥上の措置を適当とする」旨に全員意見一致し、其の議決を議長より奉答せられたと記憶致します。

会議中陛下に於かれては唯《ただ》御聴取あらせられたのみで一言も御発言はありませんでした。

戦争が長期に及んだときの見通し

こうして御前会議前日の十一月四日、陸海軍合同軍事参議官会議という会議が、陛下のご臨席のもと、閑院宮殿下を議長として開かれました。

席上まず、永野修身軍令部総長が海軍としての説明をします。とにかくこのままいけば国力の弾発性がなくなるから、交渉不成立という事態に備えた開戦準備はどうしても進行しておかなければいけないということでした。

他面、情勢の段階においては外交交渉の進展があれば準備行動は直ちにこれを中止するというものです。実際の軍事状況から見て、十二月上旬開戦となれば、当座の戦いには勝てるが、結局、長期戦になるだろう。その場合の見通しは不明瞭だと述べています。

これが、それまでの戦争と違うところです。明治の戦争は全部短期で、みな二年足らずでした。ところが支那事変も長期です。今度はさらに規模の大きな長期戦になる。そして数年後はわからないということを言っているのです。もちろんこのころは、真珠湾を攻撃するとかそういう具体的なことは一切話には出ていません。

なぜ明治の戦争が短期間で終わったかと言えば、はじめから日本がやる気で準備し、主体性があったからです。これに反して支那事変以来の戦争は、日本は常に受身の対応を迫られ、そうしているうち、ズルズルと長期の大戦争に引きこまれていったのです。

陸軍の杉山《すぎやま》参謀総長からは南方諸方面の軍備は増強しているということ、昭和十四年（一九三九年）に欧州戦争が始まったときに比べれば敵の軍備は増強しており、敵陸軍は三倍ないしは八倍になっていること、つまり兵力二十数万、飛行機六〇〇機に上る旨報告されます。しかもこの数字は今後の情勢で、急速に増えるものと思われ、もしも不幸にして開戦になれば、インド、豪州、ニュージーランドから兵力八〇万、飛行機六〇〇くらいの増援は考えられるということです。

帝国陸軍は、現時点においては日本全国で五一個師団で、一個師団は一番充実していたところが一万五〇〇〇ですから総兵力は七〇万くらいと考えられます。そのうちに使えないものもたくさんありますし、支那大陸では現に交戦中です。満洲でもソ連の動きに警戒を怠れません。ですから米英との戦争に活用できるのは十一個師団、一五万くらいということになります。

陸軍の作戦上、希望としては、時機は十二月初頭でなければいけません。上陸作戦は海軍の作戦が非常に重要で、海軍が順調に進展すれば成功を確信するというものです。敵の根拠地を占領し、海上交通の確保と相俟って戦略上不敗の態勢を占めればいいということです。要するに日本は、天然資源を手に入れて不敗の態勢を占めたいということだったのです。アメリカやイギリスに進攻するという発想はありません。

対ソ連では、現状維持でいい。南方作戦が起きても、ソ連が動く可能性は少ない。ただ満洲国およびシナにおいて共産党による破壊工作、思想宣伝は注意しなければいけないということです。

アメリカが、極東ソ連領の一部を、日本を攻撃する拠点として使う可能性はあり得ます。中立ではありますが、ソ連に対しては厳重なる警戒が必要だということです。ある場合には、極東の赤軍が攻撃に移る可能性もあります。ですから早く南方作戦を解決して、これに備える必要があります。こういうことが軍事参議官に述べられましたが、その間、ご臨席の天皇からは、一言もお言葉はありませんでした。

十一月五日の御前会議

九二、　以上は一九四一年（昭和十六年）十一月五日の御前会議に至る迄の間に於て開かれる政府と統帥部との連絡会議及軍事参議官会議で為された協議の経過並《ならび》に結果であります。

十一月五日には右の案を議題として御前会議が開かれました。ここで申上げますが、私が一九四六年（昭和二十一年）三月十二日検事より質問を受けた際答えましたことは此の御前会議と十二月一日の御前会議とを混同して答えて居ります。それは記憶の錯覚でありまして、此の答は本日の供述に抵触する限度に於ては訂正を要します。

九三、

元来此の種の御前会議は政府と統帥部との調整を図ることを目的として居るのであります。日本の制度に於ては、政府と統帥部は全然分立しておりますから、斯《かく》の如き調整方策が必要となって来るのであります。此の会議には予《あらかじ》め議長というものもありません。その都度陛下の御許しを得て首相が議事を主宰するを例と致します。此の会議で決定したことは、その国務に関する限りは更に之を閣議にかけて最後の決定をします。又統帥に関することは統帥部に持ち帰り、必要なる手続をとるのであります。斯の如くして後、政府並に統帥部は別々に天皇陛下の御允裁《ごいんさい》を乞うのであります。従って憲法上の責任の所在は国務に関することは内閣、統帥に関することは統帥部が各々別々に責任を負い其の実行に当るのであります。又幹事として局長なり書記官長が出席しますが、之は責任者ではありません。

御前会議、連絡会議の性質及内容は右の如くでありまして政府及統帥部の任務遂行上必要なる当然の会議であり検事側の観測しあるが如き共同謀議の機関と見るは誣言《ぶげん》であります。

御前会議の権限と性格

御前会議とは、政府と統帥部の調整を図る連絡会議と実質は同じことですが、とりわけ重要な結論を出すときに、天皇のご臨席をあおぐというだけの話です。先にも述べましたが、日本では政府と統帥部は完全に独立しています。このことはアメリカ人にはピンときません。いまの日本人にも理解できません。

それはともかく、御前会議は連絡会議というのが一番正確です。のちに最高戦争指導会議などと名前が変わっても、連絡し合っているだけで、何が決まるわけでもありません。何しろ断乎決裁できるようなリーダー、こうしようと決断する人がいないわけです。首相も「どうでしょうか、これでみなさんいいですね」、としか言えないのです。リーダーの権力がものすごく弱いのです。

国務に関することは閣議が決定します。統帥部に関することは、それぞれ陸軍は参謀本部、海軍は軍令部に戻って必要な決定を行ないました。そしてまた天皇陛下の御允裁《いんさい》をあおぎます。憲法上の責任は、国務に関しては内閣で、統帥に関することは参謀総長と軍令部総長が責任を負います。

すべて参謀総長と軍令部総長が意見を統一させないと、戦争する体制になっていかないのです。東條さんは現役の陸軍大将ですから首相であっても、海軍のことには絶対に口を出せません。首相という地位は国務ですから、海軍には口を出せません。軍人としては後に参謀総長を兼ねますから陸軍には口を出せるけれども、海軍には出せません。

ですから東京裁判の検事側がこの会議を指して共同謀議の機関などと言っていますが、連絡会議の場合、まったく当たりません。ヒトラーがリーダーだったドイツとはまったく違う国家機構だったのです。

九四、　十一月五日の御前会議に於ては陛下の御許を得て慣例に依り私が会議の進行の任に当りました。此の会合に於ては私より此の会議を必要とするに至った理由を説明し、外務大臣よりは日米交渉を中心とする外交問題を説明し、大蔵大臣よりは戦争に伴う日本の財政に関し企画院総裁よりは戦争に伴う国内物資の見通しに関し、又参謀総長及軍令部総長よりは作戦に関する説明がありました。それから質疑応答に入り、原枢密院議長より若干の質問があり、之に対し、政府及統帥部の関係者より夫々《それぞれ》答を致しましたが、詳細は今、記憶に存じません。結局、連絡会議で取纏《とりまと》めました第三案と之に引用せられた対米交渉要領とを採用可決したのであります。

御前会議の決定

十一月五日の御前会議でも、東條さんが会議の進行をしました。東條さんはなぜこの会議が必要だったかを説明し、外務大臣は外交問題、大蔵大臣は財政、企画院総裁からは物資の問題、参謀総長、軍令部総長からは作戦に関する説明がありました。

原枢密院議長も出席しており、この人は常に的確な意見を述べますが、大勢を変えるような決定力にはなりませんでした。こうして先の連絡会議でまとまった第三案が採用されました。

九五、ただ、ここに陳述して置かなければならぬことは、当時の連絡会議並に御前会議に於て斯の如き決議を必要なりと判断するに至った原因たる事由であります。

（一）当時国外より齎《もた》らされた情報（此等の情報は当時大本営、外務省等より得たものを記憶を喚起し蒐録したものであります）に依れば米英蘭支の我国に対する軍事的経済的圧迫は益々緊迫の度を加うるのみならず、此等の勢力の間の協力関係は益々緊密となる傾きが極めて顕著に観取せられました。例えば一九四一年（昭和十六年）八月下旬より「ルーズヴェルト大統領」の東亜経済使節として「マニラ」に滞在して居った「グレーディ」氏は九月初に空路「バタビヤ」に飛び蘭印経済相「フアンモーク」

氏と会談、更に「シンガポール」に飛び九月半頃には「カルカッタ」に着、更に十月初《はじめ》には「ラングーン」に引返し、それより重慶に入り香港を経て「マニラ」に着し、十月半頃本国への帰途について居ります。それとは別に英の「ダフ・クーパー」氏は九月初空路「マニラ」に着し、「バタビヤ」を経て「シンガポール」に至りここにて九月二十一日「カー」英国大使と会見しました。九月二十九日には「シンガポール」にて「イギリス」極東会議が開かれ右「ダフ・クーパー」氏は「ブルック・ポッパム」、「レイトン」、「クロスビー」、「カー」、「ページ」、「トーマス」マレイ総督等と会合しました。「ダフ・クーパー」氏は十月初には、「シンガポール」を発ち空路印度への途上盤谷《バンコク》に於て「ピブン」首相と会見し更に「ラングーン」に至り、「カルカッタ」に到着して居ります。一九四一年（昭和十六年）八月下旬には「ルーズヴェルト」大統領は「マグルーダー」准将を団長とする軍事使節を重慶に派遣する旨言明しましたが、この使節団は十月初「マニラ」に着、そこにて所要の打合を為し、香港に至り同地に開かれた香港会議に出席したる後、その一行は十月九日香港より重慶に乗込み「我等来支の目的は重慶を援《たす》けて交戦を継続せしむるにある。今後重慶を本拠として各地を歴訪し任務遂行の実現を急ぐつもりである。勿論「ラングーン」をも訪問、「ビルマルート」による武器軍需品の輸送能率増大に大いに力を注ぐ」旨豪語したりとの情報に接して居ります。

一九四一年（昭和十六年）十月初米英の軍事首脳者は「マニラ」に会合しました。その当時の情報に依れば此の会議では世界的関連を有する太平洋の諸問題につき専門的なる意見の交換を為し、且つその戦略的態勢を検討したものであるとされて居りました。会合した者は英の極東軍司令官「ポッパム」大将、米の援蔣軍事使節団代表「マグルーダー」准将、米の東亜軍総司令官「マックァーサー」将軍などであり(1)「ビルマルート」を通じて行われる米英共同の蔣介石援助問題(2)西南支那の重慶軍と「ビルマ」方面に増派されつつある英軍との共同作戦計画(3)太平洋に於ける米英共同作戦の強化、殊に空軍作戦計画などを協議したと報ぜられました。

一九四一年（昭和十六年）九月下旬「レートン」英東亜艦隊司令官は「シンガポール」軍港を「アメリカ」の要求あり次第米海軍の使用に供する旨発表したとの報道に接しました。十月中には「ニーマイヤー」氏は「シンガポール」より空路「マニラ」に着しております。一方「ブルック・ポッパム」「イギリス」極東軍司令官は十月中旬には「シンガポール」を発し、濠州に向いました。「カーチン」首相は十月下旬には太平洋共同戦線交渉が米、英、蘭印、「ニュージランド」、濠州間に完了せる旨発表致しました。以上各情報に依り当時米英蘭支の間に日本を対象とする軍事的、経済的連鎖が緊密に行われ所謂《いわゆる》一触即発の情況にあったものと判断せられました。

(二) 而《しか》も依然として米英濠其他の陸海空軍の大拡張が継続せられつつありとの情報が入って来て居ります。即ち米国海軍省では一九四〇年(昭和十五年)一月以降七十二億三千四百万弗《ドル》を以て艦艇二千八百三十一隻の建造契約成り現在九百六十八隻を建造中なる旨発表しました。なお一九四一年(昭和十六年)十月下旬には「ノックス」海軍長官は米海軍の建造状況に関し(イ)就役せる戦闘用艦船三百四十六隻(ロ)同建造中乃至契約済三百四十五隻(ハ)就役せる補助艦艇三百二十三隻(ニ)建造中乃至契約済二百九隻(ホ)十月一日現在海軍飛行機四千五百三十五機(ヘ)同製造中のもの五千八百三十二機なる旨発表しました。「ルーズヴェルト」大統領は十一月初に飛行機製造費四億四千九百七十二万弗を要求したと報ぜられました。「スチムソン」陸軍長官は十月下旬に航空士官候補生及徴集兵を約三倍、即ち四十万人に増員方準備中なる旨発表しました。一方濠州「カーチン」首相は欧州戦争開戦以来四十五万人の兵が入営したる旨発表しました。比島《フィリピン》では比島陸軍参謀総長は其の現役兵の除隊中止を発表しました。同じく十月下旬には比島空軍新司令官「ブリヤーン」少将は華府発「マニラ」に向ったと通報せられました。一九四一年(昭和十六年)九月中旬には「ルーズヴェルト」大統領は国防促進法に基く五十九億八千五百万弗の追加予算の審議を求むる教書を議会に送付し、引続き一億五千十九万八千弗の国防費追加予算案を米国議会に提出したのであります。

以上の事実等に依り米国は引続き陸海空軍の飛躍的大拡張を計画しつつあることが窺《うかが》われました。

(三) 前述の連絡会議及御前会議の前に於ては米国に於ける首脳者の言動は益々挑発的となって来たのであります。即ち九月下旬には「ハル」国務長官は政府は中立法の改正若《も》しくは廃止を考慮中なりと言い、「ノックス」海軍長官は戦艦「マサチュセッツ」号進水式に際し、中立法は時代遅れであると言明したと報ぜられました。又同長官は十月下旬に日米衝突は日本が現政策を変更せざる限り不可避なる旨言明致したということであります。

(四) 以上の外更《ほか》に次のようなことが判明して来たのであります。(1) 即ち印度政庁は同年九月十二日以降日本より積出す綿布人絹等織物類の輸入許可を取消したこと。(2) 同年十月二十九日には印度政庁は一切日満両国の商品の輸入禁止を布告しました。斯《かく》の如く連合国側の対日圧迫は益々露骨となって来たのであります。斯の如き状況の下に十月下旬以来の連絡会議並に十一月五日の御前会議の決定が行われたのであります。

ますます強まる軍事的、経済的対日圧迫

当時、こうした事態に立ち至った原因を具体的に挙げれば、次のようになります。まず、アメリカ、イギリス、オランダ、シナは、ＡＢＣＤ包囲陣として関係をますます緊密にして、日本に対する軍事的、経済的圧迫を強めています。

具体的には、アメリカのグレーディ氏、イギリスのクーパー氏の動き、重慶の蔣介石を援助するアメリカ使節団の団長であるマグルーダー准将の香港会議出席と、重慶への乗り込み、その後の発言などが挙げられています。その当時、日本でもこうした情報はつかんでいました。実際はもっと多かったのでしょうが、つかんでいた情報だけでも、これだけありました。

一九四一年の十月には、イギリス極東軍司令官のポッパム大将とアメリカのマグルーダー准将、マッカーサー将軍がマニラで会して、太平洋の問題について話し合っています。こちらこそ、共同謀議をやっているのです。中心となったテーマは、ビルマ・ルートで蔣介石を援助するための、重慶軍とイギリス軍との共同作戦についてでした。

またレートン英東亜艦隊司令官はシンガポールの軍港をアメリカの要求があり次第、アメリカ軍にも利用させると発表し、ポッパム極東軍司令官は豪州に向かいました。豪州のカーチン首相は、太平洋共同戦線交渉がアメリカ、イギリス、オランダ、ニュージーランド、オーストラリアに完成したと発表しました。ここでも同盟ができています。一触即発です。

かくして日本に対する軍事的、経済的連鎖の網は急速に拡大されていましたしかもアメリカ、イギリス、豪州その他の陸海軍においては大拡張が継続されていました。アメリカは昭和十五年以降艦艇二八三一隻の建造契約を成立させ、九六八隻が建造中であると発表しました。それが何のためかということです。日本はこれほどにつくる機械もないし、材料・資材もなく、そんなにつくってもいませんでした。

当時のアメリカのノックス海軍長官は、現時点で使える軍艦は三四六隻、建造中ないし契約済のもの三四五隻、使える補助艦艇は三二三隻、建造中ないし契約済二〇九隻、いまある飛行機が四五三五機、製造中のものが五八三二機と発表します。飛行機の製造などはすぐですから、総計一万機くらいになります。

スチムソン陸軍長官は、航空士官候補生および徴集兵を約三倍に増員すること、豪州のカーチン首相は四五万の兵員の入営、フィリピンの陸軍参謀総長は現役兵の除隊中止を、それぞれ発表しています。いつ戦争が起きてもおかしくない情勢です。

この間、アメリカ首脳陣の言動はますます挑発の度を増し、ハル国務長官は、中立法の改正もしくは廃止を考慮すると言います。ノックス海軍長官は、戦艦マサチューセッツ号進水式で、中立法は時代遅れでアメリカは戦争に入るべきだという趣旨のことを述べています。

さらに経済的には、インドは日本からの綿・絹織物品を輸入しない。日本と満洲国から商品を買わないという決定を下しました。インドはイギリスの植民地ですから、つまりイギリスの対日圧迫の一環です。

九六、　前述御前会議の決定に基き十一月十二日の連絡会議に於ては之に基く対外措置を決定しました。その内容は法廷証第一一六九号の通りであります。一方陸軍側に於ては十一月六日には寺内大将を南方軍総司令官に任命し統帥部に於ては南方の戦闘序列を決定し、同日南方要域攻略の準備命令を下達し尚《な》お統帥部は同月十五日には対米英作戦計画大綱を決定しました。無論是等《これら》は仮定に基いて統帥部の為した準備行為に過ぎません。私は軍部大臣たる資格に於て之を承知して居りますが、他の閣僚は右統帥部の採りたる措置は一切知っては居りませぬ。海軍統帥部が此間何を為したるかは承知致しません。

海軍の開戦準備については何も知らず

これに対応して日本は、十一月六日に寺内寿一《てらうちひさいち》陸軍大将を総司令官にして南方の戦闘序列を決定しました。これは、戦争が起きた場合を想定して統帥部がつくっただけで、準備行動に過ぎません。ほかの官僚たちは、統帥部の採ったこの措置を知りません。一方、海軍がどうだったかは、東條さんは知らないと述べています。首相がこのように言っているとは信じられない思いですが、嘘ではないでしょう。国務と軍事作戦の管轄は完全に分かれていて、陸軍と海軍、政府との意思疎通がはかられていないのが、戦前の日本でした。その点、アメリカのルーズベルト大統領と東條首相とでは、全然立場が違うのです。

東條内閣に於ける日米交渉

九七、東條内閣に於ける日米交渉は専ら外務省が之を扱いました。私が承知して居ることは、その大綱のみであります。

十月二日の「アメリカ」より提出された「ハルノート」を繞《めぐ》り、日米交渉に関連して第三次近衛内閣が崩壊したことは前に述べた通りであります。東條内閣の成立と共に政府と統帥部は白紙還元の趣意に基き、取敢《とりあ》えず十月二十一日日米交渉継続の意思を外務大臣より野村駐米大使に伝達したのであります。その趣意は同月二十四日若杉公使より「ウェルズ」国務次官に之を通じて居ります。

日本政府は前述の一九四一年（昭和十六年）十一月五日の御前会議に於いて決定せられたる対米交渉要綱に依り外務省指導の下に、甲、乙両案を以て日米交渉に臨みその打開につとめました。

日米交渉への望み、甲乙両案の提出

こうした経緯を経て、東條内閣は、なおも日米交渉に望みを託しました。もちろん直接の交渉は外務省が担当したわけです。十月二日に提出されたアメリカ案をめぐり、第三次近衛内閣は総辞職したわけですが、十一月五日の御前会議において決定された対米交渉要綱により、甲乙の両案（522、525ページ参照）で打開を図ることになりました。

九八、

政府は日米交渉が益々困難に陥らんことを予見し且つその解決は急を要する情勢にあるに鑑《かんが》み同年八月中の野村大使よりの要請に基き各交渉援助のため来栖《くるす》大使を派遣することに致したのであります。来栖氏は十一月五日東京を発し、同月十五日に「ワシントン」に着したのであります。之は真面目に日米交渉の妥結を企図したもので、日本の開

戦意思の隠蔽《いんぺい》手段では断じてありません。此の点に関しては既に当法廷に於いて山本熊一氏に依り証言せられた通りであります。来栖氏出発に当り連絡会議の成案で後に御前会議に提案せらるべき議題の内容は外相より来栖氏に対し十一月三日より四日に亙《わた》り詳細説明致したとのことを外相より聞いて居ります。

来栖《くるす》大使の派遣

日米交渉解決のため、野村吉三郎駐米大使の要請に基づき、来栖三郎《くるすさぶろう》大使を派遣することになりました。来栖さんという方は奥さんがアメリカ人で、語学が達者でした。野村さんも日本人としては語学が達者であったでしょうが、ハル長官の回顧録によると、野村の英語はときどき何を言っているかわからないことがあったということでした。

それが日米交渉に影響したとは思いませんが、やはり語学不足は否めなかったようです。来栖大使をもっと早く派遣していれば、うまくいったかどうかはわかりませんが、そうしたほうがよかったのではないかと思われます。

本当に日本はまじめに交渉による打開を図ろうと思っていました。来栖大使派遣にしても、後からは開戦するつもりなのに隠蔽工作だったなどと言われますが、日本は石油問題など交渉がまとまれば、日本軍はいつでも仏印を引き揚げる用意がありました。

難航する日米交渉

ホワイトハウスへ向かうハル国務長官と、野村（左）、来栖（右）両駐米大使
（昭和16年12月撮影）

九九、此の交渉は情勢上急を要する旨は外相より野村大使に対し十分に之を伝え、之に依《より》て、日本が急速なる解決を必要とすることは米国政府にも十分伝えられて居ります。此の点も亦《また》当法廷に於て山本熊一氏引用の証拠に依り証言せられた如くであります。

一〇〇、日米交渉は甲案より初められたのでありますが、同時に乙案をも在米大使に送付して居ります。交渉は意の如く進行せず、その難点は依然として三国同盟関係、国際通商無差別問題、支那駐兵にあることも明かとなり、政府としては両国の国交の破綻を回避するため最善の努力を払うため従来の難点は暫《しばら》く措《お》き須要《しゅよう》且つ緊急なるもののみに限定して交渉を進めるために予《あらかじ》め送ってありました、乙案に依て妥結を図らしめたのでありま す。此の間の消息は既に当法廷に於て山本熊一証人の証言せる如くであります。

交渉妥結への三つの障碍《しょうがい》

日米交渉は甲案（522ページ参照）が基本線ですが、乙案（525ページ参照）も提示されています。それでもうまくいかぬ理由の一つは、依然として三国同盟でしたが、日本は、そうは条約を一方的に破棄するわけにはいきません。しかし、ドイツと軍事行動を一にしないという意思は伝えているのですから、それは問題にならないはずでした。

国際通商無差別問題の意味は、あまりよくわかりません。アメリカが自分の不自由さを言っているようです。

さらに交渉をむずかしくしているのが、シナ駐兵の問題ですが、現に支那事変が進行しているわけですから、急に撤兵するわけにはいきません。これをどうするか。そこが問題であることは依然として変わりません。

一〇一、一九四一年（昭和十六年）十一月十七日私は総理大臣として当時開会の第七十七議会に於て施政方針を説明する演説を致しました。之に依り日本政府としての日米交渉に対する態度を明《あきら》かにしたのであります。蓋《けだ》し、日米交渉開始以来既に六ケ月を経過し、両国の主張は明瞭となり、残る問題は両国の互譲に依る太平洋の平和維持に対する努力を為すや否やのみにかかって居ります。之がため日本としては現状に於て忍び得る限度を世界に明かにする必要を認めたのであります。日本政府の期する処《ところ》は日本はその独立と権威とを擁護するため（一）第三国が支那事変の遂行を妨害せざること（二）日本に対する軍事的、経済的妨害の除去及《および》平常関係に復帰（三）欧州戦争の拡大とその東亜への波及の防止とであります。右に引続き東郷外相は日米交渉に於ける我方の態度につき二つのことを明かにせられました。その一つは今後の日米交渉には長時間を要する必要のなかるべきこと。その二つは我方は交渉の成立を望むけれども大国として権威を毀《そこな》うことは之を排除するというのであります。首相及外相の演説は即日世界に放送せられ中外《ちゅうがい》に明かにせられました。

米国の新聞紙にも右演説の全文が掲載せられたとの報告を得ました。それ故《ゆえ》米国政府当局に於いても十分之を承知して居るものと思われました。右政府の態度に対し十一月十八日貴衆両院は孰《いず》れも政府鞭撻《べんたつ》の決議案を提出し満場一致之を可決したのであります。

殊に衆議院の決議案説明に当り島田代議士の為した演説は当時の我国内の情勢を反映したものと判断しました。

十一月十七日の施政方針演説を世界に放送

十一月十七日、東條首相は国会において、施政方針演説を行ないました。日米交渉は開始以来すでに半年が経過し、両国の主張は明瞭で、残る問題は、太平洋の平和のためにどれだけお互いが譲り合えるかということに絞られていました。

日本政府の立場は日本の独立と日本の国家的体面を守ることを第一義として、その第一に第三国が支那事変を邪魔しないでほしいというものです。何度も言うように、第三者の介入がなければ、本当に支那事変はすぐ終わったはずなのです。

第二に、日本に対する軍事的、経済的な圧迫を解除してほしいというものです。軍事的妨害よりも経済的妨害のほうが日本にとっては怖かったと思います。加えてアメリカのほうでは海軍をものすごく増強しています。それから豪州、ニュージーランド、オランダ、イギリスもみなこの動きに加わっています。こうした動きをやめて平常に戻してほしいというのです。

第三に、欧州戦争の拡大が日本に及ばないようにということです。これはソ連関係が中心だと思いますが、これは当然です。

支那事変が終わるというのは、蔣介石が和平の意思を示して、その条件を汪兆銘と話し合えばいいのです。汪兆銘と蔣介石は、支那事変の前からの同志であった時代もあれば敵であった時代もあります。彼ら同士で話をして、汪兆銘が首班になり、蔣介石が副大統領格、あるいはその逆になればよかったのです。

そして日本との条約を決め、日本軍は引き揚げる。ただし、すぐに引き揚げるわけにはいかないので、多少の重要拠点に兵隊をしばらくの間は駐留させてもらうというかたちにします。

満洲は独立国ですから、第三国がどうのこうのという筋合いはありません。満洲については塘沽《タンクー》停戦協定（昭和八年五月）というのがあります。蔣介石のころに満洲国を独立国と待遇して条約を結んでいるくらいですから、満洲は争点にはならないはずです。
また、つづいて東郷外相が演説し、この首相と外相の演説は、世界に向かって放送され、アメリカの新聞もこれを掲載しました。議会もこれを支持しました。

一〇二、前に述べました我国の最後案である乙案については日米交渉に於いても米国政府は依然として難色を示し、野村、来栖両大使の努力に拘《かかわ》らず、米国政府は依然六月二十一日案を固執して居って交渉の成立は至難でありました。
他方十一月二十四日より二十六日に亙《わた》って米国は英、蘭、支各国代表と密に連絡し各国政府間に緊密の連絡を遂げて居ることは当時の情報に依って判って来て居ります。

アメリカは一歩も譲歩せず

ところが乙案に対しても米国は難色を示しました。依然として六月二十一日案に固執し、少しも譲歩しないというかたちでした。そのうえ、十一月二十四日より二十六日にわたり、アメリカはイギリスやオランダ、シナなど各国代表と綿密に連絡していることもわかっていました。

一〇三、これより先、米英濠蘭の政情及軍備増強は益々緊張し又、首脳者の言動は著しく挑発的となって来ました。

之が我国朝野《ちょうや》を刺戟《しげき》し又前に述べた議会両院の決議にも影響を与えたものと認められます。例えば一九四一年十一月十日には「チャーチル」英首相は「ロンドン」市長就任午餐会《ごさんかい》に於て「アメリカ」が日本と開戦の暁《あかつき》には「イギリス」は一時間以内に対日宣戦を布告するであろうと言明したと報ぜられました。尚《な》お当時の情報として次の報道が引続いて我国に入って来ました。

その翌々日「イギリス」の「ジョージ」六世陛下は議会開院式の勅語にて英国政府は東亜の事態に関心を払うものであると言明せられたと報ぜられました。「ルーズヴェルト」大統領はその前日である休戦記念日に於て米国は自由維持のためには永久に戦わんと述べ前記英国首相並に国王の言葉と相呼応して居《お》ります。「ノックス」海軍長官の如きは右休戦記念日の演説に対日決意の時到ると演説したのであります。

斯の如く我が第七十七議会の前に於ける米英首脳者の言動は頗《すこぶ》る露骨且《か》つ挑発的でありました。

「ルーズヴェルト」大統領は十一月七日には在支陸戦隊引上を考慮中なる旨を言明し、十四日には右引上に決定した旨を発表して居ります。英国の勢力下に在った「イラク」は十一月十六日対日外交を断絶しました。一方十一月中旬には「カナダ」軍「ゼー・ローソン」准将麾下《きか》の香港防衛「カナダ」軍が香港に着きましたことが報道せられて来ました。なお、十一月二十四日には米国政府は蘭領「ギアナ」へ陸軍派兵に決した旨を発表しました。

米軍の蘭領への進駐は日本として関心を持たずには居られませんでした。十一月二十一日には「イギリス」の「アレキサンダー」海相は「イギリス」極東軍増強を言明しました。これより先、十一月初には米国海軍省は両洋艦隊建艦情況は同年一月乃至《ないし》十月に主力艦就役《しゅうえき》二、進水二、航空母艦就役一、巡洋艦進水五、駆逐艦就役十三、同進水十五、潜水艦就役九、同進水十二なる旨発表しました。十一月二十五日には比島駐在の米陸軍当局は「マニラ」湾口要塞に十二月中に機雷を敷設《ふせつ》する旨発表して居ります。之と相呼応して英国海峡植民地当局も亦「シンガポール」東口に機雷を敷設する旨発表しました。十一月下旬「ノックス」海軍長官は米の海軍募兵率は一ケ月一万一千名なる旨を言明致しました。在天津の米人百名は十一月下旬に引上を行いました。以上の如く米英側の情勢は日本を対象とする開戦前夜の感を与えたのであります。

着々と進行する米英の対日戦準備

日本との交渉が継続中であるにもかかわらず、アメリカはますます日本包囲網を固めています。机の上で交渉しつつ、机の下ではほかの国と開戦の根回しを行なっているような図式です。十一月十日には、イギリスのチャーチル首相は、アメリカが日本と開戦した暁《あかつき》には、イギリスも一時間以内に戦争に入ると発言しています。

ルーズベルトもその前日の演説で、「自由維持のためには永久に戦わん」と述べています。「自由維持」という言葉は、アメリカはいつでも使います。それは「アメリカの気が向けば」という意味です。

ノックス海軍長官は、「対日決意の時到る」という演説をしています。むこうのほうは、しばしばこういう決意を述べています。米英首脳者の言動は、すこぶる露骨かつ挑戦的で、普通の国ならカッカと怒らせてもおかしくない情況でした。

ルーズベルトは、シナに駐留していた陸軍を引き揚げることを考慮中であると言いました。支那にはまだアメリカ軍がいたわけです。また、当時イギリスの勢力下にあったイラクが、対日外交を断絶します。これはイギリスの一部が日本に宣戦布告したのと同じことです。

香港防衛のためにローソン准将の率いるカナダ軍が着きました。オランダ領のギアナ

（現スリナム）へは、アメリカ軍が陸軍を派兵しました。このように、どんどんと軍隊を展開させているわけです。オランダ領に対してアメリカ軍が軍隊を派遣したことは、日本の重大なる関心事であったことは当然です。

イギリスでもアレキサンダー海軍大臣は、極東艦隊を増強すると言いました。またアメリカ海軍省は主力艦四隻、航空母艦一隻、巡洋艦五隻、駆逐艦二八隻、潜水艦二一隻というような軍事増強を発表しました。フィリピンのアメリカ陸軍は、マニラに機雷を敷設します。イギリスはシンガポールの東口に機雷を敷設します。ノックス海軍長官は、海軍募兵数は一カ月で一万一千名になると発表しました。

天津在住のアメリカ人一〇〇人は、十一月に引き揚げました。これは明らかに日本を対象とする開戦前夜の感を与えました。

先にも述べたとおり、実のところルーズベルト大統領は九月の段階で日本爆撃にオーケーのサインをしているのです。日本はこれを知りませんでしたが、アメリカ側でどんどんと戦争準備が進んでいるという状況でした。

一〇四、　斯の如き緊張裏に米国政府は一九四一年（昭和十六年）十一月二十六日に駐米野村、来栖両大使に対し、十一月二十日の日本の提案に付《つき》ては慎重に考究を加え関係国とも協議をしたが、之には同意し難しと申来り今後の交渉の基礎としての覚書を提出いたしました。之が彼の十一月二十六日の「ハルノート」であります。

その内容は証第一二四五号1の通りであります。此の覚書は従来の米国側の主張を依然固持する許《ばか》りではなく更に之に附加するに当時日本の到底《とうてい》受け入れることのなきことが明かとなって居った次の如き難問を含めたものであります。即ち（一）日本陸海軍はいうに及ばず警察隊も支那全土（満洲を含む）及仏印より無条件に撤兵すること、（二）満洲政府の否認、（三）南京国民政府の否認、（四）三国同盟条約の死文化であります。

ハル・ノートがつきつけた四項目の要求

そして十一月二十六日にハル・ノート（527ページに全文掲載）が来ます。この覚書は米国の主張を固持するばかりでなく、それまでの話し合いで進めた点も全部白紙化したようなもので、日本にとって受け入れることのできないものでした。

要点は四つで、一つは日本の陸海軍および警察隊も含めて、満洲を含むシナ全域とインドシナからも無条件に撤兵せよというものです。

第二に、満洲国は否認すること。そのころでは、満洲国を承認している国がヨーロッパも含めて数十カ国になっているのに、それを否認しろということです。そうすると、日本が立てた皇帝はどうなるのかということを聞いても、一切答えないのです。では満洲はシナに編入されるのか、あるいは満洲族が滅亡してもいいのか、などということも考慮に入れていない（戦後、満洲族は事実、滅亡させられたと同様になりました）。

第三に、南京国民政府を否認しろということです。南京政府は日本軍に応じて汪兆銘が命がけで重慶を脱出して樹立した政権であり、その動機も日本にへつらうというものでなく、日本占領下でもシナ人民を代表する政府が必要であるとの愛国心によるものであったことは明らかです。これを否認しろというのです。

これは何度も言いましたが、イラクに建てた政府をアメリカに否認しろというのと同じです。あるいはクウェート政府を否認しろというのと同じで、メンツにおいても、信義の上でも、とうてい呑めないことです。もし日本がこの政府を否認すれば、日本に協力的であったか、あるいは日本と考えが同じであったリーダーたちが、みんな殺されることを意味します。

最後の要求が三国同盟の死文化ですが、これは実際、死文化しているので、日本にとっては問題になりませんでした。

一〇五、これより先、我国では同年十一月二十二日政府統帥部の連絡会議を開催し、日米交渉等につき審議を行いました。

そして日米交渉のその後の経過より見てその成立は極めて困難なる雲行であるとの印象を受けましたが、しかし、政府としては、なお希望を捨てず、次の二つの場合を予想して之に対応するの研究を遂げて居ったのであります。

その一つは米国が日本の要求を全面的に拒否して来た場合、その二つは米国が日本の要求、殊に石油の取得につき緩和して来た場合であります。第一の場合には十一月五日の御前会議の決定に基き行動する外《ほか》はない。第二の場合については日本としては直ちに之に応ずる具体的の要求を提出すべきである。

此の場合石油を米国より合計六百万噸《トン》を要求しようと決定したと記憶します。

十一月二十二日の連絡会議

これ以前からも、日米交渉が困難なことはわかっていましたが、日本政府としては、なお希望を捨てなかったわけです。

日本の場合、選択肢は二つで、要求を全部蹴られた場合は戦争するより仕方がない。ただ石油の禁輸さえ緩和されれば譲歩してもいいということでした。その場合、もし売ってくれるのであれば、少なくとも六〇〇万トンくらい買いたいということです。

一〇六、十一月二十七日には午前十時より政府と統帥部は宮中に於《おい》て連絡会議を開催して居りました（開会の時には未《いま》だ米国の二十六日案は到着して居りません）。外務大臣よりは日米交渉の経緯を報告し、その成立の困難なる旨報告がありました。そのうちに「ワシントン」駐在の陸軍武官より米国案の骨子だけが報道されて来ました。之に依《よ》れば前に概略言及したような苛酷なものでありました。同様な電報は海軍武官よりも言って来ました。

一〇七、同日即《すなわ》ち十一月二十七日午後二時より更に連絡会議を開き各情報を持ち寄り審議に入ったのでありますが、一同は米国案の苛酷なる内容には啞然《あぜん》たるものがありました。その審議の結果到達したる結論の要旨は次の如くなりと記憶します。（一）十一月二十六日の米国の覚書は明かに日本に対する最後通牒である。（二）此《この》覚書は我国としては受諾することは出来ない。且《かつ》米国は右条項は日本の受諾し得ざることを知りて之を通知して来て居る。しかも、それは関係国と緊密なる了解の上に為されて居る。（三）以上のことより推断し又最近の情勢、殊《こと》に日本に対する措置言動並《ならび》に之に生ずる推論よりして米国側に於ては既に対日戦争の決意を為して居るものの如くである。それ故に何時《いつ》米国よりの攻撃を受くるやも測られぬ。日本に於ては十分戒心を要するとのこと、即ちこの連絡会議に於ては、もはや日米交渉の打開はその望みはない。従って十一月五日の御前会議の決定に基き行動するを要する。しかし、之に依る決定は此の連絡会議でしないで、更に御前会議の議を経て之を決定しよう。そしてその御前会議の日取は十二月一日と予定し、此の御前会議には政府からは閣僚全部が出席しようということでありました。此の連絡会議と右の御前会議予定日との間の相当日を置いたのは自分は天皇陛下が此の事態につき深く御軫念《ごしんねん》あらせられ一応重臣の意見を聞きたいとの御考をお持ちになって居られることを承知して居ったので、御前会議を直ちに開かず数日後におくらせたのであります。

開戦決定への手続きに入った日本政府

日米間の最終交渉は、いちじは、乙案で妥協できそうな空気もありましたが、十一月二十七日にハル・ノートの内容が明らかになり、これを受けて連絡会議が開かれました。この案の苛酷なことは啞然たるもので、このアメリカの覚書は明らかに日本に対する最後通牒《アルティメイタム》でした。日本が受諾することができないことがわかっていて、これを押し付けてきています。

しかもアメリカは、これを自分だけの意見ではなく、イギリスやほかの関係諸国とも緊密に意思統一をしたうえで突きつけてきているのです。

以上のことから見ても、もうアメリカが対日戦争を決意していることは明らかで、アメリカからいつ攻撃を仕掛けられてもおかしくないという内容でした。ですから日本の認識は、これはアメリカからの最後通牒であり、交渉継続は無理という判断になりました。

この上は十一月五日の御前会議の決定、すなわち交渉による打開が不可能となった場合は開戦するという決定によるほかないとの結論になったわけです。

しかしこの決定は、連絡会議だけでなく、御前会議をも経た上でのことにしようということで、御前会議の日程が十二月一日に決められ、政府からは全閣僚が出席するということになりました。連絡会議に出席するメンバーがそのまま出席するのが御前会議だったのですが、事があまりにも重大なので、閣僚が全員出席することになったわけです。

連絡会議（十一月二十七日）と御前会議（十二月一日）の間を数日置いたのは、天皇陛下がこれについて心配されて、重臣の意見を聞きたいというお考えをお持ちだったからです。重臣というのは当時、実権はないものの首相経験者であったりして、一定の発言力を持つ人たちで、その人たちの意見を聞きたいというお考えでしたので、御前会議を数日遅らせました。

一〇八、十一月二十八日午前十時より閣議を開きました。その席上で東郷外相より日米交渉につき詳細なる報告があったと記憶します。又前に述べました連絡会議の結論をも閣議ではかりました。之に対し全閣僚は同感の意を表しましたが、しかし、此の閣議では開戦の決議をせず、このことは十二月一日に開かれる御前会議の決議を待とうということにしたのであります。

此の日閣議直前東郷外相来訪し、野村、来栖の十一月二十六日電（御親電に関する意見具申）に就《つ》き話がありました。外相は此件につきては既に嶋田海相とも連絡したとのことでありました。而《しか》して吾々《われわれ》は慎重研究の結果、其の内容よりするも本電の処置は時局を収拾するに適当ならざるのみならず、既に「ハルノート」に接したる今日本電の意見具申は問題にならずとのことに吾々の意見が一致し、その旨東郷外相より返電しました。（野村来栖両大使の本電を発したるは「ハルノート」を受けた以前なりとのことでありました。）

一〇九、次の事柄は私が戦後知り得た事柄であって、当時は之を知りませんでした。（一）米国政府は早く我国外交通信の暗号の解読に成功し、日本政府の意図は常に承知して居ったこと、（二）我国の一九四一年（昭和十六年）十一月二十日の提案は日本としては最終提案なることを米国国務省では承知して居ったこと、(三)米国側では十一月二十六日の「ハルノート」に先立ち、なお交渉の余地ある仮取極案《かりとりきめあん》を「ルーズヴェルト」大統領の考案に基きて作成し、之に依り対日外交を進めんと意図したことがある。此の仮取極案も米国陸海軍の軍備充実のために余裕を得る目的であったが、孰《いず》れにするも仮取極は「イギリス」及重慶政府の強き反対に会い之を取りやめ遂《つい》に証第一二四五号1の通りのものとして提案したものであること、並に日本が之を受諾せざるべきことを了知し居たる事、(四)十一月二十六日「ハルノート」を日本政府は最後通牒と見て居ることが米国側にわかって居ったこと、(五)米国は一九四一年十一月末既に英国と共に対日戦争を決意して居った許《ばか》りでなく、日本より先に一撃を発せしむることの術策が行われたることであります。十一月末のこの重大なる数日の間に於て、斯《かく》の如き事が存在して居ろうとは夢想だも致しておりませんでした。

戦後明らかになった「ハル・ノート」の真実

次に当時日本政府も東條さんも知らず、戦後になって明らかになった当時の事情が述べられています。

第一に、当時アメリカ政府は外交通信の解読に成功していて、日本が何を考えているか、すべてわかっていたことです。

第二に、十一月二十日の日本側提案は日本の最後通告であることを、アメリカ国務省も知っていました。

第三には、ハル・ノートに先立って、日本にとってなお交渉の余地が残る仮取りきめ案をルーズベルト大統領の考えに基づいて作成し、これによって対日外交を進めんとしたこともあったということです。これは本当のハル国務長官の案でしたが、この案もアメリカ陸海軍の軍備充実のための時間かせぎが目的でした。しかもこの仮取りきめ案自体も、イギリスおよび重慶政府の反対にあい、取りやめたということです。

第四に、ハル・ノートを、日本政府が最後通牒と見ていることは、アメリカ側にもわかっていました。

第五に、アメリカは昭和十六年（一九四一年）十一月末にはすでにイギリスとともに戦争の決意をしていたばかりでなく、日本から先に手を出させることが外交的に有利であると考えていたことで、このような卑怯なことがはかられているとは、当時の日本は夢にも思っていませんでした。

さらに補足しますと、この時点において、東條さんも含めて東京裁判の誰もがまだ知らなかったことがありました。それはハル・ノートはハルさんがつくったものでなかったということです。ハル・ノートに先立ち、本来のハル国務長官の交渉案（仮取りきめ案）がルーズベルトの考えに基づいて作成され、それがイギリスと重慶政府の反対で潰れたことは先に述べましたが、このことは二〇〇五年ＮＨＫの番組「その時歴史が動いた」でも取り上げられました。しかしＮＨＫもけしからんと思うのは、いま明らかになっているもっと重要なことを隠していたことです。

それは当時財務省にいたハリー・ホワイトという人物の存在です。この人は非常な辣腕家で、戦後、世界銀行のアメリカ代表まで務めています。ところが、当時は知られていませんでしたが、彼はコミンテルンのエージェントで、スターリンから「何が何でも日本を戦争に引き入れよ」という指令を受けていたのです。この当時のソ連はドイツの怒濤の攻撃を受けて、もうモスクワ、レニングラードも危うしというところまで攻め込まれていたわけで、スターリンとしては、この上、日本に極東で動かれたら大変だ、とにかく日本とアメリカを戦争させてしまえということで、絶対に日本が呑めない案をつくり、それをルーズベルトに進言するようホワイトに命じたというのです。

もともとルーズベルトは、日本と戦争したくてたまらない。でも一応は国務長官のハルに交渉案を作らせました。でもハリー・ホワイトの文案を見て、こちらのほうがいいのではないかとなった。この案でいけば、日本は必ず戦争する。それで「これでやれ」とハルに命じた。ハルはそれを日本の駐米大使に手渡しただけです。それで日本はこれを最後通牒と受け取った。また、そう受け取るだろうということもむこうは知っていた。ハル・ノートはコミンテルンの陰謀で、それにルーズベルトは乗ったわけです。そのことはいまでは明らかなのに、ＮＨＫはその点を隠してハル・ノートの話を放送したのです。

外交においては、ビスマルク以来、先に敵に手を出させるのが有利だということが常識なのです。ビスマルクは、オーストリアと戦争するときも相手に先に攻撃させたし、それからフランスとのときも、まず相手を怒らせて、先に動員令を出させて戦争を待ち受けるというパターンを常套としました。

東條さんにしてみれば、イギリスやアメリカのような国が、卑怯にも日本に先に手を出させるという計画を持っていようとは、夢にも思っていませんでした。ただ、ハル・ノートという最後通牒《アルティメイタム》を与えられたのだから、もう戦争するより仕方がないと考えたのです。

第六章

開戦

重臣懇談会

一一〇、

予定の十二月一日の御前会議に先立つ事二日なる十一月二十九日に天皇陛下の思召を体し政府は対米英蘭開戦に関する意見を徴するため宮中に重臣の参集を求め、政府の所信を披瀝《ひれき》し其の機会に於《お》て陛下には重臣の所見を聴取あらせられました。之は天皇陛下の平和御愛好の御精神より事を慎重の上にも慎重にするため斯《か》かる手続をとられたものであります。召されました人々は近衛公、平沼男、林大将、広田、阿部大将、米内大将、若槻、岡田大将の諸氏等かつて総理大臣の前歴ある人々並《ならび》に原枢密院議長でありました。所謂《いわゆる》「重臣会議」と称せらるるものであります。実際は会議ではなく単に懇談的のものであります。議長も置かず、又議題につき議決するものでもありません。なお明《あきら》かにして置きますが、ここに集った者を同じく重臣とは言いますが、日露戦争時代の元老重臣とは意味が異なります。その当時の重臣即ち元老は特に元勲優遇の詔書を賜り国家的の高度の政治に参画するある種の責任を持って居ったものでありますが、今度の重臣というのは公式に重臣と命名されたものでなく単に首相たる前歴を有する者ということで召されたのであって、一般国民との間に特殊の差はないのであります。

十一月二十九日の重臣会議

ハル・ノートを受けて、いよいよ切羽詰まった政府は、十一月二十九日午前、重臣会議を開きました。慎重にも慎重を期するようにとの天皇の意向を受けて、首相経験者と原枢密院議長といった人たちを呼んで、その所信を述べてもらおうという会議です。会議とはいっても、あくまでも懇談的なもので、議長を置かず、議決もありません。これは連絡会議も同じです。

「重臣」についてですが、この時代の重臣は、元勲優遇の詔書を受けていた日露戦争時代の元老重臣とは全然性格が違います。ただ総理経験者というだけで、一般国民との間に特別な差はありません。

――一、　この会合は二十九日の午前中は政府と此等《これら》重臣との間に懇談を遂げたのであります。政府の方からは総理大臣兼陸軍大臣たる私の外《ほか》に嶋田海相、東郷外相、賀屋蔵相、鈴木企画院総裁が出ました。統帥部からは誰も出て居りません。

午前九時半から午後一時頃迄に亙《わた》りましたが、私よりは我国が対米英戦争を避くべからざる所以を説明し、東郷外相よりは日米交渉の顚末《てんまつ》を説明致しました。之に対し各重臣側より日米交渉問題及《および》国力問題等に関し質問があり、政府関係者より之に対し詳細に亙り夫々《それぞれ》説明したのでありますが、その詳細は今記憶致しません。但《ただ》し去る九月二十六日岡田啓介証人の述べました如く私が重臣の質問に対し国家機密なりとして説明を拒否したりとは事実ではありません。唯《ただ》純作戦事項については説明を避けたのであります。

作戦行動については口外せず

この会議には、政府側から東條首相(兼陸相)のほかに、海相、外相、蔵相、企画院総裁が出席しました。蔵相は予算、企画院総裁は物資を担当する責任者です。

東京裁判では、この会議の席上、重臣からの質問に対して東條首相が国家機密なりとして説明を拒否したとの陳述がありましたが、それは事実に相違すると、東條さんは述べます。ただ、純作戦項目については説明を避けたのです。軍事作戦を事前に絶対に他言することがないのはどこの国も同じで、当然のことです。

一一二、次《つい》で午餐後各重臣を御前に召されて政府の説明に基き各自の対米英戦開始に関する意見を求められました。重臣の外に出席した者は午前中に出て居った閣僚の外、木戸内大臣も陪席せられました。出席者の意見の大要は木戸侯日記即ち法廷証第一一九六号の通りであります。此時《この》発表せられました意見を総合すると次の四つに帰着いたします。

第一、縦令《たとい》交渉が決裂しても開戦を為さず再起を他日に期すべし。

第二、政府は慎重の用意を以て開戦の決意に到着したるものであるから之に信頼するの外はない。

第三、長期戦となれば日本の補給能力の維持、民心の動向に多分の懸念がある。（然《しか》し此点に関し帝国として採るべき方途に就《つい》ては別に意見の開陳なし）

第四、此の戦争が自存のためであるとするならば、敗戦を覚悟するも開戦は止むを得ず。但し、東亜政策のために戦争に訴えるというならば、それは危険千万である。

　私は右の意見に対し一々政府の意のあるところを説明致しました。第一に対しては此点について、政府としては最も頭を悩ませたところであります。政府は百般に亘り検討の結果、交渉不成立に拘《かかわ》らず、此のままに推移すれば国防上至大なる危険に陥ってしまい、国家の存立に関する問題であると考えたる旨を説き、前に述べた十月二十三日より十一月二日までの連絡会議の第一案不採用の理由を説明したのであります。

　第二の説については別に説明を致しません。第三については次の如き説明を加えました。即ち帝国としては即戦即決を欲するが、然《しか》し相手のあることであるから我国の意の如くならざる場合もあり、長期戦を覚悟せねばならぬ。長期戦の場合については連絡会議に於ても種々研究したが概ね二つのことが中心となる。

(イ)日本としては長期戦に対し補給能力が耐え得るか否か、又国民の戦闘意思につき破綻を来すことなきや。

(ロ)戦争を何日如何《いついか》にして終結せしむるや。

右(イ)の事柄については緒戦の効果如何《いかん》に関係する。戦争のことであるから確信は出来ないが、統帥部に於ては緒戦の成功については相当の確信をもって居《お》るようである。(「ハワイ」攻撃の事は勿論《もちろん》其他攻撃に関する純統帥事項は告げず)もし統帥部の確信する如き成果を得るときは、戦略要点の確保に依《よ》り重要軍需資材殊《こと》に石油の獲得に依って或《ある》程度補給上の緩和が出来る。軍も政府の此点については万全を尽くす。爾後《じご》は輸送維持が問題である。此点は主として海軍の活動に俟《ま》つ。人心の動揺については、既に支那事変四年後の後を受けて居り且《か》つ敵側の宣伝謀略も加わり来るであろう。政府としては十分に戒心を加えるが結局国民の忠誠心に信頼するものである。又(ロ)の点については連絡会議に於ても頗《すこぶ》る苦慮したのである。「ソ」連または「ローマ」法王庁を適当な時機に仲介を立てて平和に入ろうとする案も検討した。しかし、確信ある成案を得て居らぬ。妙案あらば承り度《た》い。政府としては緒戦の成果を得れば速《すみやか》に戦略地点を確保し長期持久の策を立て爾後(一)作戦の活発なる遂行を図ると共に国力を培養する。(二) 政戦両略を尽くして先ず重慶政権及英国の脱落を図る。之に依り米国の戦意の喪失を図る。まず之を基礎として進むのである。更に如何にして戦局の終結を図るやはその後に於て定めるの外《ほか》はないとの意味の説明を加えました。斯《か》くて之《こ》れを終り再び政府との懇談を重ね会議は午後四時頃終了したのであります。

なぜ、ローマ法王庁に仲介を頼まなかったのか

同日午後は、御前において、重臣たちの意見陳述があり、木戸幸一《きどこういち》内大臣も陪席しました。この会議の様子は「木戸日記」にあるとおりだといいます。

木戸日記というのは非常に重要なものです。これは木戸が昭和五年(一九三〇年)に内大臣府秘書官長となってから付けていた膨大な日記で、政治史上の重要な事柄が、政権中枢にいた人物の目を通して記録されています。

東京裁判に際し、木戸本人によって証拠書類として提出され、これを検事側は徹底的に利用しました。かなり客観的ではありますが、木戸は軍人が嫌いなので彼の偏見も少なくありません。特に二・二六事件の後の記述などは問題がありますが、一応信頼するに足る資料です。

当日出された意見としては、次のようなものがありました。

一、たとえ交渉が決裂しても戦争はせずに我慢する。
二、ここに至っては政府の方針どおり、戦争するしかほかに選択肢がない。
三、長期戦になった場合の懸念。
四、自存自衛のためであるならば、敗戦を覚悟のうえでも開戦はやむをえないが、東亜のためであるとしたら、これは危険千万である。
以上が代表的な意見でした。この場合の「東亜政策」とは、東南アジア諸国の独立、あるいは大東亜共栄圏の構築を指していますが、そのために戦争するのなら、よくないということです。これに対して東條首相は、以下のように説明します。

第一案は、政府も最も頭を悩ませるところであるが、国家の存立を考えた場合、採用するわけにいかないと。

第二案は、政府案のとおりであるから説明の必要なしと。

第三案の長期戦への懸念については、初期の戦闘で成果を挙げ、戦略地点を確保して軍事資材、特に石油を確保できれば多少は対応可能である。ただその場合、問題は輸送だが、これについては海軍の活動いかんによる。人心の動揺については心配しない。日本人の忠誠心を信頼すると。

戦争の終結方法としては、適当な時機にソ連またはローマ法王庁を仲介に立てて、和平を探ろうとする案も検討したが、しかしまだ確信ある成案は決まっていないと答えています。

政府としても、これくらいしか答えようがなかったのです。和平交渉の仲介にソ連を使うということについては、実際に昭和二十年になって、戦局がどうしようもない状態になってから、ヤルタ協定があることも知らずにソ連に仲介を依頼しようとして、ひどい目に遭いました。

ローマ法王庁は、もっと活用すべきでした。天皇陛下の意図からだと言われていますが、ローマ法王庁には、当時から大使を送っていたのです。ローマ法王庁は、戦前も戦中も戦後も、終始日本には友好的でした。

たまたま私は、支那事変が始まってから三カ月ほど経過して、まだ南京までは到達していない時点の昭和十二年（一九三七年）十月十五日付「ニューヨーク・タイムズ」の切り抜きを持っていますが、その中に、ローマ法王庁が、シナにあるカトリック教徒およびカトリック教会関係者にあてた「日本軍には惜しみなく援助しろ」というかなり長文の記事があります。日本が敵としているのはボルシェビキ、要するに共産党勢力であるから日本軍には援助せよというのです。その記事の後ろの方には、それに対してアメリカの司教が「そんなことをバチカンが言うはずがない」と否定するコメントも載っています。それはそう言わざるをえなかったのでしょう。

バチカンは、日本に対して終始友好的でした。当時のローマ法王はイタリア人のピウス十二世であり、はっきりした反共主義者で、共産主義はナチス以上に危険であると考えていました。事実いまになってみれば、共産革命による犠牲者、つまりロシア革命の犠牲者、毛沢東やポル・ポトに殺された人の数は、ナチスによる犠牲者の何倍にも相当することがわかっています。そもそもロシア革命がなければヒトラーも出ないし、ムッソリーニも出ませんでした。満洲事変もなければ、支那事変も絶対起こらなかったのです。二十世紀の一番の癌は、第一次大戦直後にボルシェビキがソ連をつくったことで、その害毒が世界に拡がり、シナにまで拡がっていたと言ってもいいと思います。

ですから日本は、ローマ法王庁を戦争の初期から活用するべきでした。ところがどういうわけか、政府は最後までローマ法王庁に仲介を依頼しようとはしませんでした。

ローマ法王庁がその後、顕著にわれわれ日本人の注目を引くようになるのは、戦後、占領軍が靖国神社をなくそうとしたときです。そのときローマ法王庁の教皇使節代理だった上智大学教授のビッター神父が、どの国でも戦没者を祀る場はあるとマッカーサーを説得し、靖国神社を焼き払ってドッグレース場にしようとするのを止めたのです。

夢ではなかった「英国の脱落を図る」という構想

ここで東條さんは「敗戦を覚悟するも開戦はやむを得ず」と書いていますが、当時はとにかく追いつめられて開戦する以外にないということで、勝つ自信はありませんでした。侵略などということは話の外で、このままでは自滅するしかない状況で、そうなる前に戦うかどうかという選択でした。侵略戦争などというのは大間違いで、侵略する気であるなら、こんなに苦労はしないです。

「政戦両略を尽くしてまず重慶政権および英国の脱落を図る」とありますが、これは必ずしも夢想ではありませんでした。先にも紹介したハーマン・ウォークというアメリカの大作家は、先の大戦についての詳しい検証を書いていますが、そこでは、ミッドウェイのときに日本が勝っていれば（その可能性はあった）、ドローン・ゲーム（引き分け）になったただろうという趣旨のことを述べています。

この点は日本側から見ても同じで、ミッドウェイ作戦は普通ならば絶対に勝てる戦争でした。敵の航空母艦は二隻、こちらは四隻、しかも零戦がいます。もっと簡単に言えば、山本五十六が、そのころもう進水している戦艦大和《やまと》を率いて一緒に行っていれば、敵の大砲より大和の大砲のほうが射程が長いわけですから、ミッドウェイの要塞も破壊でき、敵艦もおもしろいように撃つことができたでしょう。

航空母艦との戦いでも、戦艦大和がいれば、万一の場合でも十分対応できたはずです。そうすると、実際にあれだけの敗戦をしても、敵の航空母艦レキシントンを沈めているわけですから（これは潜水艦の手柄です）、ほかも全滅させることはいとも簡単だったでしょう。

ここからはハーマン・ウォークの仮説に従って簡単に述べれば、ミッドウェイで日本が勝っていれば太平洋にアメリカの軍艦がいなくなる。そうするとアメリカはハワイを守れない。ハワイどころか、日本海軍がアメリカの沿岸まで進攻して艦砲射撃することも可能になるから、アメリカは太平洋沿岸で軍艦をつくることもできない。

そうすると、いつ日本軍が上陸するかわからないので、アメリカ陸軍は、カリフォルニアに全部張りつかなくてはならなくなり、兵隊をアフリカ戦線などに送ったりする余裕はなくなる。そうすると、たとえばアフリカ戦線ではドイツのロンメルが勝つ（実際はイギリスの反攻により敗退）。カイロが落ち、スエズが落ちる。すると日本はドイツと中東で手を結び、石油の心配から解放される。その結果として、イギリスは脱落するであろうという筋書きです。

日本やドイツは、アメリカの中枢部に攻め込むことは実際にはできませんから、結果としてドローン・ゲームになるだろうというわけです。

これは後の講釈になりますが、山本五十六大将が戦艦大和を率いてミッドウェイに行き、さらにガダルカナルにも自ら行き、東郷元帥のように連合艦隊の先頭に立って戦えば、この二つの作戦は、九〇％以上の確率で成功していたのではないかと思われます。

なぜ大和が行かなかったかはわかりません。考えられることは、山本五十六がハワイ空襲のために海軍の反対を押し切って、計画を完遂したのはすごいことですが、成功したら何だかポーッとなってしまったのではないかということです。偉い人でも先が突如見えなくなることがあるのではないかという気がします。

西郷隆盛にしても江戸城を開城させ、それから廃藩置県で大名をなくすという大英断を下しました。西郷でなければ、あの時点で、そのような大事業はできなかったでしょう。ところがそれ以後の西郷は、日本をどうするかというイメージが突如見えなくなってしまったとしか思えない。それで征韓論が容れられなくなると、薩摩に戻って後に西南戦争という意味のない戦争を起こします。

ハワイ奇襲攻撃のときに、連合艦隊司令長官は自らは出陣していません。もし、連合艦隊司令長官自らが航空母艦に乗って戦場に出てきていたならば、戦争の行方も、また違ったものになっていたかもしれません。というのも、山本五十六自身が陣頭指揮をとっていたら、絶対に第三次攻撃をやっていたはずだと思われるからです。そうすればハワイの海軍工廠と石油施設を爆破することができ、その後半年はアメリカは太平洋に軍艦を置くことができなかっただろうとは、敵将ニミッツも言っているところです。そうなればミッドウェイ海戦もなかったことになります。

いまから考えると、山本五十六には少なくとも出番が三回ありました。いま述べたようにハワイのときも、直接出馬すべきでした。機動部隊・第一航空艦隊司令長官の南雲忠《なぐもちゅう》一《いち》中将は元来、この作戦に反対だった人です。そういう人が司令長官であれば、どこかで腰が引けてしまいます。第二次までの攻撃成功に満足して、第三次攻撃をためらってしまう。計画を立案した本人だったら第三次攻撃までしたことでしょう。第三次攻撃をしなかったことに対しては、その当時の連合艦隊の中にも批判がありました。

二度目の機会はミッドウェイ（昭和十七年六月）です。

三度目はガダルカナルのとき（米軍上陸は昭和十七年八月）で、このときも戦艦大和を率いて山本が出ていけばよかった。当時の敵には大和を沈める力はなかったことは、周知の事実です。そうすればガダルカナルのアメリカ兵は全滅でした。こうして山本は三度あった出撃のチャンスを逃し、それ以後はもう手遅れでした。

ですから、このときの懇談会（重臣会議）において「政戦両略を尽くして重慶政権および英国の脱落を図る」と言ったことは、夢ではなかったということです。

一一三、右一九四一年（昭和十六年）十一月二十九日重臣懇談会の後《のち》連絡会議を宮中に開き十二月一日の御前会議の議題（対米英蘭開戦に関する件）を決定しました。

一一四、十一月三十日午後三時過ぎ突然陛下の御召あり直《ただ》ちに参内拝謁しました処《ところ》、陛下より先程高松宮より海軍は手一杯で出来るなら此の戦争は避けたしとのことであった。総理の考えはどうかとの御下問《ごかもん》でありました。依《よっ》て私は、

「此の戦争は避けたきことは政府は勿論統帥部も皆感を同じうする処でありますが、連絡会議に於て慎重研究の結果は既に内奏申上げた如く、事、ここに至っては自存自衛上開戦止むを得ずと存じます。又統帥部に於ては戦勝に相当の確信を有すると承知致して居ります。然し海軍作戦が基礎をなすことでもあります故、少しにても御疑念を有せらるるならば軍令部総長、海軍大臣を御召の上十分御確め願います」

と奉答し退下しました。

然《しか》るに午後七時頃、木戸内大臣より電話がありまして陛下より軍令部総長、海軍大臣も共に相当確信ありとのことであるから、十二月一日の御前会議は予定の如く進めて差《さし》支《つかえ》なしとのことでありました。

高松宮殿下のご憂慮

御前会議を翌日に控えた十一月三十日の午後、陛下から東條首相に呼び出しがかかり、「高松宮からの話で、海軍はこの戦争は避けたい」とのことだが、総理の考えはどうかと、ご下問がありました。高松宮殿下は昭和天皇の弟で、当時海軍に所属していましたので、海軍の情報が入手できる立場にありました。

戦争を避けたいことではみな同じで、政府も統帥部も例外ではありません。しかしこのままでは自存自衛が成り立たなくなることを申し上げた上で、さらに「しかし海軍の作戦が基礎を成すことですから、少しでも心配がおありでしたら軍令部総長、海軍大臣にお確かめ願います」とお答えして退出しました。海軍のことになると、東條さんは首相でも答えることができないのです。

その後、木戸内大臣を通じて、軍令部総長、海軍大臣も戦争には相当確信があって、翌日の御前会議は予定通りと伝えられました。海軍としても、ほかに選択肢がないので、この時点では「確信がある」と答えるしかないのです。ハル・ノートを突きつけられ、ここまで来たら天皇陛下に聞かれて「心配だ」とは言えません。

十二月一日の御前会議

二一五、

前に屢々《しばしば》述べた如く一九四一年（昭和十六年）十一月五日の御前会議に於ては一方日米交渉を誠意を以て進めると共に、他面作戦準備は大本営より具体的に進められることとなりました。斯《か》くして米国の反省を求め、外交の妥結を求めんとしたのでありましたが、十一月二十六日に至り米国の最後通牒に接し我国としては日米関係はもはや外交折衝に依《よつ》ては打開の道なしと考えました。此《こ》のことは前にも述べた通りであります。以上の経過を辿《たど》ってここに開戦の決意を為すことを必要としたのであります。

之がために開かれたのが十二月一日の御前会議であります。

此の会議には連絡会議の出席者の外《ほか》政府側より全閣僚が出席しました。此の会議では従前の例に依り御許しを得て私が議事進行の責に当りました。当日の議題は

「十一月五日決定の帝国国策遂行要綱に基く対米交渉遂に成立するに至らず

帝国は米英国に対し開戦す」

というのでありました。劈頭《へきとう》私は総理大臣として法廷証第二九五四号の如き趣旨を述べそれより審議に入ったのであります。

東郷外相よりは日米交渉の其《その》後の経過に就《つ》き法廷証第二九五五号英文記録二六〇七四

の如き報告を致しました。

永野軍令部総長は大本営両幕僚長を代表して作戦上の立場より説明せられました。その要点は私の記憶に依れば次の通りであります。（一）米英蘭その後の軍備は益々増強せられて居る。重慶軍は強力なる米英側の支援を受けて益々交戦継続に努力して居る。米英首脳者の言動に依れば米英側は既に戦意を固めて居るものと思われる。（二）陸海軍は前回の御前会議（十一月五日）の決定に基き戦争準備を進め今や武力発動の大命を仰ぎ次第作戦行動に移り得る態勢に在る。（三）「ソ」連に対しては厳重に警戒して居るが、外交施策と相俟《ま》ち目下の所、大なる不安はない。（四）全将兵の士気極めて旺盛、一死奉公の念に燃えて居る。命令一下勇往邁進《ゆうおうまいしん》大任に赴《おもむ》かんと期して居る。と。

私は更に内務大臣として民心の動向、国内の取締、外人及《および》外国高官の保護、非常警備等につき説明を加え、大蔵大臣よりは我国財政金融の持久力、農林大臣よりは長期戦に至った場合の食糧の確保等につき説明がありました。原枢密院議長からは次の数項に亘り質問があり、之に対し政府及統帥部より夫々《それぞれ》説明したのであります。その要旨を簡単に言えば次の通りであります。

一、米国側の軍備並にその後の増強に対し、海戦勝利の見通しの有無——之に対し軍令部総長より米国の軍備は日々に増強して居る。米国の艦隊は其の全部の四割を大西洋に分割している。之は俄《にわか》に太平洋に持ち来たることは困難である。「イギリス」艦隊の極東増強は或る程度予期しなければならぬ。又現に極東に来つつある。但し欧州戦の観点より大なるものは持って来ることは出来ぬであろう。米英の全力は連合軍であるという弱点を包蔵して居る。故に彼が決戦を求めて来れば勝算はある。問題は長期となる場合のことである。その見通しについては形而上下の各種要素、国家総力の如何《いかん》は世界情勢の推移如何に因《よ》りて決せらるる処《ところ》大にして今日に於て数年後の確算の有無を断ずること困難である。（此時の説明に際して「ハワイ」攻撃其他の攻撃の統帥事項に関する具体的の事に就いては少しも口外せず）

二、泰国の動向と之に対する措置——此の問題については主として私が答えました。その趣意は泰国の動向は作戦の実施に伴い軍事上、外交上極めて機微なる関係にある。殊に泰に対しては「イギリス」政府の抜くべからざる潜勢力がある。政府及《および》統帥部に於ても米英に対する作戦実施に際し泰国に対しては特に慎重なる考慮を払い適切なる処置を講じたい。近時同国と帝国との間には緊密なる関係が増進して居るから米英に対する攻撃開始に当っては平和裡にその領土を通過し得るの自信がある。

三、内地が空爆を受くるの公算及その場合の措置如何——之に対し参謀総長より開戦の初期に於ては勿論その後に於ても緒戦の勝敗に関係することが多いが、初期会戦に勝利を得れば日本内地の空爆を受ける恐れは少いが、時日の経過に依り之を受くる恐れなしとせぬ。場合によっては米国はひそかに「ソ」連に基地を求むる策に出るかも判らぬ。これは警戒を要する。此の場合には内地の方は益々戒心を必要とする。軍としては開戦と共に或る程度の応急手段に依り対空警戒の措置を為す企画をもって居る。然《しか》し乍《なが》ら作戦軍の方に防空戦力の増強を要するが故に当初は十分なる配置を為すことは出来ぬ。戦争の経過と共に逐次増強せられるであろう。最後に原枢密院議長より総括的に次の如き意見の開陳がありました。

一、米国の態度は帝国としては忍ぶべからざるものである。此上《このうえ》、手をつくすも無駄なるべし。従って開戦は致方《いたしかた》なかるべし。

二、当初の勝利は疑いなしと思う。唯、長期戦の場合、民心の安定を得ること、又長期化は止むを得ずとするも之を克服して、早期に解決せられ度《た》し、之については政府において十分なる努力を望む。

三、戦争長期となれば国の内部崩壊の危険なしとせず、政府としては十分に注意せられ度し。

之に対し私は次のように答えました。

戦争のため万般の措置につき御意見の点は十分に注意する。又今後の戦争を早期に解決することについても十分努力する。此の決意後と雖《いえど》も開戦に至る迄の間に米国が日本の要求を容れることに依って問題の打開が出来れば何時にても作戦行動を中止するとの統帥部との了解の下に進んで来て居る。長期戦の場合の人心安定秩序維持、国内より来る動揺の阻止、外国よりの謀略の防止については十分に注意する。皇国隆替《りゅうたい》の関頭《かんとう》に立ち我々の責任これより大なるはない。一度開戦御決意になる以上、今後一層奉公の誠を尽くし政府統帥部一致し、施策を周密にし、挙国一体必勝の確信を持し、あくまでも全力を傾倒し速《すみやか》に戦争目的を完遂し以て聖慮に答え奉り度き決心であると。

斯《か》くて此の提案は承認せられたのであります。

此の会議に於ては陛下は何も御発言あらせられませんでした。

開戦の決定と長期化への懸念

十二月一日の御前会議には、連絡会議の出席者のほか、政府からも全閣僚が出席しました。まず東條首相から、対米交渉がついに決裂し、この上は既定の方針に沿って、開戦を決定する旨、議題が掲げられました。東郷外相からは日米交渉のその後の経過について説明がありました。

次いで永野修身軍令部総長は、統帥部を代表して次のような説明をしました。

第一に、その後、アメリカ、イギリス、オランダの軍備はますます増強されている。そして蔣介石の重慶軍は、アメリカと英国の支援を受けて交戦能力を保っている。そしてアメリカ、イギリスはもう日本との戦争を覚悟していると思われる。そう考えるしかない動きをしている。

第二に、陸海軍は、ただちに行動に移れる態勢にある。

第三に、ソ連に対しては厳重に警戒しているものの、現時点での不安はない。

第四に、全将兵の士気きわめて旺盛である旨、以上が報告されました。

東條首相からは内務大臣として、国内の動向について、賀屋興宣大蔵大臣からは財政について、井野碩哉《いのひろや》農林大臣からは食糧について、それぞれ説明がありました。

その後、原嘉道枢密院議長からも質問があり、それについても、それぞれ説明がありました。

その要旨ですが、まず第一に海戦勝利の見通しについては、米国の軍備は日々増強しているものの、現時点では四割が大西洋にあり、アメリカはこれを急に太平洋に回航させることはできないだろうということです。イギリスもどんどん強化しているが、ただ連合軍であるという弱点を持っている。だから決戦を求めれば日本に勝利があると軍令部総長は答えます。問題は長期となった場合で、数年後の確算は予想がつかないと正直です。

それから第二の問題はタイです。タイには昔からイギリスの勢力が及んでおり、これは外交上機微に属するといいます。ただ日本は、タイと仏印（カンボジア）との国境紛争を調停するなど、おおむね良好な関係にあり、平和裡にその領土を通過できる自信があると述べています。

第三に内地の空爆についての危惧については参謀総長から答えがあり、初戦で勝利を収めれば内地の空襲を受ける恐れは少ないが、時間が経てばわからない。さらにアメリカがソ連に基地を求めるかもしれないから、その点は警戒を要すとのことでした。

最後に、以前の会議から一貫して良識的、あるいは平和主義的で慎重な発言をしてきた原枢密院議長も、ハル・ノートに示されたアメリカの態度を見れば、開戦やむなしとの論に与しました。当初勝てるのは間違いないとしても、長期戦の場合、民心の安定に努力してほしい。さらに長期の戦争になれば内部崩壊の心配もあるので、十分注意せられたしとの意見を付け加えたわけです。

東條さんは「戦争はなるべく早期に解決したい」旨を述べ、そして開戦に至るまでにアメリカが日本の要求を容れ、石油を売ってくれるなどということがあるなら、いつでも作戦行動を中止すると答えています。長期戦の場合、自分は内務大臣として人心安定、秩序維持に努め、外国からのスパイの活動やサボタージュを抑えることについては自信があるということで、これは確かにほぼ守られました。

この会議においては、陛下は一言も発せられなかったとのことです。

一一六、此の会議に先立ち、内閣に於ては同日午前九時より臨時閣議を開き事前に此の案を審議し政府として本案に大体異存なしとして御前会議に出席したのでありますから、此の会議をもって閣議決定と観たのであります。統帥部に於ては各々その責任に於て更に必要な手続をとったのであります。

この御前会議の決定が、そのまま閣議決定となり、ここに正式に開戦が決まりました。

一一七、以上の手続に由《よ》り決定したる国策については、内閣及《および》統帥部の輔弼《ほひつ》及輔翼《ほよく》の責任者に於て其の全責任を負うべきものでありまして、天皇陛下に御責任はありませぬ。此点《この》に関しては私は既に一部分供述いたしましたが、天皇陛下の御立場に関しては寸毫《すんごう》の誤解を生ずるの余地なからしむるため、ここに更に詳説いたします。これは私に取りて真に重要な事柄であります。

（一）天皇陛下が内閣の組織を命ぜらるるに当っては必ず往時は元老の推挙により、後年殊《こと》に本訴訟に関係ある時期に於ては重臣の推薦及《および》常侍輔弼の責任者たる内大臣の進言に由《よ》られたのでありまして、天皇陛下が此等《これら》の者の推薦及進言を却《しりぞ》け、他の自己の欲せらるる者に組閣を命ぜられたというが如き前例は未《いま》だ曾《かつ》てありませぬ。又統帥部の輔翼者（複数）の任命に於ても、既に長期間の慣例となった方法に依拠せられたものであります。即ち例えば、陸軍に在りては三長官（即ち陸軍大臣、参謀総長、教育総監）の意見の合致に由り、陸軍大臣の輔弼の責任に於て御裁可を仰ぎ決定を見るのであります。海軍のそれに於ても亦《また》同様であります。此の場合に於ても天皇陛下が右の手続に由る上奏を排して他を任命せられた実例は記憶いたしませぬ。以上は明治、大正、昭和を通しての永い間に確立した慣行であります。

（二）国政に関する事項は必ず右手続で成立した内閣及統帥部の輔弼輔翼に因《よ》って行われるのであります。此等の助言に由らずして陛下が独自の考えで国政又は統帥に関する行動を遊ばされる事はありませぬ。この点は旧憲法にも其の明文があります。その上に更に慣行として、内閣及統帥部の責任を以て為したる最後的決定に対しては天皇陛下は拒否権は御行使遊ばされぬという事になって来ました。

（三）時に天皇陛下が御希望又は御注意を表明せらるる事もありますが、而《しか》も此等御注意や御希望は総《すべ》て常侍輔弼の責任者たる内大臣の進言に由って行われたことは某被告の当法廷における証言に因り立証せられた通りであります。而《しか》もその御希望や御注意等も、之を拝した政治上の輔弼者（複数）、統帥上の輔翼者（複数）が更に自己の責任に於て之を検討し、その当否を定め、再び進言するものでありまして、此の場合常に前申す通りの慣例に依り御裁可を得て居ります。私は天皇陛下が此の場合、之を拒否せられた事例を御承知いたしませぬ。

之を要するに天皇は自己の自由の意思を以て内閣及統帥部の組織を命ぜられませぬ。内閣及統帥部の進言は拒否せらるることはありませぬ。天皇陛下の御希望は内大臣の助言に由ります。而も此の御希望が表明せられました時に於ても之を内閣及統帥部に於て其の責任に於て審議し上奏します。この上奏は拒否せらるることはありませぬ。これが戦争史上空前の重大危機に於ける天皇陛下の御立場であられたのでありま す。

現実の慣行が以上の如くでありますから、政治的、外交的及軍事上の事項決定の責任は全然内閣及統帥部に在るのであります。夫《そ》れ故に一九四一年（昭和十六年）十二月一日開戦の決定の責任も亦内閣閣員及統帥部の者の責任でありまして絶対的に陛下の御責任ではありません。

天皇の開戦責任について

ここでは、天皇陛下の開戦責任について、東條さんはとくに力を入れて、東京裁判の検察側へ意見を申し立てています。

内閣および統帥部の「輔弼《ほひつ》」および「輔翼《ほよく》」とありますが、輔弼というのは政府関係で天皇を助けること、輔翼は軍事関係で助けることで、それぞれがその全責任を負うということです。

まず首相の任命に関してですが、以前は元老から首相候補の推挙を受け、天皇が組閣を命じていましたが、元老がいなくなってしまったいまでは、内大臣の木戸幸一の進言によっている。天皇がこれらの推薦および進言を却《しりぞ》け、自分の好きな者に組閣を命じられたという例はない。つまりここで東條さんは、自分が首相になったのは天皇の責任ではないと言っているのです。

また統帥部の輔翼者の任命についても、陸軍では三長官すなわち陸軍大臣、参謀総長、教育総監の意見に基づき、陸軍大臣の責任によって天皇の許可を得るのであり、これは海軍も同じである。天皇が申し出を拒否して、別の命令を下されたことは明治、大正、昭和を通じて一回もない。つまりこの点でも、天皇の責任がないことをはっきりさせています。

それから国政についても、いま述べたような手続きによらずに、陛下独自で国政および統帥に関する行動をなさったことはないと言います。事実、内閣や統帥部が責任をもって下した最後決定に対しては、天皇陛下が拒否権を行使したことはありませんでした。天皇はときに、希望または注意を表明することはありますが、それは内大臣の進言によって行なわれました。しかもその希望や注意を受けた輔弼者、輔翼者も、自分の責任においてこれを検討し、その当否を定めたのです。そしてさらに天皇は、ご自身の希望・意見と違う進言を受けた場合でも、これを拒否されたことはありません。要するに、天皇は形式のうえではすべて賛成することになっていたということです。

天皇陛下がここで「ノー」と言ってくれれば、戦争は止まったのではないかと言う人がよくいます。これは東京裁判の検事側も言っています。天皇が戦争を終わらせたくらいだから、始めるのも止めることができたはずだと。でもそれは違います。それは日本の制度を知らない人の言うことです。

終戦のときは鈴木貫太郎《すずきかんたろう》首相が自分の義務を放棄したのです。御前会議でも決定を下すのは首相以下の責任なのです。ところが意見が割れ、そのとき首相が決《けつ》を取れば、終戦を決めることができたのに、鈴木首相はその後の混乱をおそれて、逃げてしまった。そして陛下のご裁可をあおいだのです（鈴木首相が自分で決を取らずに、天皇にまかせたことは、憲法違反ではありましたが、当時の情勢としては唯一の名案でした)。

ですから、そこで日本の内閣制度は終わったわけです。ここに至ってはじめて天皇は「ならば私が言おう」ということで意見を述べ、終戦が決まりました。開戦のときは日本の政府機構はノーマルに働いていたから、その手続きによって、天皇もノーマルに裁可なさった。しかし終戦のときは日本の政府機能はなくなった。その違いがわからないといけないのです。

自分の国のことですから、このあたりのことは、少し調べればわかるはずですが、にもかかわらず、天皇の戦争責任を言い立てる人が多いのは、どうしたことかと思います。

十二月一日の御前会議終了より開戦に至る迄の重要事項

一一八、　一九四一年(昭和十六年)十二月一日の御前会議に於いて開戦決定を見たる上に開戦に至る迄の間の重要事項は(一)開戦実施の準備と(二)これに関する国務の遂行との二つであります。前者は大本営陸海軍統帥部の責任に於て行わるるものであって、政府としては此のような統帥事項の責任には任じないのであります。

唯《ただ》統帥の必要上軍事行政の面に於て措置せることを必要とするものがあります。此のことに関しては私は陸軍大臣として在任期間に於ける其の行政上の責に任じます。但《ただ》し海軍の事については自分は陸軍大臣としては勿論総理大臣としても之《こ》れに関与致しません。陸軍参謀本部条例海軍軍令部令に重ねて貴裁判所の御注意を煩《わずら》わすものでありす。右に拠《よ》れば参謀総長及軍令部総長は各軍の統帥に関し、政府と独立して輔翼の責に任ずることとなって居ります。これが日本特有の統帥権独立の理論であり又基本的の制度であります。即ち作戦用兵の計画実施、換言すれば統帥部のことについては行政府は関与出来ず、従って責任も負いませぬ。唯各省大臣の内陸海軍大臣は帷幄《いあく》の参画者たる身分に於て他の各省大臣とは違った所があります。即ち作戦の方から惹いて関係をもって来るところの行政（軍事行政）並に人事に関しては之《これ》に関与致します。此の場合でも作戦の実態である作戦計画の決定や作戦計画の実施には参与致しません。唯陸海軍大臣は作戦計画に関しては陛下に上奏して御裁可を受けた後にその通報を受けるのでありす。此のことに関しては証人石原莞爾が述べたところが正しいのであります。

尚《な》お統帥部の問題に触れた此の機会に於て、一九四六年（昭和二十一年）三月十四日検事の取調に対する私の陳述中法廷に証拠として提出せられある法廷証第一九七九号Aは私の当時述べました意志を明確に現わして居りませんから、ここに左の数点を明《あきら》かに致して置きたいと思います。

(イ) 大本営の構成人員は主として、参謀本部及軍令部の職員より成り、一部は陸、海軍省の職員（陸、海軍大臣以外の）が兼職して居ります。而《しか》して大本営陸軍部、同海軍部に分れて居りますが参謀総長及《および》海軍軍令部総長が之をそれぞれ統率して居るのであります。

(ロ) 陸海軍大臣は、前記法廷証に於ても述べた如く本来大本営構成の一員ではありませぬが、所要の随員を従えて、大本営の議に列すと規定せられて居ります。これは陸軍大臣として統帥に関係を有する軍事行政を敏速に処理する為であります。而して私の陸軍大臣在任中大本営の議に列したことは一回もありませんでした。又陸軍大臣は統帥部の決定には参画出来ず、其の最後的決定後通報を受くるのであります。

(ハ) 天皇陛下御出席の下に行う、真の大本営会議なるものは私の陸軍大臣在任中一回も開催せられたことは、ありませんでした。

右法廷証に於て私が述べた会議は、実は陸海軍の情報交換の会議を指したのであり、所謂《いわゆる》大本営会議ではありませんでした。

軍事作戦行動に政府は関与せず

開戦実施と準備は大本営陸海軍統帥部が行なうのであって、政府はその中身には関係することができません。海軍のことについては、陸軍大臣も総理大臣もこれは関与することはできません。これは日本ならではの制度です。アメリカが「東條、東條」と言って、「ヒトラー、ヒトラー」と同列に扱いましたが、全然違うのです。

これは日本特有の統帥権独立の理論であって、基本的なものです。国政と軍事作戦行動を統一するような機能をどこも持っていなかったことこそが、日本の問題でした。具体的な戦争の準備、作戦、その他に関し行政は関与できないし、責任も負えないのです。ただ作戦面から出てきた行政に関係するところ、軍事行政、あるいは人事については責任があります。行政は軍事行動の実態である作戦計画の決定や実施には参加しません。ただ作戦計画に関しては、統帥部が陛下に上奏して御裁可を得た後に、陸海軍大臣がその通報を受けるという仕組みになっています。統帥部（陸軍参謀本部と海軍軍令部）は天皇に直接申し上げる権利があるのです。これが統帥部の帷幄《いあく》上奏権と言われるものです。

海軍軍令部総長が陛下に上奏して、御裁可があってはじめて海軍大臣に伝えられるということで、そのときでも陸軍に通報することはありません。さらには都合の悪いことには天皇に上奏しない場合も多く、おそらくミッドウェイの敗戦なども上奏はなかったでしょう。これが何度も述べるとおり、日本の根本的欠陥でした。

このことに関しては石原莞爾が述べたことが正しいと、東條さんは言っています。

次に大本営の構成人員について説明しています。陸海軍大臣は、本来大本営の構成メンバーではありませんが、ただ所要の随員を従えて、大本営の議に列することができました。これは統帥に関係する軍事行政を迅速に処理するためです。ただ東條さんは、陸軍大臣在任中、大本営の会議に列したことは一回もありませんでした。それではさすがに具合が悪いというので、後に東條さんは陸相と参謀総長を兼ねることになりますが、これは昭和十九年（一九四四年）になってからのことで、遅きに失しました。

天皇陛下ご出席の下に行なう、真の大本営会議、つまり統帥部の会議なるものは東條さんの陸軍大臣在任中は一回もなかったとのことです。

一一九、　十二月一日以後開戦までは屢々《しばしば》連絡会議を開きました。そして此間《この》に作戦実施準備と国務につき重要なる関係を有する諸事項を決定しましたが、そのうち重《おも》なるものは次の通りであったと記憶します。これ等は本節冒頭に述べました純統帥以外のことであり、国務と統帥との両者に関連を有する事柄であって両者の間に協定を遂げたものであります。

（一）対米通告とその米国への手交の時期の決定
（二）今後の戦争指導の要領の決定
（三）占領地行政実施要領の決定
（四）戦争開始に伴う対外措置の実行
（五）宣戦詔《しょう》勅《ちょく》の決定

軍事行動以外の分野での開戦準備

開戦を決定した御前会議から開戦に至るまでの間、統帥以外のことでどういうことを決めたかというと、アメリカにどのように通告するか、戦争指導の要領、占領地の行政、戦争開始に伴う対外措置、それから宣戦詔勅の決定などでした。

一二〇、　対米通告と米国政府への手交時期の決定——
日本政府は一九四一年（昭和十六年）十二月八日（日本時間）米国政府に対し、駐米野村大使をして帝国が外交交渉を断絶し戦争を決意せる主旨の通告を交付せしめました。その文言は法廷証第一二四五号のKの通りであります。そうして此の通告に対する外交上の取扱は外務省の責任に於てせられたのであります。

これより先一九四一年（昭和十六年）十一月二十七日の連絡会議に於て同月二十六日のアメリカの最後通牒と認められたる「ハルノート」に対する態度を定めたことは既に前に述べました。之に基き東郷外相より私の記憶に依れば十二月四日の連絡会議に於て我国より発すべき通告文の提示があったのであります。之に対し全員異議なく承認し且《か》つその取扱に付《つい》ては概《おおむ》ね次のような合意に達したと記憶します。

A、右外交上の手続は外務大臣に一任すること

B、右通告は国際法に依る戦争の通告としてその米国政府に手交後に於ては日本は行動の自由をとり得ること

C、米国政府への手交は必ず攻撃実施前に為すべきこと、此の手交は野村大使より米国政府責任者へ手交すること、駐日米大使に対しては攻撃実施後に於て之を通知する。通告の交付は攻撃の開始前に之を為すことは予《かね》て天皇陛下より私及両総長に屢々《しばしば》御指示があり、思召は之を連絡会議関係者に伝え連絡会議出席者は皆之を了承して居りました。

D、通告の米国政府に対する手交の時間は外相と両総長との間に相談の上之を決定すること蓋《けだ》し外交上、作戦上機微なる関係がありましたからであります。

真珠湾其の他の攻撃作戦計画及作戦行動わけても攻撃開始の時間は大本営に於ては極

秘として一切之を開示しません。従って連絡会議出席者でも陸海軍大臣以外の閣僚等は全然之を知りません。

私は陸軍大臣として参謀総長より極秘に之を知らされて居りましたが、他の閣僚は知らないのであります。私の検事に対する供述中法廷証第一二〇二号のAとして提出してある部分に真珠湾攻撃の日時を東郷外務大臣及鈴木企画院総裁が知って居ったと述べているのは全く錯誤であります。之はここに訂正いたします。

私の記憶によれば一九四一年（昭和十六年）十二月五日の閣議に於て対米最終的通告につき東郷外務大臣よりその骨子の説明がありました。全員は之を了承しました。日本政府に於ては十二月六日に野村大使に対し慎重廟議《びょうぎ》を尽したる結果、対米覚書を決定したこと又此の覚書を米国に提示する時期は追《おつ》て電報すべきこと、並に覚書接到の上は何時にても米国に交付し得るよう文書整備その他予《あらかじ》め万般の手配を了し置くよう外相より訓電せられて居ります。詳細は山本熊一氏の証言せる如くであります。その上右覚書本文を打電したのであります。翌十二月七日にはその覚書は正確に「ワシントン」時間七日午後一時を期し米側に（可成《なるべく》、国務長官に）野村大使より直接に交付すべき旨訓電致して居ります。

要するに対米通告の交付については日本政府に於ては真珠湾攻撃前に之を為す意思を

有し且《か》つ此の意思に基き行動したのであります。而して私は当時其の交付は野村大使に依り外相の指示に基き指定の時間に正しく手交せられたものと確信して居りました。蓋《けだ》し斯《かく》の如き極めて重大なる責任事項の実行については出先の使臣は完全なる正確さをもって事に当るということは何人も曾《かつ》て之を疑わず、全然之に信頼して居るのは当然であります。然《しか》るに事実はその手交が遅延したることを後日に至り承知し日本政府としては極めて之を遺憾に感じました。

対米最終通告の内容取扱については外務当局に於て国際法及国際条約に照し慎重審議を尽して取扱ったものであって、連絡会議、閣議とも全く之に信頼して居りました。

宣戦通告の遅延問題

次にアメリカへの宣戦布告を、いつどういう形で伝えるかについてです。

十二月八日の対米通告は、外務省の責任において行なわれました。

米国への宣戦通知は、攻撃の開始以前にこれをなすこととし、このことはかねて天皇陛下より、東條首相および統帥部の参謀総長、軍令部総長にもしばしば御指示があったところで、連絡会議の出席者は全員このことを了承していました。

そしていつ通知を手渡すかは作戦上機微に関するものゆえ、統帥部と外務省との間で調整すべきことと、決められていたのです。

真珠湾攻撃については極秘であり、閣僚でも陸海軍大臣以外は全然これを知りません。真珠湾の攻撃時間を外務大臣や企画院総裁が知っていたということもありません。

日本政府においては、攻撃前に通知を渡すことは、統一した意見でしたし、攻撃後もそれは野村大使によって、外相の指示どおり正しく渡されたものだと確信しておりました。出先の人間が完全なる正確さを以て自分の仕事にあたるということに誰も疑いを持っていなかったところが、後にそうではなかったことを知り、日本政府としてはきわめて遺憾であったと東條さんは述べています。

これだけ問題になったのに、外務省はその後も、この遅延問題の調査を、正式には行なわなかったのです。ところがさらに言えば、戦後、東京裁判のために巣鴨の拘置所にいるとき、当時の外務大臣であった東郷茂徳は当時の嶋田海軍大臣によって「日本が奇襲攻撃をする意図はなかった、法廷で日本に不利なことを言うな」と脅迫されたというのです。そのようなことを東郷外相が東京裁判で証言したのです。それを耳にした嶋田は「とんでもないことである」と烈火のごとく怒ります。

普通は証人は一回しか出ないのですが、そのとき嶋田さんは特にもう一回出廷を求めて、こう証言したのです。

「第一、巣鴨に行ってからある人を脅迫するなどというのはナンセンスである。自分（嶋田）は悪口を言われてもいいけれど、日本海軍が無通告戦争の準備をしたようなことを言われたのでは、とても許せない。外務大臣が海軍から悪いことを隠すようにと強要されたというのは、自分にやましいところがあるからだろう。それは外交官がよくやる手で、イカがスミを吐いて逃げるようなものでないか」と。

嶋田元海軍大臣は東京裁判の中で、こう怒りを露わにしています。

そもそも真珠湾攻撃は奇襲ですから、通知時間が早過ぎたら意味がありません。しかし、ともかく交渉断絶書が攻撃より少しでも早く渡されていれば、アメリカは「卑劣な奇襲《スニーク・アタック》」だと非難することができないのです。

もっとも外交論者に言わせると、ハル・ノート自体が最後通告だと解釈してアメリカはすでに日本に宣戦布告していたのだと解釈することも可能だそうですが、普通の人にはなかなか通用しません。結果として真珠湾攻撃は、卑怯な日本の不意打ちということになり、アメリカはそれを徹底的に利用したわけです。実に愚かで怠慢なことを、日本の出先の外交官はやったのです。

駐米大使館では何をしたのか

アメリカは、真珠湾の奇襲攻撃をスニーク・アタックと呼びましたが、それでアメリカ人たちの敵愾心《てきがいしん》が盛り上がります。これは、当時駐米日本大使館にいた人たちのミスで、まったく彼らの責任です。実は「これから重要なメッセージがいくぞ」という事前告知（パイロット電報）を無視して、前夜、全員が同僚の送別会に出かけていたというのが真相のようです。しかも電報を受ける当直を置くことすらしなかった。これはとんでもないことで、いま戦争が火を噴くかどうかというときに何という呑気《のんき》なことか。

翌朝、のんびり出勤してきて至急電を見て、タイプを打っていたら攻撃の時間に間に合わなかったなどという言い訳をしていますが、先方には内容が伝わりさえすればいいのであって、タイプなど打たなくてもいいのです。手書きでもなんでも渡せばよかったのですが、それもしていない。

そのため東郷外相が野村大使に対し「七日午後一時（ワシントン時間）を期し、直接御手交ありたし」と指令してあったにもかかわらず、野村大使がハル長官に手渡したのが、午後二時二〇分になってしまったのです。午後一時であれば、真珠湾攻撃の開始まで、まだ三〇分ありました。それをタイプに手間取り、いったん午後一時と言って取ってあったハル国務長官との面会のアポイントメントを一時間延ばしてもらったというのですから、

宣戦布告通知書・手交遅延問題の時間的経緯

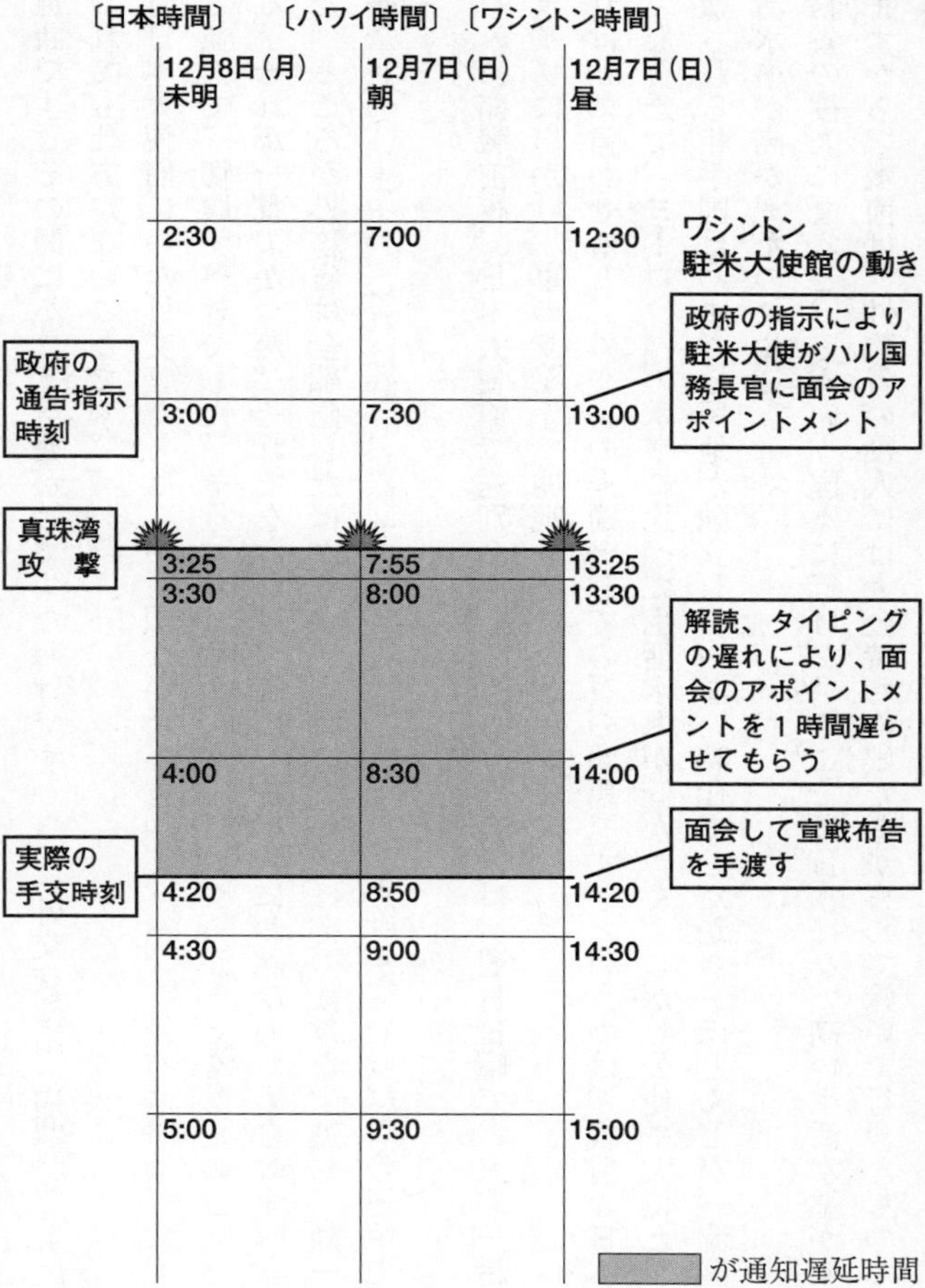
〔日本時間〕
〔ハワイ時間〕
〔ワシントン時間〕
12月8日（月）未明
12月7日（日）朝
12月7日（日）昼
2:30
7:00
12:30
ワシントン
駐米大使館の動き
政府の指示により駐米大使がハル国務長官に面会のアポイントメント
政府の通告指示時刻
3:00
7:30
13:00
真珠湾攻撃
3:25
7:55
13:25
3:30
8:00
13:30
解読、タイピングの遅れにより、面会のアポイントメントを１時間遅らせてもらう
4:00
8:30
14:00
面会して宣戦布告を手渡す
実際の手交時刻
4:20
8:50
14:20
4:30
9:00
14:30
5:00
9:30
15:00
が通知遅延時間

言語道断です。その間にハワイ空襲が始まったわけですから、「外交交渉中に闇討ちした」と言われても仕方がないことです。

当時日本大使館にいた外交官たちは「申し訳ない」と言って、ペンシルバニア通りにずらりと並んで、切腹すべきでした。そうすれば相手にも「こいつらがミスをしたのか」とわかる。それが一番よかった。それでなければ、戦後、日本人にお詫びのため自殺すべきでした。ところが外務省は全部隠したばかりか、当時の責任者はその後みな栄達し、勲一等を受章しています。これは許せないです。私はいまでも一番許せないのはこの連中です。

ちなみに開戦前夜、日本大使館で送別会をしてもらった当人は、翌日日曜で、家族一緒にドライブに出かけ、車のラジオで開戦を聴いたといいます。

これは私に言わせると、外交官の人間としての質の問題です。というのは、戦前の日本はみんな貧乏で、ヨーロッパの水準に比べて生活水準が低かった。しかし公使や大使として派遣される相手国は、まだ植民地が独立していない時代でしたから、ほとんどが一流国で生活水準が高かったのです。

外務省の役人になると、そういう国々に行けた。そこでは日本にない高い生活水準が楽しめますから、戦前は、外務省の役人には大金持ちの娘たちが喜んで嫁いで行ったものでした。アメリカに行った連中も、おそらく生活を楽しむことにウエイトがかかったのではないでしょうか。私はそう思います。

真珠湾で卑怯な攻撃を受けたというので、アメリカ人は怒ったのです。たとえば元外交官の岡崎久彦氏などは「アメリカにしてみれば、船が沈められようが何をしようがそれは大したことではないが、人が死ぬのが一番の痛手なので、もし真珠湾があういう形で起こった戦争でなかったならば、硫黄島《いおうとう》のような小さい島で米軍に二万人以上の死傷者が出た時点で、平和条約を結ぶことも可能だったのではないか。ところが、真珠湾の無通告攻撃があったために、その後の和平交渉の芽が摘まれてしまった」と外交官としての感慨を述べています。

交渉断絶の通告があってからの真珠湾攻撃だったら違っていたはずです。これは海軍や東條さんの責任ではなく、外務省の出先機関の人たちの責任です。

一二一、　今後の戦争指導要領の決定

今は確実なる日時は記憶致しませんが連絡会議に於て戦争の指導につき次の合意に達しました。但《ただ》し此の内の一部は十二月一日以前の連絡会議に於て準備のため定めたものもありますが説明の便宜のためここに併記致します。

A、対米英蘭戦争開始の後、先ず政戦両略を尽して「イギリス」及重慶の脱落を図ること

B、統帥部の企画せる計画に基き速《すみやか》に「フィリピン」英領「マレー」蘭領東印度の各要域、南部「ビルマ」等の要域を戡定《かんてい》す。此の要域の確保に依り自給体制の基礎を確立す。且つ北方情勢の変化に応ずる体制を整う。統帥部に於ては之に要する期間を五ケ月と概定す。爾後の作戦実施はその時の状況、殊《こと》に主として海戦の結果に依る。

C、宣戦布告は最初は米英に止《とど》め、蘭印に対しては宣戦せず、武力行使を必要とするに至り戦争状態の存在を布告する。然し開戦と共に和蘭《オランダ》に対しては之を準敵国として取扱い諸般の処置をとる。

D、支那事変を急速に解決すとの従来の方針に変化なし。開戦と共に香港を攻略す。天津英租界、上海共同租界。其の他在支敵国権益を処理す。

E、「ソ」連に対しては中立条約を尊重して北方静謐《せいひつ》保持の従来の政策を堅持すると共に、米「ソ」提携に付き厳に警戒す。

F、日本軍の泰国進駐直前泰国に対し日本軍の通過容認等の要求を為すことに決す。

G、満洲国及南京政府に対しては帝国は参戦を希望せず。友好的協力のみを期待す。

H、独、伊とは単独不講和条約を締結すること——独伊との単独不講和条約締結の交渉は一九四一年（昭和十六年）十一月二十九日独逸に対して対米交渉の不調を告げると共にその申入をしました。しかし、開戦の日時に関しては開戦迄は何等《なんら》通報は致しません。そして此の条約の締結を見たのは開戦後、即ち十二月十一日であります。従って独伊との間に開戦前緊密なる提携は遂に為されず、日本の開戦決意は独伊の態度如何《いかん》に拘《かかわ》らず、独自の立場に於て真に自存自衛のため止《や》むを得ざるに至ったため決意せられたものであります。

I、開戦時期は之を秘匿《ひとく》す。

J、十二月一日の決定に基く開戦準備行動の間に十二月八日迄にもし日米交渉妥結すれば開戦準備行動は之を中止する。

開戦の始に於ては真珠湾の攻撃は専《もっぱ》ら大本営海軍部が之に任じ、自分は之に関知しませんでした。但しその政治的関係については後に述べます。

十二月一日大本営陸軍統帥部に於ては南方軍総司令官、支那派遣軍総司令官並《ならび》に南海支隊長に対し開戦準備行動の命令が下達せられました。右と同時に開戦に至る間に日米交渉妥結せば随時その行動を中止すべきことが示されて居ります。統帥部に関することは私の責任ではありません。従って之については述べることは出来ません。

戦争初期の基本方針

連絡会議において、戦争指導要領について合意を見た第一は、イギリスと重慶の脱落を図るということです。次に統帥部の企画に基づきフィリピン、マレー、インドネシア、南部ビルマを占領し、それによって自給体制の基礎を確立する。とにかくこれがないと戦争ができません。それには、海戦の結果にもよりますが、おおよそ五カ月かかるというのが統帥部の読みでした。

さらに宣戦布告は当初はアメリカとイギリスに止《と》め、オランダに対しては宣戦布告しない。ただ、戦闘状態の存在を布告し、開戦後は準敵国としての取り扱いをする。

ついでに加えると、日本は数十カ国から宣戦布告されていました。日本が正式に宣戦布告した国は米英だけですが、戦後数えてみると、日本は数十カ国から宣戦布告されていました。日本は二カ国を相手にするつもりだったのが、シナ、オランダ、オーストラリアをはじめ、南米諸国にまで宣戦布告されていたのです。

支那事変の早期解決を目指すことはもちろんですが、そのために香港を占領し、天津《テンシン》のイギリス租界、上海共同租界、その他シナ大陸の中に持っている敵国の権益を奪う。それからソ連に対しては事を荒立てずに静謐《せいひつ》を保持する。ただアメリカとソ連が手を結ぶことには警戒する。さらには、タイに日本軍の進駐と通過を要求する。

満洲国や汪兆銘の南京政府の参戦は希望しない。つまり「満洲も南京政府も戦争に入るな」ということで、ただ日本と友好的な関係を結んでくれれば結構ということです。ドイツとイタリアとは単独不講和条約を締結する。十一月二十九日、ドイツに対しては対米交渉の不調を告げるとともに、その申し入れをしています。開戦の日時については通知していません。そしてこの条約が締結されたのは開戦後の十二月十一日で、ドイツやイタリアとの間に開戦前の緊密なる連絡などありませんでした。日本の戦争はドイツやイタリアの態度など全然関係なく、独自の立場で自存自衛のために始めたのです。

しかしこの条約は、イタリアがさっさと降参して連合軍の一員となり（一九四三年）、ドイツは正式に降伏する前に、政府がなくなってしまいましたから、意味をなしませんでした。

開戦時期はこれを秘匿《ひとく》し、これだけの決定をした後でも、万一、日米交渉が妥結すれば軍事行動は中止すると言っています。

開戦においては、もっぱら海軍側の統帥部が計画したことで、首相は関知しなかったというのです。総理大臣が関知しないということは、ほかの国の常識から言えば考えられない嘘のような話です。日本の制度上の欠陥が最も如実にあらわれています。

一二二、占領地行政の要領につき陳述致します。

（一）作戦準備の一つとして私の記憶によれば十一月二十日の連絡会議に於て南方占領地行政実施要領を決定したのであります。十二月一日開戦準備の行動開始の統帥命令を大本営より発せらるる際同時に之を示達《じたつ》されたと記憶致します。

（二）此の占領地行政実施要領を定むるに当り基礎となりたる当時の考え方は作戦の進展に基き次の如き著意《ちやくい》の下に占領地行政を行わしめるのであります。

（A）占領地に対しては差当《さしあた》り軍政を行う。その占領地行政は作戦軍の任務として行わしめる。

（B）現地の政治状態の許す限り、可成速《なるべくすみや》かに従来の歴史的地域を考え、独立乃《ない》至《し》自治を与え可成《かなり》早く軍政を撤廃する。此等《これら》の独立乃至自治地区は帝国の意図する大東亜共栄圏建設の趣旨に協調せしめ状況の許す限り戦争に協力せしむ。

（三）南方占領地行政実施要領は法廷証第八七七号の如くでありましてその要点は、

（A）占領地域内治安の回復、民生の安定

（B）重要国防資源の急速取得

（C）作戦軍の現地自治の確保

その実施に当り特に注意せしむることは次の如くでありました。

(A) 残存統治機関の利用、従来の組織、民族的風俗、習慣の尊重、宗教の自由

(B) 土地在住の外国人は軍政に協力せしむ。これに応ぜざる者は止むを得ず退去せしむ。

(C) 華僑に対しては蔣政権より分離し、我施策に協力せしむ。

(D) 新《あらた》に進出すべき邦人の厳選

占領地行政についての方針

占領地行政については次のような方針でした。まず占領地については軍政を行なう。これは致し方ないところです。次に政治状態の許す限り、歴史的経緯を考慮して、独立ないし自治を与え、なるべく早く軍政を撤廃する。そして大東亜共栄圏の趣旨に協調せしめ、状況の許す限り戦争に協力させるとあります。これは当然です（事実、フィリピンやビルマを戦争中に独立させ、インドネシアも独立させる予定でした）。

それから占領地域の治安の回復、民生の安定、重要資源の急速取得を目指すとありますが、これはもちろん石油の確保を意味します。それから占領軍の現地統治については、民族的風俗、習慣を尊重し、宗教には口を出すなという注意を与えています。

また現地に住んでいる第三国人には軍政に協力せしめ、これに応じなかったら退去させる。華僑に対しては蔣介石より分離し、陸軍に協力させる。新しく特に出かける日本人については怪しい者がいないか注意する。これは日露戦争のときに、慰問とか何とかと出かけていっては、ずいぶん日本の名誉、イメージを害した者があったからです。

一二三、戦争に伴う対外措置につき陳述致します。

和蘭に対しては前に述べし如く宣戦の布告をしません。一九四一年（昭和十六年）十二月十日に蘭国から我国に宣戦して来ました。我国に於ては一九四二年（昭和十七年）一月十二日に至り同国との間に戦争状態に入ったことを宣言したのであります。

泰《タイ》国に対する関係を述べます。一九四一年（昭和十六年）十一月五日御前会議に於て次の如く定まりました。即ち

「対米英蘭開戦の止むなき場合には泰国との間に軍事的緊密関係を設く」というのであります。

（一）之に基き十一月二十三日の連絡会議に於て一応準備として決定せる日本軍が泰国通過直前、通過の容認と之に対する諸般の便宜並に日泰両軍の衝突回避の措置を要求する。

（二）日本軍の進駐前に「イギリス」が泰領に進入する場合には日本は機を逸せず、駐泰大使に之を通報し、泰国と交渉したる後に進入す。

十二月一日の戦争開始準備の決定後右の要領を現地に通知して置き通過開始直前に之が実行を命じました。蓋《けだ》し斯《かく》の如き方法をとりましたのは当時に於ける日泰間の特殊事情に依るものであります。然《しか》し乍《なが》ら此《この》当時日本政府は泰国殊《こと》に「ピブン」首相の親日的態度に鑑みて之に信頼し、必ず右通過の交渉は円満なる結果を得るものと確信して居りました。ただ過早《すぐ》なる要求をすると英国側に漏洩《ろうえい》の虞《おそれ》あるため之をしなかったのであります。駐泰日本大使は所命に基き泰国政府との交渉を進駐前に開始致しました。唯、偶々《たまたま》泰国首相旅行のため八日正午に協定書調印が出来たという経過であります。之より先、日本の陸軍は英軍の泰南部領土進入の報を受けました。

泰の南部海岸の限定地区に於ては日泰間に一部の衝突を見ましたが泰国政府の処置に依り八日午後三時迄に一切停止されたのであります。英軍の泰領進入は曾《かつ》て「ワイルド」大佐が証言した通りであります。私は当時既に其《その》報を獲《え》て居ります。仍《よっ》て十二月十五日に開かれた第七十八回帝国議会に於ては木村陸軍次官は陸軍大臣たる私に代り「英国は久しきに亘《わた》り政戦両略を併用して泰国を強圧し、之をして反日戦線に導入すべく執拗《しつよう》なる策動を続けつつあったのでありますが、遂に七日の夜闇に乗じて「マレー」

国境を突破し、泰国南部に進入し来ったのであります。ここに於て我陸軍は海軍と共同致しまして、八月未明「マレー」半島の要衝に上陸を敢行したのであります」と述べたことを記憶して居ります。

日本とタイとの関係について

オランダには先制攻撃しませんでしたが、十二月十日にオランダから宣戦布告してきたので、一月十二日に至り戦争状態に入ったことを日本は宣言しました。

タイに対しては十一月五日の御前会議のとおりで、日本軍がタイを通過することを容認してもらうよう要求します。さらにイギリスがタイに入るときは、日本は機を逸せず、駐タイ大使にこれを通知して、タイと交渉した後で進駐するとも決めています。これはイギリスの動きを見据えて、先を越されるようなことがあってはいけないということです。

タイについてはピブン首相の親日的態度を信頼し、円満なる結果を得るものと確信していました。ただ、あまり早く進駐・通過の要求をすると英国側に漏れるおそれがあるので、早期の通告はできなかったとありますが、これも当然の処置です。

駐タイ日本大使は、タイ政府との交渉を進駐以前から始めていましたが、十二月八日正午に協定書が調印されました。そして日本陸軍は、イギリス軍がタイ南部領土に侵入したとの報を受け、ここで戦闘が起こりました。これはやむをえないことです。そしてタイの南部海岸の限定地区において、日本軍とタイ側との間に一部の衝突を見ましたが、タイ国政府の処置に基づき十二月八日午後三時までに一切の戦闘が停止されました。十二月八日の未明に始まって三時までで終わっているので、ほとんどこれは戦争とか事件というほどのものではありません。イギリス軍が先にタイに入ったことは明らかです。

そのとき木村兵太郎《きむらへいたろう》陸軍次官（東京裁判で絞首刑）は次のように言っています。イギリスは久しきにわたり政治と軍事を使ってタイに圧迫をかけてきて、反日戦線を導入すべく非常な陰謀を企んでいた。そしてついに十二月七日の夜闇にマレー国境を突破し、タイ国南部に侵入してきていたので、日本軍は八日未明、マレー半島に上陸してここで戦闘を交えたと。

一二四、　宣戦詔書の決定と其の布告、帝国は一九四一年（昭和十六年）十二月八日開戦の第一日宣戦の詔書を発布しました。右詔書は法廷証第一二四〇号がそれであります。而《しか》して此《この》詔書はその第一項に明示せられある如く、専ら国内を対象として発布せられたものであって、国際法上の開戦の通告ではありません。

宣戦詔書は宣戦布告にあらず

よく間違われますが、十二月八日の宣戦の詔書は相手国に対する宣戦布告ではありません。これは日本国民に向けたものです。野村大使を通じてアメリカ側に渡したのが宣戦布告であり、十二月八日に天皇が読まれたのは、主として日本人に向けての宣戦の詔書で、もっぱら国内を対象として発布されたものであり、国際法上の開戦通告ではないことを断っています。

さすがに東條さんは頭が鋭くて、普通の人が誤解しているようなこともきっちりしています。

一二五、之より襄《のぼる》、一九四一年（昭和十六年）十一月二十六日米国の「ハルノート」なる最後通牒を受取り開戦はもはや避くべからざるものとなることを知るに及び、同年十一月二十九日頃の連絡会議に於て宣戦詔書の起草に着手すべきことを決定しましたと記憶します。十二月五日頃の閣議並に十二月六日頃の連絡会議に於て詔書草案を最後的に確定し十二月七日に上奏したのであります。尤《もつと》も事の重大性に鑑み中間的に再三内奏致しました。その際に右文案には二つの点につき聖旨《せいし》を体して内閣の責任に於て修正を致したことがあります。その一つは第三項に「今ヤ不幸ニシテ米英両国ト戦端ヲ開クニ至ル洵《まこと》ニ已《や》ムヲ得ザルモノアリ豈《あに》朕ガ志ナラムヤ」との句がありますが、之は私が陛下の御希望に依り修正したものであります。その二は十二月一日木戸内大臣を経て稲田書記官を通じ詔書の末尾を修正致しました。それまでの原案末尾には「皇道ノ大義ヲ中外ニ宣揚センコトヲ期ス」とありましたが御希望に依り「帝国ノ光栄ヲ保全センコトヲ期ス」と改めたのであります。右二点は孰《いず》れも陛下の深慮のあらせらるるところを察するに足るものであります。

右宣戦詔書発布の件は枢密院に御諮詢《しじゅん》になりました。即ち十二月八日枢密院にて審議の後勅裁《ちょくさい》を経て同日午前十一時過ぎ内閣より発表せられたるものなりと記憶して居ります。枢密院に於ける審議の概況は法廷証第一二四一号昭和十六年十二月八日枢密院審査委員会の筆記にある通りであります。此の枢密院審査委員会の筆記中私の説明として対米交渉は十二月一日の御前会議に於て対米英蘭開戦に決し従《したが》つて爾後は作戦の関係より継続せしめたに過ぎざる旨の答弁を為したとの記事があります。又「オランダ」に対しては今後の作戦上の便宜を考え敢《あえ》てここに宣戦布告を為さざる旨の答弁を為《な》したとの記事があります。しかし此等《これら》の記事は速記法に依ったのではなく唯私の申したことを書記官が要約して筆記したに過ぎません。従《したが》つて私が当時述べたところの真意を尽しておりません。当時私の陳《の》べた趣旨は次の如くであります。即ち対米英蘭開戦は十二月一日に決した。それ以後は専ら開戦準備行動に移ったのである。而《しか》してその間と雖《いえど》も米国の反省に依る外交打開に一縷《いちる》の望みをかけて居った。その妥結を見たならば作戦中止を考えて居ったが遂に開戦になったこと、並に「オランダ」に対しては開戦の当初、その攻撃を予期して居らず従て日本より好んで宣戦するの必要はない。それであるから「オランダ」のことは此の詔書より除外したと述べたのであります。

宣戦詔書に天皇が手を加えられた二箇所

日本は十一月二十六日のハル・ノートを、事実上の宣戦布告と受け取り、十一月二十九日には、宣戦詔書の起草に着手することを決定しました。十二月六日ごろまでに草案が確定し、七日には天皇陛下にお見せしました。その文案は、天皇の特別の希望により、二つの点で修正を施しています。これが重要なのです。

その一つは、「今ヤ不幸ニシテ米英両国ト戦端ヲ開クニ至ル洵《マコト》ニ已《ヤ》ムヲ得ザルモノアリ豈朕《アニチン》ガ志ナラムヤ」の「朕ガ志ナラムヤ（自分の本来の意図であるわけがない）」という部分です。これを天皇の強い希望で加えられました。これには反対がありました。天皇が戦争に反対しているようにとられては士気に係わるのではないかというわけです。しかしこの点は、天皇の意思が通りました。

もう一つは、「皇道ノ大義ヲ中外ニ宣揚センコトヲ期ス」とあったのを、天皇のご希望により「帝国ノ光栄ヲ保全センコトヲ期ス」としたことです。これは日本のメンツは守るということです。皇道の大義を中外に宣揚するなどという大きな話で威張るのではなく、日本は辱《はずかし》められてへいこらする民族ではないという意味です。

東京裁判の弁護人だった滝川政次郎《たきかわまさじろう》博士も述べているように、ハル・ノートを突きつけても戦争をしてこないのではないかという考えがアメリカの側にあったとすれば、有色人種は白人が脅せば結局は言うことを聞くという思い上がりがあったとしか考えられません。ハル・ノートみたいなものを突きつけられたら、モナコやルクセンブルグのような小国でも銃を持って立ち上がるだろうという趣旨のことを、アメリカ人の歴史家であるアルバート・J・ノックも後に述べています。これは東京裁判のインド人裁判官のパル判事も引用しています。

白人同士の発想でいけば、ハル・ノートはまがいもなき宣戦布告です。宣戦布告でないなどというのは通用しません。それでも宣戦布告でないと言い張るとすれば、それは有色人種はどんな無理を言われても「はいはい」と聞くという傲慢な思い込みがあったということです。

真珠湾攻撃の実施

一二六、　帝国は一九四一年（昭和十六年）十二月一日より開戦準備に入り大本営陸海軍統帥部の企画に基き敵の大包囲圏を「ハワイ」、比島、香港、及「マレー」の四ケ所に於て突破するの作戦に移りました。十二月八日（日本時間）早暁《そうぎょう》其の攻撃を実施しました。而《しか》して此の攻撃は何れも軍事目標に指向せられたのであります。此の攻撃作戦は統帥部に於て極秘裡に進められたものであります。私は陸軍大臣としてその概要を参謀総長より承知して居りました。私と海軍大臣を除く他の閣僚は事前に之を承知して居りません。当時私は此の開戦準備の間、米国側の反省を得て幸に日米交渉の妥結を見たる場合には遅滞なく統帥部に移牒《いちょう》する其の場合統帥部は行動中止を為すを確信すると共に他面統帥部の周到なる企画と自信に信頼しつつも帝国がまず敵より攻撃を受けて此の計画の挫折せんことを憂慮して居りました。蓋《けだ》し前に述べた如く当時の情報より判断すれば米英側に於ては既に当時対日戦を決意して居るものと判断せられたが故であります。統帥部に於ても一九四一年（昭和十六年）十二月一日の開戦準備行動開始の命令中に敵より攻撃を受けたる場合には臨機戦闘に入るべきことが命ぜられて居りました。即ち敵の方より先制することがあり得ると思われましたからです。先ず日本をして一撃を加えしめるよう仕向けるというが如き戦争指導手段が「アメリカ」側に考えられて居ったということはその当時は予期して居りませんでした。

真珠湾攻撃前に日本が恐れていたこと

いよいよ真珠湾攻撃です。開戦前には、英米蘭による日本大包囲陣ができているわけですが、日本軍はそれを四カ所で破ろうとしました。ハワイ、フィリピン、香港、マレーの四カ所です。その最初の攻撃目標として定められたのがハワイでした。

作戦計画は統帥部が極秘裡に進めていました。何度か述べましたが、東條さんは「陸軍大臣としてその概要は参謀総長から聞いていましたが、私と海軍大臣を除くほかの大臣たちは知りません」ということです。当時の一番の心配は、先に敵から攻撃して来るのではないかということでした。それによって計画が水泡に帰することを心配していたのです。

当時の情報から判断すれば、アメリカやイギリスの側において、すでに十二月八日は日本と戦争をすることを決意していると思われたからです。

まず日本をして、一日も早く手を出させるように仕向けるという手段をアメリカ側が考えていたことは、当時日本側は、まったく予期していませんでした。

むこうから先に攻撃を仕掛けて来るのではないかと考えるのが普通で、先に手を出すのを待っているなどとは考えなかったのです。

事実、アメリカは日本の暗号を解読していて警戒警報を出しており、開戦直前にハワイに向かった日本の特殊潜航艇数隻が駆逐艦『ワード』に沈められているぐらいですから、アメリカは厳戒態勢をしいて、怪しいものは全部沈めるというところまで臨戦態勢を整えていたわけです。

ただしアメリカが事前にハワイ攻撃を知っていたかどうかについては、近年さまざまな説がありますが、私は知らなかったと思います。というのも、当時のアメリカもイギリスも、まだ日本をなめていて、日本が攻めるとすれば、マレーやフィリピン、あるいはウェーキ島、グアム島、ミッドウェイ島くらいまでだろうと読んでいた節があるからです。日本からハワイまでは約六〇〇〇キロあります。そこまで誰にも知られずに六隻の航空母艦を擁する史上最初の大機動部隊を移動させるなどということは、ルーズベルトやアメリカ海軍当局の発想にもなかったと考えるのが妥当なようです。

真珠湾攻撃まで知っていながら、わざと攻撃させて味方の米軍を見殺しにしたという説もあります。実際、ルーズベルトが事前に知っていながら、ハワイの太平洋艦隊、キンメル大将にそれを伝えなかったというので、その子孫から名誉回復のために裁判を起こされていますが、それはうがちすぎではないでしょうか。ルーズベルトとしては、日本の攻撃は予期していても、ハワイ攻撃までは予想できなかったというのが、真相に近いと思います。

一二七、

私が真珠湾攻撃の成功の報を受取ったのは一九四一年（昭和十六年）十二月八日午前四時三十分頃（日本時間）海軍側から伝えられた報告に依《よ》ったものと記憶致します。而してその奇跡的成功を欣《よろこ》び天に感謝しました。大本営陸海軍報道部は同日午前六時米英と戦争状態に入りたる旨を発表し同日午前七時三十分臨時閣議を召集し此の席上初めて陸海軍大臣より作戦の全貌を説明したのであります。此の間に「マレー」方面の作戦成功の状況についても報告を受けました。

攻撃成功の報を受ける

日本時間十二月八日午前四時三十分ころ、東條さんは真珠湾攻撃成功の報を受け、奇跡的な成功を喜び、天に感謝します。大本営陸海軍報道部は午前六時に米英と戦闘状態に入った旨を発表します。七時三十分に臨時閣議が開かれ、ここではじめて陸海軍大臣から作戦の全貌について説明がありました。マレー方面の作戦成功についても報告を受けました。

このとき私は小学生で、その当時の学校は朝早くて始業が七時半ころだったと記憶しますが、六時ころにはとっくに起きていました。そうすると臨時ニュースが入りました。「西太平洋において戦闘状態に入れり」と言うのです。西太平洋という言葉を、日本語としてはじめて聞きましたが、ハワイのことでした。西太平洋というのは、非常に意味が深かったわけです。ああ、始まったと思いました。そのうちハワイでの勝利のニュースが入ってきて、手の舞い足の踏むところ知らずという喜びようでした。

一二八、我国の最終的通告を米国へ交付遅延の事情は証人亀山の証言及《およ》び結城の証言に依り明白となりました。日本は真珠湾攻撃のために右覚書交付の時間の決定については外務省並に統帥部両方面より慎重に研究の上決定したものであります。それ故《ゆえ》、攻撃成功のために此の交付を故意に遅らせたという如き姑息なる手段に出たものでないことは前に述べた通りであります。なお此のことは実際上よりいうも証拠の示す如く米国は攻撃の前に之を予知し、之に対する措置を講じて居ったのでありますから、もし覚書交付遅延の如きことをするも格別の効果はなかったのであります。

通告遅延は、東京裁判では不問

最後通告の交付が遅れたのは、故意に遅らせたわけではないということを、ここでも証拠をあげて繰り返し述べています。ただ、いまとなってみれば、アメリカは日本の外交文書を解読し、日本の攻撃を十分予知していたわけですから、こうした通告遅延は実際上は問題にならないとも述べています。

ちなみに東京裁判では、奇襲攻撃関係で有罪になった人はいません。日本に無通告攻撃の意図がなかったことが証明されたからでしょう。

それはともかく、アメリカが日本の力を見下していたことは確かでしょう。ハワイを攻撃されたときに、当時のアメリカ人は、ドイツ人が攻めて来たと思ったというぐらいです。急降下で非常に低い地点から攻撃しているので、顔が見えたらしいのです。金髪で目が青かったなどという証言があります。人間はそう思いこむとそう見えてくるものらしいです。

それほど、日本人をなめていたのです。日本人はみんな近眼で反っ歯《そっぱ》だという漫画のようなイメージでとらえていたようです。

一二九、ルーズベルト大統領より天皇への親書

一九四一年（昭和十六年）十二月八日午前一時頃（確実なる時間は記憶せず）東郷外相が総理大臣官邸へ突然来訪し米大統領より天皇陛下に親書を寄せたりとて「グルー」大使が来訪し其《その》写を外相に手交したること並に右を直ちに上奏せんとする旨を告げました。私はその内容に於て従来の米国の態度より譲歩したるものなりやと尋ねましたが、外相は之に対し何等《なんら》譲歩したる点なしと答えました。

私は直ちに上奏には異存なしと告げると共にもはや海軍の機動部隊の飛行機は母艦より飛行の開始を為して居るであろうと答えたのでありました。東郷外相は直ちに辞退し右に関して上奏を為したものでありましょう。私が親電を知りたるは之が初めてであります。検事側の主張する如く米側より親電を発せらるることを事前に知って居ったという事実はありません。又、之を陸軍又は政府に於て故意に遅延せしめたという事実もありません。我国に於ては他国の元首より天皇陛下に宛《あて》たる親電を故意に遅延するという如き不敬なる行為を行わんと考える如き者は臣下として存在しないのであります。

アメリカのアリバイ工作

十二月八日の午前一時ころに、ルーズベルト大統領から天皇陛下宛に電報が来たといいます。グルー駐日大使が来訪し、それを外務大臣に渡しました。この親電の件も、これまで何度か出ていますが、ではアメリカが譲歩したというのかと思えば、そうではなく、従来の話を繰り返すだけです。

その親書には天皇と会談したい旨書かれていましたが、それまで何度となく日本側からの首脳会談の申し入れを断っておきながら、よくわからない話です。おそらくアメリカは平和のために最後まで努力したというアリバイづくりのためだったでしょう。この電報のことは、東條さんは事前に知っていたということもありません。

第七章

俘虜《ふりよ》取扱いに関する問題について

部内統督の責

一三〇、日本国の軍事制度に於ては部下統督の責任は事柄の性質に依り二筋に別れて居ります。

（一）一は統帥系統内に発生することあるべき事項であります。即ち作戦警備、輸送、並《ならび》に陸軍大臣の開設したる俘虜収容所に輸送するまでの間に於ける俘虜の取扱等は総《すべ》て統帥系統内の事項として統帥関係者の責任即ち最終には参謀総長に属するものであります。本件に付《つい》て申しますれば「マレー」半島に起った事件、「バタアン」半島の事件、船舶輸送中に発生した不祥事件等は未《いま》だ陸軍大臣の開設したる俘虜収容所に収容前の事件であります。その処理は統帥関係者に於て受持《うけも》つべきものでありました。

（二）その二は陸軍大臣の行政下に発生したるものであります。即ち陸軍大臣の開設したる俘虜収容所に収容したる以後の俘虜及《および》戦地（支那を除く）一般抑留者に対する取扱等は此の部類に属します故に例えば泰緬《たいめん》鉄道建設に使用したる俘虜を如何《いか》に取扱うやは陸軍大臣の所管事項であります。

私は右の中その（二）の事項に関しては太平洋戦争の開始より一九四四年（昭和十九

年）七月二十二日迄の間は陸軍大臣として行政上の責任を負うものであります。

その（一）に関係しては一九四四年（昭和十九年）二月より同年の七月に至る迄の間参謀総長として統帥上の責任を負うものであります。又外務大臣としては一九四二年（昭和十七年）九月一日より同年九月十七日迄の間に敵国並に赤十字の抗議等外政事項に関係したる事柄がありたりとすれば是亦《これまた》行政上の責任を負うものであります。

内務大臣としては一九四一年（昭和十六年）十二月八日より一九四二年（昭和十七年）二月十七日迄に内地抑留者の取扱其他《そのほか》につき何等《なんら》かの事故ありたりとすれば、是亦その行政上の責任者であります。なお又内閣総理大臣兼陸軍大臣としては俘虜処罰法等の制定に関し政治上の責任者であります。

しかし乍《なが》ら此等《これら》の法律上並に刑事上の責任如何《いかん》は申す迄もなく当裁判所の御判断に待つところであります。

率直に申上ぐれば私は私の全職務期間に於て犯罪行為を為しつつありなどと考えた事は未だ曾《かつ》て一度もありません。私としては斯《か》く申上ぐる外《ほか》はありませぬ。

俘虜虐待問題の真相とは

ここで話題は変わって、戦時中の日本軍の俘虜虐待問題について述べています。俘虜のそれぞれの状況ごとの管轄責任者を挙げたうえで、少なくとも自分の責任管轄内において は犯罪行為と言われるような行為を為したことは一度もないと明確に言いきっています。

それはそのとおりで、たとえばここにも挙がっているバタアン半島の事件にしても、「バタアン死の行進」と大げさに言いますが、一番悪いのは兵隊を置き去りにして逃げた米軍の総司令官マッカーサーです。俘虜たちはバタアン半島のジャングルの中にいるわけです。放っておけば、みんな飢死して終わりです。そのため収容施設のあるマニラまで連れて行かなければならなかった。ところが日本軍はトラックなど持っていませんから、歩かせたわけです。日本兵も一緒に付いて歩いたわけですから、これがなぜ、意図的な虐待と言われなければならないのか、ということです。

その過程で衰弱した人が出たり、マラリアの人が途中で死んだことは事実ですし、アメリカ人は進軍のときはトラックで動きますから、俘虜たちが非常に辛く感じたであろうことは確かです。しかしこれは意図的な俘虜虐待と考えてはいけないと思います。

日本軍にも十分食糧がいきわたらないなか、俘虜にゴボウを与えたのが、木の根っこを食べさせたと言われて死刑になった現地司令官もいました。ゴボウをオックス・テールと訳して（漢字で牛蒡《ごぼう》は牛の字が入りますので、通訳が勘違いしたらしい）牛の尻尾を食わせたとか、いろいろ変な訳があります。味噌汁を与えては腐った豆を食わされたという抗議にもなります。豆腐には「腐《くさる》」という字が入っているので、毎日、豆の腐ったのを食わされたというわけです。しかし日本人としては、もののないときに豆腐の味噌汁は精一杯のご馳走だったと思います。これは単なる食習慣の違いでしょう。俘虜の食べ物が悪いといっても、日本軍の食べ物も同じように悪かったのですから、日本軍に虐待の意図はなかったのです。

むしろ京都大学の会田雄次《あいだゆうじ》先生の『アーロン収容所』にあるように、虐待の意図があったのはイギリス軍のほうかもしれません。敗戦後、日本人を俘虜収容所に収容して、ろくな食事も与えず、しかも必ず病気を起こす病原菌がいることを知りながら、日本の俘虜が空腹のあまり川のカニを食べるのを見逃して、「禁止したのに食べた」などと後で責任逃れをしているのは、きわめて悪質な虐待です。

私はビルマの俘虜虐待について貴重な話を知っています。というのは、戦争が終わると日本とイギリスの間には、何ら利害が衝突するようなこともなく、きわめて友好的な関係がありました。ただし日本とイギリスが友好的な行事をしようとすると、必ずそれを邪魔するデモが起きるのですが、それはビルマで日本軍の俘虜だった旧軍人たちによるものでした。

当時グレートブリテン笹川財団で笹川陽平《ささかわようへい》氏が、両方の俘虜たちを会わせるためにいろいろな援助をしました。ビルマのイギリス人俘虜も日本に来たし、日本の俘虜もイギリスへ行ったりして、交流を深める機会をつくったのです。何度目かにイギリスから俘虜が来たとき、たまたま、当時俘虜収容所の監督をしていた将校が、戦後、俘虜虐待の罪で死刑になったという話が出たらしいのです。

そうするとイギリスの元俘虜たちはびっくりして「それはおかしい。確かに自分たちはひどい目に遭った。けれども日本兵もいい生活をしていなかった。死刑になるようなことをされた覚えはない」と言ったわけです。「その将校は靖国神社に祀られている」と聞くと、彼らは、自発的に靖国神社に参拝します。

彼らこそ、まさに映画（一九五七年のイギリス映画『戦場にかける橋』）にもなったタイの「クワイ河の橋」の俘虜たちでした。それによって、戦後日本とイギリスの間に刺さっていた棘《とげ》のようなものが抜けるのです。その後、日英友好何十周年記念かで、まだ現役だった横綱千代の富士とその一行が、ロイヤル・アルバート・ホールで相撲を行なったときには、一つの反日デモもなく、実にいい雰囲気でした。

ところが九〇年代になって細川首相が、首相としてはじめて「この前の戦争は侵略戦争だった」と発言したのです。その途端、すっかり納得していた俘虜たちも「ああ、そうか。首相が謝ったのだから金でもくれるのではないか」ということで、またデモを始めたのです。細川首相も悪意はなかったのでしょうが、まったくの無知でした。あの戦争は侵略戦争ではないのです。細川さんというのは上智大を出て朝日新聞に勤めていましたが、そこで洗脳されてしまったのではないかと私は考えています。いずれにせよ、一国の首相が国を裏切るような発言をしたことは、残念なことです。

第二次大戦中の日本軍による俘虜虐待については、オランダ人が盛んに騒ぎますが、あれは三〇〇年間支配していたインドネシア（蘭印）を日本に奪われた恨みです。一六〇〇年代以降、オランダの富はインドネシアを搾取することによって得られ、それで一流国のメンツを保ってきました。ところがその利権を全部失ってしまった。その恨みが日本に向けられているのです。

そもそも蘭印はたいした戦場にもなりませんでしたし、簡単に日本が勝っています。オランダの俘虜はたいした目にあっていないのです。それなのに日本の司令官で、俘虜虐待で死刑になった人がいます。俘虜にまつわるいかがわしい話に、オランダ関係の話が多いのは不可解です。天皇陛下が訪欧されたとき、戦没者の墓に花を捧げたら、その数分後にはどこかに放り出されていたというのもオランダです。

古書学会でヨーロッパに行ったとき、古本の学会ですから政治的な関係はないのですが、雑談の中で「オランダ人は非常に反日的だ」という話が出たので「オランダはインドネシアを失ったからだ」と言うと、一座の人たちはみな納得しました。オランダの反日は恨みが重なっているということでまさに逆恨《さかうら》みです。

そのオランダこそ、日本が石油やゴムを売ってくれるよう嘆願するように交渉したときに、英米と歩調を合わせて、日本の願いを拒絶したのです。徳川時代以来の友好関係を断ち切ったのはオランダでした。もっとも、ドイツと同盟を結んだ日本を敵視するのは当然だったとも言えるのですが。

一三一、以下私が陸軍大臣たりし期間に発生した俘虜の取扱に関し発生した問題につき陳述致します。

俘虜並に抑留者其他占領地内に於ける一般住民に対しては、国際法規の精神に基き博愛の心をもって之を取扱い虐待等を加えざること及強制労務を課すべからざる等に関しましては俘虜取扱規則、俘虜労務規則等に依りて之を命令し、なお又一九四一年（昭和十六年）一月陸軍省訓令第一号、戦陣訓を示達《じたつ》し戦場に於ける帝国軍隊、軍人、軍属としての心得を訓諭致しました。此の戦陣訓は太平洋戦争に入るに当《あた》り従軍者には各人に之を交付しその徹底を図ったのであります。又検事の不法行為と称せらるる事項につき陸軍大臣たりし私の所見は法廷証第一九八一号のAに記載した通りであります。

陸軍が俘虜になることを戒めた理由

陸軍は俘虜の取扱いに関して、虐待や強制労働を課すべからずという命令を出していますし、労務規則についても、取り決めています。帝国軍人の心得を諭した戦陣訓も渡しています。陸軍は監督者として、俘虜の取扱いについてそこまで気をつかっていたのです。

ここに出てくる戦陣訓ですが、この中には日本の軍人が俘虜になることを禁止している条項があります。日清戦争のときも山縣有朋が、俘虜になるなということを言っています。なぜかというと、シナ人の俘虜になった日本人は、実に残虐な殺され方をしていることがわかったからです。ずっと時代が下って支那事変でも、俘虜になった兵士は、あとで発見すると、見るに見かねるほどの残虐な殺され方をしていました。そのために陸軍では戦陣訓で「俘虜になるな」ということを命令したわけです。

日露戦争のときはお互いに文明国でしたから、俘虜虐待については問題になりませんでした。ロシア側も日本の俘虜をきちんと扱いましたし、日本も同様でした。第一次大戦のときもドイツ人が多数、日本の俘虜となりましたが、一つも問題もなく、その待遇はむしろ世界のお手本となりました。

日清戦争と支那事変においては、日本の俘虜がきわめて残虐な殺され方をしたので、戦陣訓の中でも「俘虜になるな」ということを強く戒めているわけです。

戦陣訓は、海軍には及びません。海軍は俘虜になる恐れはありません。不思議なことに戦陣訓は陸軍だけで、海軍の人は、「そんなものがあったのか」というぐらいです。

一三二、次に寿府《ジユネーブ》条約に関し一言致します。日本は寿府条約を批准《ひじゆん》致しませんでした。なお又、事実に於て日本人の俘虜に対する観念は欧米人のそれと異なって居ります。なお衣食住その他風俗習慣を著しく異にする関係と今次戦役に於ては各種民族を含む広大なる地域に多数の俘虜を得たることと各種の物資不足と相待ちまして、寿府条約を其儘《そのまま》適用することは我国としては不可能でありました。

日本に於ける俘虜に関する観念と欧米のそれとが異なるというのは次のようなことであります。日本に於ては古来俘虜となるということを大なる恥辱《ちじよく》と考え戦闘員は俘虜となるよりは寧《むし》ろ死を択《えら》べと教えられて来たのであります。これがため寿府条約を批准することは俘虜となることを奨励する如き誤解を生じ上記の伝統と矛盾するがあると考えられました。そうして此の理由は今次戦争の開始に当っても解消致して居りません。寿府条約に関する件は外務省よりの照会に対し、陸軍省は該条約の遵守を声明し得ざるも俘虜待遇上之に準じ措置することに異存なき旨回答しました。

外務大臣は一九四二年（昭和十七年）一月瑞西《スイス》及「アルゼンチン」公使を通じ我国は

之を「準用する」旨を声明したのであります。此の準用という言葉の意味は帝国政府に於ては自国の国内法規及現実の事態に即応するように寿府条約に定むるところに必要なる修正を加えて適用するという趣旨でありました。米国政府の抗議に対する一九四四年（昭和十九年）四月二十八日付帝国政府の書簡に其旨《そのむね》を明かにして居ります。陸軍に於ても全く右の趣旨の通りに考え実際上の処理を致しました。

俘虜取扱規則其他の諸規則も此《この》趣旨に違反するものではありません。

なぜ日本はジュネーブ条約を批准しなかったのか

日本はジュネーブ会議の「俘虜取扱いに関する条約」（昭和四年＝一九二九年）を批准しませんでした。ここではその理由として、俘虜に対する観念が、日本人は違うのだということを言っています。というのも、俘虜となることは、日本人にとっては恥だけれども、外国では恥ではないというズレがありました。逆に言うと、外国兵は喜んで俘虜になりに来るのです。

その結果、シンガポールなどでも、日本軍より俘虜の数のほうが多くなります。日本軍の何倍もの敵にぞろぞろと手を挙げて来られては、ただでさえ食料が足りないのに、面倒を見ようにもろくに見れないという事情もありました。

ジュネーブ条約を批准することは、俘虜になることを奨励するような誤解を日本の兵士に与えるかもしれないということで批准しませんでした。しかし「俘虜を虐待するな」という命令は何度も出しています。

陸軍省は、批准はしなかったけれども俘虜の待遇はジュネーブ条約に準じる措置をすると言っています。俘虜虐待という意思は、日本政府としては持っていませんでした。

俘虜処罰法

一三三、俘虜処罰法は一九四三年（昭和十八年）三月に改正せられました。
改正の理由は二つあります。その一つは右俘虜処罰なるものは明治三十八年（一九〇五年）に制定せられたものでありまして、明治四十年（一九〇七年）制定の現行刑法以前の刑罰の種類及刑名を用いて居ります。

二つには俘虜処罰法は日露戦争当時制定されたものでありますが、今次の戦争に於ては日露戦争当時とは異なり、俘虜の民族も複雑であり国籍もいろいろで殊《こと》に人員数は比較にならぬ程多数で事柄が複雑多岐となって居ります。それ故《ゆえ》之が管理取締に一段の改正を加うる必要に迫られたのであります。

一三四、今、俘虜処罰法改正内容の重《おも》なるものを述べますれば次のようであります。第一は俘虜監督者に対する暴行又は反抗の罪、多数共謀して為す逃走の罪、及宣誓違反の罪の規定を整備致しました。第二は新たに俘虜の多数集令、暴行脅迫俘虜監視者に対する殺傷脅迫、侮辱及不従順の行為を目的とする結党の各行為を罰する規定を設けました。

右等は孰《いず》れも寿府条約準用の趣旨に基くものであって条約に抵触するものではないと認めて立案せられました。

俘虜処罰法改正の目的

俘虜処罰法の改正についてですが、もともと俘虜処罰法は明治三十八年（一九〇五年）、日露戦争当時に制定されたものでした。今次の戦争では俘虜の民族も国籍も複雑化し、特に人数においては比較にならないほど多数に上ったので、その改正に迫られました。

その改正の主な点は、俘虜監督者に対する暴行、反抗の罪、あるいは逃亡、あるいは宣誓違反の罪の規定を整備すること、また俘虜が集団で監督者に対する殺傷脅迫、侮辱、不従順を目的とする結党行為を罰する規定を設けることでした。

これらはいずれもジュネーブ条約を準用する趣旨に基づくものであり、条約を破り俘虜を虐待しようというものではありません。とにかく監督すべき日本軍の兵士よりも俘虜のほうが圧倒的に多いという状況にあって、抵抗や反乱が起こらぬよう、それを取り締まる規則を整備するのは、当然のことでした。

空襲軍律

一三五、空襲の際、陸戦法規違反の行為ありたる者に対する取扱は陸密第二一九〇陸軍次官の依命《いめい》通牒《つうちょう》に規定して居ります。此の通牒の動機は次の通りであります。一九四二年（昭和十七年）四月十八日「ドーリットル」機の東京地方空襲の際国際法規に違反せる残虐行為がありました。斯《か》の如き私人に対して行われたる残虐行為は既に国際法上の戦時重罪行為とせられて居ったことは言うを俟《ま》ちませぬ。斯《か》かる行為を将来に防止することは国内防衛上特に緊急なりとの要求が起りました。又二面に於ては将来の空襲に於ては飛行機搭乗員に対する憎悪心より現地軍隊の苛酷なる処置を取締ることが極めて重要なりと考えました。

之がため裁判に附しその行為が真に国際法規に違反せりや否やを十分審議したる後、処理すべきことが必要なりと考えました。

以上の見地に基き一九四二年（昭和十七年）七月に此の通牒が発せられたのでありまず。此の通牒を基礎として同年八月には支那派遣軍総司令官の名に於て「敵航空機搭乗員処罰に関する軍律」なるものが制定されて居ります。此の規定は陸戦法規慣例、空戦法規案を集成したもので新なる規定と言わんよりは寧《むし》ろ今までの規定の原則を表現したものであります。

無差別攻撃の敵機搭乗員の取扱いについて

昭和十七年（一九四二年）四月十八日にドーリットル爆撃機が東京を空襲しました。そのときは、上空から東京及びその他の都市にパラパラと爆弾を落とし、シナ大陸へ逃げて、そこで飛行隊は捕まったのです。これは無差別爆撃のはしりでした。軍事目標も決めずに、爆弾を落とせばいいだろうと、一般人の殺傷を目的とする行為はもちろん許されることではありません。

一方では、それらの行為を厳罰に処すという目的で、また他方で、かかる飛行隊を捕まえた現地の日本人が復讐の念に燃えて、必要以上の報復行為に出るのを取り締まる目的をもって、規律の整備が必要となりました。こうして「敵航空機搭乗員処罰に関する軍律」が定められました。

一三六、一九四二年（昭和十七年）四月十八日内地を空襲し、国際法に違反して残虐行為を為した搭乗員に対する処罰は前項の軍律に照し上海に於て設定した法廷で全員八名に対し死刑を宣告致しました。その執行については予《あらかじ》め命ぜられたところに依《よ》り現地より大本営に報告して来たのであります。参謀総長はその判決通りに全員に対し死刑の執行を為《な》すよう陸軍大臣に協議して来ました。私は陸軍大臣として予《かね》て天皇陛下の日頃の御仁慈《ごじんじ》の聖慮を拝して居りまするから、内奏の上、その内五名については減刑の処置をとったのでありました。

無差別爆撃は明確な戦時国際法違反

国際法に違反して残虐行為を成した搭乗員たちは、上海に設定された法廷において、八名全員の死刑が宣告されました。

その執行について大本営に報告があったとき、参謀総長は、判決どおり全員に対して死刑の執行をなすように陸軍大臣である東條さんに協議しに来ましたが、東條さんは天皇陛下の日ごろのお気持ちがわかっていたので、内奏の上、八名のうち五名については減刑したということです。

とにかく無差別爆撃は明確な戦時国際法違反であり、厳罰に処せられて当然なのです。同じようなことを日本兵が行なえば、戦後、B、C級とかあらぬことでみな死刑にされたことでしょう。本当は原爆を落とした米兵も、日本の一〇〇以上の都市を焼き払った兵員も、それを命じた上官も、原爆をつくらせた大統領も国際法に照らして考えれば、みな死刑にされるべきだったのです。

泰緬《たいめん》鉄道の建設

一三七、　泰緬鉄道建設の目的は在「ビルマ」日本軍隊への補給の目的と泰《タイ》国及「ビルマ」両国間の交易及交通の便に供するというのにありました。敵潜水艦の海上交通の破壊は特に陸上交通路を必要としたのであります。此の鉄道は参謀本部の命令に依り建設せらるることになりました。私は陸軍大臣として参謀総長の建設命令の協議に応じ之に同意を与えました。本鉄道の建設に当り労務の関係上陸軍大臣の統轄下に在りし俘虜の使用については私は同意を与えたのであります。本鉄道は戦線より遥《はる》かに後方に在り、又その付近には当時何等作戦行動はなかったのであります。即ち、本鉄道建設の作案は「ヘーグ」条約並に寿府《ジュネーブ》条約に俘虜の労務として禁ぜられて居る作戦行動とは認められず、又此の地域は南方地域一帯の通常の地域であって特別の不健康地ではありません。且つ日本軍隊も俘虜其他強健な人種と同様に多数之に使役《しえき》せられたものでありまして、本鉄道建設は俘虜の労務として禁止せられた不健康又は危険なるものとして国際水準を超えた労務なりと攻撃せらるべしとは考えて居りませんでした。

鉄道建設が残酷行為とされた本当の理由

泰緬（タイ・ビルマ）鉄道は、ビルマにいる日本軍への補給とタイ・ビルマ両国の交易交通を目的として、参謀本部の命令で建設が決まりました。それに対して東條さんは陸軍大臣として同意し、同時に俘虜を使用することにも同意を与えました。この鉄道は戦線からはるか後方にあり、そこでは作戦行動がなく、ハーグ条約およびジュネーブ条約において、俘虜の労務が禁じられている作戦行動の一部とは認められなかったからです。

一帯は、特別の不健康地ではなく、俘虜やその他の強健な人たちと同様に、日本の軍隊も労役に参加していましたから、本来、何ら問題とするには当たらない行為でした。

ところが、これが戦後、日本軍の俘虜虐待として非難を集めることになります。しかし、それを残酷行為だと考えた本当の理由は、有色人種と一緒に肉体労働させられたということを、イギリス人が非常な侮辱に感じたからです。労役それ自体は、問題とはなりません。

俘虜を軍事作戦とは関係のない純粋な建設作業に使役するのは将校を除けばかまわないわけです。ジュネーブおよびハーグ条約では、作戦に関係あるところでの使役を禁じていますが、泰緬鉄道は作戦上関係ありません。広義で言えば、戦争中はすべて作戦ということになってしまいますが、補給はいわゆる軍事作戦ではありません。

一三八、　本鉄道建設作業の指導は直接には参謀総長に於いて為されたのでありますが、私は陸軍大臣として俘虜の取扱に関し統轄者たるの行政上の責任をもって居りました。本鉄道建設作業に従事しました俘虜の衛生状態及取扱方につき不良なる点がありとの報に接し一九四三年（昭和十八年）五月、濱田俘虜管理部長を現地に派遣しその視察を為さしめました。又医務局よりも尋問軍医を派遣しました。なお俘虜取扱につき不当の点のあった中隊長を軍法会議に付したこともあります。なお鉄道建設司令官を更迭したことも曾《かつ》て証人若松只一中将の証言した通りであります。

逸脱した部下を処罰

東條さんは陸軍大臣として、この件に関してはもちろん責任があり、医務局からも軍医を派遣しました。不当な点のあった中隊長を軍法会議にかけたこともあります。鉄道司令官を交代させたこともあります。ですから監督者としては、俘虜虐待を勧めた事実もなく、ナチスによるユダヤ人虐待のような意図的なものは、どこにもないのです。むしろ東條さんは逸脱した部下を処罰しています。

俘虜処理要領及《および》俘虜収容所長に与えた訓示

一三九、 曾《かつ》て証人田中隆吉は一九四二年（昭和十七年）四月下旬の陸軍省の局長会報に於て上村俘虜管理部長の申出であった、俘虜処理要領に決裁を与えたこと並に此の俘虜処理要領が俘虜に強制労働を命ずるものであることを証言いたしましたが、之は非常なる間違であります。此の俘虜処理要領は強制労働については何等命令も為さず、示唆も与えて居りません。之は本要領の文意が之を示します。右証人の陳述は右証人の独断的解釈であります。俘虜労務規則が示すように将校たる俘虜はその発意に基き労務に服する道が開いてあります。又此要領は局長会報に於ても審議したるものではなく又議決したるものでもありません。上村俘虜管理部長の起案したものに私が決裁を与えたものであります。右要領も俘虜収容所長に私が与えた訓示も共に俘虜を労務に使用することに言及して居るが強制労務を命じたものでもなく、又此に依り苛酷なる労務を強いたものでもありません。又、検察官は俘虜に関する法令に於て用いられたる「軍事」と云う日本語の翻訳を誤りたるものと考えられます。

右法廷証英文三十一頁には次の如く記載しております。

『白人俘虜は之を我が生産拡充並に「ミリタリー・アフェアーズ」に関する労務に利用する如く逐次《ちくじ》朝鮮、台湾、満洲、支那に収容し云々』と。

「軍事」と云う文字を直訳すれば、「ミリタリー・アフェアーズ」とも言えますが、ここにはより広き意味に用いられて居るものでありまして、戦争遂行に関係して来る事柄を広く包含します。例えて申しますれば、戦時に於て軍人及一般人民の被服に関係する事柄はやはり「軍事」であります。石炭採掘も、「セメント」事業も、米の漂白も此の中であります。すなわち奢侈《しゃし》品の製造、玩具の製造等の仕事に対して戦時に必要な仕事は之を「軍事」と云って居るのであります。

田中隆吉証言の虚妄

田中隆吉は、先にも出てきましたが、アル・カポネを捕まえたキーナン検事が、検事側証人として取り込んだ人物です。アメリカは、田中隆吉がやった悪いこと、綏遠《すいえん》事件などのことは起訴状には載せずに、ぜいたくをさせるかわりに、旧日本軍の責任者にとって不利な証言をさせていました。ですから、取り引きをしていたわけです。

田中の証言では、俘虜処理要領は俘虜に強制労働を命じるものであるということでしたが、同要領には何らこのような命令も、示唆も与えていません。これは田中隆吉の独断的解釈でした。将校で俘虜となった者には、その発意に基づき労務に服する道が開かれています。将校は特別に、希望の仕事に就けるようになっていました。「これが上村俘虜管理部長の提案したものに私が決裁を与えたもので、強制労務を命じたものではなく、過酷な労務を強いたものでもありません」と東條さんは言っています。

白人俘虜は、これを生産拡充、ならびにミリタリー・アフェアーズに関する労務と言いますが、これは「軍事」と言っても、戦時においては着物も軍服もつくるミリタリーであり、石炭採掘もセメント事業も米の漂白も、これはみなミリタリーになってしまいます。ぜいたく品とかおもちゃの製造の仕事はミリタリーではありませんが、それ以外の戦争に関係あるものをミリタリーと言っているだけであると、東條さんは言っています。

俘虜関係の陳述の訂正

一四〇、　俘虜に関係して私が検事の訊問に答えた記録が多数証拠として提出せられて居ります。その中私の記憶の錯誤に依って著しき間違を犯した点を訂正致します。

（一）法廷証第一九八号中に俘虜に関する規則は軍務局長と参謀本部との協議の結果出来たものであるとの一節がありますが、俘虜に関する規定は陸軍省で定めますが、その起案は、その内容如何に依り各種の局部の所管に分属します。

軍務局長と限定したのは誤りであります。

（二）法廷証第一九八四中に各俘虜収容所長にその取扱に係《かかわ》る俘虜の健康、食事、労働等につき軍務局長に月報を出すことになって居ったかとの検事の問に対し之を肯定した答をして居ります。又栄養不良其他《そのほか》の原因に依《よ》る死亡率についても其の所管は現地軍司令官にありますがしかし軍司令官が責任を果たし得ないときは陸軍省に要求することになって居る此の要求は軍務局長の所に来て、軍務局長と現地司令官と協議の後陸軍省は食糧を送るとか、その他の処置を採ることになって居ると答えて居ります。然《しか》し乍《なが》ら（a）俘虜の食糧に関する事務の処理は経理局の任務でありまして軍務局と言ったのは誤りでありました。又（b）俘虜に関する月報が提出されるのは軍務局でなく陸軍大臣と俘虜情報局長官であります。月報が軍務局に提出されるといったのは、是亦《これまた》私の錯誤であります。

第八章

大東亜会議

日本の企図せる大東亜政策　殊《こと》に之を継承して東條内閣に於《おい》て其《そ》の実現を図りたる諸事項

一四一、

日本の企図して居《お》りました大東亜政策というものは其の時代に依て各種の名称を以《もっ》て表現せられて居ります。即《すなわ》ち例えば「東亜新秩序」「大東亜新秩序」「大東亜の建設」又は「大東亜共栄圏の建設」等というのがその例であります。此の大東亜政策は、支那事変以来具体的に歴代内閣に依りその実現を企図せられ来《きた》ったものであります。そしてその究極の目的は東亜の安定の確立ということに帰するのであります。而《しか》して一九四〇年（昭和十五年）七月の第二次近衛内閣以後の各内閣に関する限り、私はこの政策に関係したものとして其の真の意義目的を証言する資格がある者であります。

大東亜政策とは何か

大東亜政策は、支那事変以来、歴代の内閣が企図したもので、その名称はそのときの内閣によって違います。「東亜新秩序」、「大東亜の建設」、「大東亜共栄圏の建設」などという言い方がありますが、その究極の目的は東亜の安定の確立です。第二次近衛内閣以後、この政策に東條さんもかかわりました。

一四二、

抑々《そもそも》日本の大東亜政策は第一次世界大戦後世界経済の「ブロック」化に伴い近隣相互間の経済提携の必要から此の政策が唱えられるに至ったのであります。其後《そのご》東亜の赤化と中国の排日政策とに依り支那事変は勃発しました。そこで日本は防共と経済提携とに依て日華の国交を調整し以て東亜の安定を回復せんと企図しました。日本は支那事変を解決することを以て東亜政策の骨子としたのであります。然《しか》るに日本の各般の努力にも拘らず米、英、蘇の直接間接の援蔣行為に依り事態は益々悪化し、日華両国の関係のみに於て支那事変を解決することは不可能であって之がためには広く国際関係の改善に待たねばならぬようになって来ました。日本は之に努力しましたが、米、英は却《かえっ》て対日圧迫の挙に出たのであります。茲《ここ》に於て日本は止むを得ず一方仏印、泰《タイ》更に蘭印と友好的経済的提携に努むると共に東亜の安定回復を策するの方法をとるに至りました。

以上は元より平和的手段に拠《よ》るものであり、亦《また》列国の理解と協力とに訴えたものであります。

然るに日本に対する米英蘭の圧迫は益々加重せられ、日米交渉に於て局面打開不可能となり、日本は已《や》むを得ず自存自衛のため武力を以て包囲陣を脱出するに至りました。

右武力行使の動機は申す迄もなく日本の自存自衛にありました。一旦《いったん》戦争が開始せられた以後に於ては日本は従来採り来った大東亜政策の実現即ち東亜に共栄の新秩序を建設することを努めました。

大東亜政策の実現の方策としては先ず東亜の解放であり次で各自由且《かつ》独立なる基礎の上に立つ一家としての大東亜の建設であります。

日本が「東亜の解放」を求めた理由

第一次大戦後の不況時代、列強は保護貿易にはしり、ブロック経済化を進めました。こうした状況下において、日本と近隣地域相互の経済的提携の必要から、大東亜政策が唱えられるに至ったのです。

ブロック経済については先にも触れましたが、非常に重要で、そもそもアメリカが昭和五年（一九三〇年）に、ホーリイ・スムート法を制定（下院への上程はその前年）して国内産業の囲い込みを始めました。昭和七年には、オタワ会議でイギリスが追随しました。そういうことでアウタルキーの能力がなければ国が生き延びられなくなるわけです。

それに加えて、アジアにコミンテルンの共産主義の手が伸びてきます。それに煽《あお》られて、シナ大陸に排日政策が生まれます。日本としては、とにかく皇室廃絶を唱え、大陸にもめごとを起こそうと画策するコミンテルンと、世界列強のブロック経済によって、国の自存自衛が危機に直面します。

そうなるとどうしても、日本もアウタルキーが必要となります。そこで出てきたのが「東亜の安定」で、日本に必要な物資の供給をこの地域から受けようというものです。それも軍事的な征服に依るものではなく、自由な貿易に依ろうというものでしたから、大東亜の建設といっても、戦争をするための準備とは、関係ないわけです。戦争の体制は、大東亜戦争を始める直前になってようやく整ったということで、あらかじめ共同謀議があったわけではありません。

そのとき支那事変を起こされたわけです。これは日本が起こしたのではありません。何度も言いますが、東京裁判でも、日本が支那事変を起こしたことは立証できませんでした。私が最近（二〇〇五年十月）王毅《おうき》駐日大使と話し合ったとき、大使も日本が支那事変を起こしたわけではないことを否定できませんでした。

日本は最初の一年くらいで主要都市をほとんど占拠しましたので、汪兆銘（精衛）政権を立てて撤兵を図りますが、アメリカ、イギリスは徹底的に蔣介石の重慶政権に援助をつづけます。そのため、いつまでたっても事変が終結しません。そして日本には石油もゴムも売らない、対日資産は凍結という政策をとります。しかもインドネシアを支配するオランダもアメリカ、イギリスと協同歩調をとり、日本に敵対的な姿勢をとり、日本が経済関係を結ぼうとしても、全部断られてしまいます。

日本は、蔣介石に対する英米の援助ルートを断ち切るために北部仏印に進駐します。さらに英米が南部仏印を占領する恐れがあるということで、そちらにも進駐します。といっても、決して勝手に進駐したわけではなく、当時のフランス政府と条約を結び、平和的に駐兵しているのです。

いわゆるABCD包囲陣の圧迫は強まるばかりで、そんななか、日本としては自存自衛のための方途をさぐらないわけにはいきませんでした。

とにかくインドネシア人が日本に石油を売りたくないのではなく、オランダが占領しているから売れないのです。マレー人が日本にゴムを売りたくないのではなく、イギリスが占領しているから売れないわけです。タイも日本に米を売りたくないのではなく、イギリスの勢力下にあって、思うように売るわけにはいかないのです。ですから「東亜の解放」ということが、日本の自存自衛のために、その目的となってきているわけです。

東條さんも、ここではっきりと、自存自衛ということを言っています。これも何度も紹介する話ですが、マッカーサーが戦後六年もたって、アメリカに帰り、アメリカ上院の軍事外交合同委員会において「日本が戦争に入ったのは、主として自存自衛のためであった」と証言しています。マッカーサーは、東京裁判が終わった約二年後に、東條さんの言い分を一〇〇％受け入れたということです。

一四三、大東亜政策の前提である「東亜解放」とは東亜の植民地乃至《ないし》半植民地の状態に在る各民族が他の民族国家と同様世界に於て対等の自由を獲《え》んとする永年に亘《わた》る熱烈なる希望を充足し、以て東亜の安定を阻害しつつある不自然の状態を除かんとするものでありま す。斯《か》くして世界の此の部分における不安は芟除《さんじょ》せられるのであります。恰《あたか》も約一世紀前の昔「ラテンアメリカ」人が「ラテンアメリカ」解放のために戦ったのと同様であります。当時、東亜民族が列強の植民地として又は半植民地として、他よりの不当なる圧迫の下に苦悩し、之よりの解放を如何に熱望して居ったかはこの戦争中、一九四三年(昭和十八年)十一月五日、六日東京に開催せられたる大東亜会議に於ける泰国代表「ワンワイタヤコーン」殿下の演説に陳《の》べられた所により之を表示することが出来ます。曰《いわ》く『特に一世紀前より英国と米国とは大東亜地域に進出し来り、或《あるい》は植民地として、或は原料獲得の独占的地域とし、或は自己の製品の市場として、領土を獲得したのであります。従て大東亜民族は或は独立と主権とを失い、或は治外法権と不平等条約に依て其独立及主権に種々の制限を受け而《しか》も国際法上の互恵的取扱を得るところがなかったのであります。斯くして「アジア」は政治的に結合せる大陸としての性質を喪失して単なる地域的名称に堕したのであります。斯《かか》る事情により生れたる苦悩は広く大東亜諸国民の感情と記憶とに永く留まっているのであります』と。又同会議に於て南京政府を代表して汪兆銘氏は其の演説中に於て中国の国父として尊敬せられたる孫文氏の一九二四年（大正十三年）十一月二十八日神戸に於て為《な》された演説を引用して居ります。之に依れば『日支両国は兄弟と同様であり日本は曾《かつ》て不平等条約の束縛を受けたるため発憤興起し初めてその束縛を打破し東方の先進国並に世界の強国となった。中国は現在同様に不平等条約廃棄を獲得せんとしつつあるものであり、日本の十分なる援助を切望するものである。中国の解放は即ち東亜の解放である。』と述べて居ります。以上は単にその一端を述べたるに過ぎませぬ。之が東亜各地に鬱積《うっせき》せる不平不満であります。

なお東條内閣が大東亜政策を以て開戦後之を戦争目的となした理由につき簡単に説明いたします。従前の日本政府は東亜に於ける此の動向に鑑《かんが》み又過去に於ける経験にも照らして、早期に於て東亜に関係を有する列国の理解に依り之を調整するのでなければ永久に東亜に禍根を為すものであることを憂慮致しました。そこで一九一九年（大正八年）一月より開催せられた第一次世界大戦後の講和会議に於ては我国より国際連盟規約中に人種平等主義を挿入することの提案を為したのであります。しかし、此の提案は、あえなくも列強に依り葬り去られまして、その目的を達しませんでした。依って東亜民族は大いなる失望を感じました。一九二二年（大正十一年）の「ワシントン」会議に於ては何等此の根本問題に触るることなく寧《むし》ろ東亜の植民地状態、半植民地状態は九ケ国条約に依り再確認を与えられた結果となり東亜の解放を希《ねが》う東亜民族の希望とは益々背《はい》馳《ち》するに至ったのであります。次《つい》で一九二四年（大正十三年）五月米国に於て排日移民条項を含む法律案が両院を通過し、大統領の署名を得て同年七月一日から有効となりました。これより先、既に一九〇一年（明治三十四年）には濠州政府は黄色人種の移住禁止の政策をとったのであります。斯の如く東亜民族の熱望には一顧も与えられず常に益々之と反対の世界政策が着々として実施せられました。そこで時代に覚醒しつつある東亜民族は焦慮の気分をもってその成行を憂慮致しました。その立場上東亜の安定に特に重大なる関係を有する日本政府としては此の傾向を憂慮しました。歴代内閣が大東亜政策を提唱致しましたことは此の憂慮より発したのであって東條内閣はこれを承継して戦争の発生と共に之を以て戦争目的の一としたのであります。

大東亜会議の参席者たち

「東亜の解放」とは、独立を強く願っているアジアの植民地、あるいは半植民地にある各民族を、日本が助けようというものです。それはちょうど一世紀前にラテン・アメリカの人たちが、ラテン・アメリカ解放のために戦ったようなものです。

昭和十八年（一九四三年）十一月五日、六日に東京で大東亜会議が開かれました。これはきわめて重要な会議でしたが、戦後は一切教えられていない会議です。

そこには非常に重要な人々が集まっています。タイのワンワイタヤコーン殿下、満洲国の張景恵《ちょうけいけい》国務総理大臣、南京政府の汪兆銘行政院長、フィリピンのラウレル大統領、ビルマのバー・モー国家主席、それからチャンドラ・ボースが自由インド仮政府首班という肩書で出席しています。

インドネシアからは、民族指導者として名をはせていたスカルノ（独立後は初代大統領）とハッタ（独立後は初代副大統領）が来日します。しかし国がまだ独立していないので、正式の参加ではありませんでした。インドネシアはいまでも国がバラバラの島々から成り立っているのですが、当時はなおさら、どこからどこまでがインドネシアかわからないような状況がありました。いまのインドネシアという国は、旧オランダ領であった島々ということだけでまとまっているに過ぎません。

ところが大東亜会議のとき、そこに正式メンバーとして出席できないスカルノとハッタを、天皇陛下は皇居に招きます。当時のインドネシア人は宗主国のオランダ人からひどく見下されていましたから、オランダの女王陛下に面会するなどということは、夢にも考えられないことでした。

しかし、そのオランダ軍を簡単に破った強い日本の天皇陛下に会えるということで、両

大東亜会議

国会議事堂正面玄関の石段で記念撮影する参会者
左から　バー・モー〔ビルマ国国家主席〕
張景恵〔満洲帝国国務総理大臣〕
汪兆銘〔中華民国南京国民政府行政院長〕
東條英機〔大日本帝国首相兼陸相〕
ワンワイタヤコーン殿下〔タイ王国首相代理〕
ホセ・P・ラウレル〔フィリピン共和国大統領〕
チャンドラ・ボース〔自由インド仮政府首班〕（陪席）
（昭和18年11月撮影）

人は非常に緊張して参内しました。すると天皇のほうからつかつかと歩み寄られて二人と握手されたのです。それ以降、スカルノ、ハッタの両人は徹底的な親日家になります。

後にインドネシアが独立してからも、スカルノはしばしば日本に来て天皇陛下、皇后陛下と食事をご一緒したりしましたが、「その席で品の悪い冗談を言って笑わせるのが楽しみだった」などと言っています。そして赤坂のクラブから、一人の美人を連れて帰ったわけですが、それがデヴィ夫人でした。

タイのピブン首相が来日しなかった理由

タイからは、ピブン首相の代理として殿下が参席しています。このことを指して、ピブン首相は大東亜会議への参加を頑強に拒否したために、やむを得ず殿下が出席したのであって、東南アジアの人々が「東亜の解放」に必ずしも賛同していたわけではないということを書いている歴史書がありますが、それは明らかに間違いです。というのも、ピブンはその前年に日本と防衛同盟を結んでいるほどで、終始親日的なのです。

しかしタイは東南アジアでたった一つ独立を保った国だけあって、周囲の政治状勢にきわめて敏感であり、風見鶏的なところもあるのです。昭和十八年（一九四三年）の秋には、日本の戦局は悪化し、タイとしては再びイギリスの顔色を常にうかがう必要がありました。それは国の独立を守るために、一国の首相として当然のことです。そこで自身の出席は取りやめましたが会議の趣旨には賛同ということで、ワンワイタヤコーン殿下を名代としてさし向けたのでした。

戦後の一九五七年（昭和三十二年）、ピブンは軍事クーデターによって失脚しますが、日本に亡命して来て、最期は神奈川県で亡くなっています。ですから、ピブンの欠席が大東亜政策への反感によるものだなどというのは、とんでもなく事実をねじ曲げた解釈です。

確かにピブンは大東亜会議には来日しませんでした。それはタイという国の処世術です。殿下をさしむけて日本の顔も立て、イギリスに対しては首相は行きませんでしたというカードも使えるようにしておいたのです。

日本が負けた後、タイは戦時中に日本に協力的だったということで、アメリカなど連合軍に対して恐怖感というか、引け目をずいぶん持っていたようです。私が客員教授としてアメリカに渡ったのは昭和四十三年（一九六八年）ですが、ノースカロライナでアメリカ人教授と親しくなりました。その人はタイからの女子留学生二人の面倒を見ていましたが、この二人は戦争中にタイが日本と手を組んだことに対して非常に引け目を感じているのです。タイの人は戦争が終わってそれだけの時間が経っても、まだ戦勝国に対しておどおどしていたのです。日本人としてはまったく忘れていることですが、タイはまだそうなのかということで、たいへん驚いた記憶があります。

深田祐介氏の著書で、『大東亜会議の真実』（ＰＨＰ新書）というタイトルの本がありま す。

それには、この会議のことが非常によく書かれています。深田氏は私とほぼ同年輩ですから、大東亜会議のことは生きた記憶として持っています。この本の中にもワンワイタヤコーン殿下の発言が引用してあります。

「特に一世紀前より英国と米国は大東亜地域に進出したり、あるいは植民地として、あるいは原料獲得の独占的地域とし、あるいは自己の製品の市場として、領土を獲得したのであります。したがって大東亜民族はあるいは独立と主権とを失い、あるいは治外法権と不平等条約によってその独立および主権に種々の制限を受け、しかも国際法上の互恵的取扱いを得ることがなかったのであります。かくしてアジアは政治的に結合せる大陸としての性質を喪失して単なる地域的名称に堕したのであります。かかる事情により生まれた苦悩は、広く大東亜諸国民の感情と記憶とに永く留まっているのであります」

これは当時のアジアの状況そのままです。また、汪兆銘の演説でも、

「日支両国は兄弟と同様であり、日本はかつて不平等条約の束縛を受けたために発奮興起

し、はじめてその束縛を打破し東方の先進国ならびに世界の強国となった。中国は現在、同様に不平等条約廃棄を獲得せんとしつつあるものであり、日本の十分なる援助を切望するものである。中国の解放は、すなわち東亜の解放である」

と言っています。

外相・重光葵《しげみつまもる》の功績

このように大東亜会議宣言は非常に重要です。これは当時の外相であった重光葵《しげみつまもる》のアイディアでした。重光に対して私は感謝したいと思います。単に日本が自存自衛のために戦ったのだと言っても、単なるエゴイズムとしか受け取られません。しかし、大東亜会議によって日本が実際に示したことは、実に立派なことです。

たとえばビルマに独立を与え、フィリピンにも独立を与え、インドにも与える約束をして、インド解放のための軍をインパールまで進出させました。さらにはインドネシアにも独立の約束を与えるわけです。大東亜会議宣言の思想は実に高邁《こうまい》で、シナに対しても本当に素晴らしい約束を与えているのです。

これはどう公平に見ても、昭和十六年（一九四一年）八月十四日にルーズベルトとチャーチルによって発表された大西洋憲章《アトランティック・チャーター》よりも歴史的な文書としてははるかに意義深いものです。大西洋憲章は、民族の平等やら何とかと立派なことを言いましたが、自分たちの植民地解放には一切触れなかったのです。しかもソ連がバルト三国を占領することにも、何の文句もつけなかったとんでもない憲章です。

日本の大東亜会議のほうは、その後の歴史がそのとおりになっているわけですから、これは重光葵の外交的な功績です。重光がこの会議の案を出したとき、前任の東郷外相には、そのようなアイディアはありませんでしたから、東條さんは大喜びしました。

たしかに、ここでも認めているように、「東亜の解放」という理念は、開戦後の後付けです。はじめからその理想をめざして戦争を始めたわけではないことは、認めているのです。ただそうした理想を口でぶちあげただけなら意味はありませんが、アジア最初の独立国同士の会議を開いたわけです。満洲国の首相も、南京政府の汪兆銘も、みな来たわけですから、日本のメンツは十分に立ちました。

戦前の世界における人種差別の実態

さらに言えば、大正八年（一九一九年）、第一次大戦後のパリ講和会議で日本は国際連盟の規約中に人種の平等を挿入することを提案しましたが、これは葬り去られました。

そのとき、東亜の民族は大いなる失望を感じました。大正十一年（一九二二年）のワシントン会議においても、何らこの根本問題に触れることなく、むしろ東亜の植民地状態、半植民地状態は九カ国条約により再確認を与えられる結果となり、東亜の解放を願う東亜民族の希望はますます失われていったのです。

大正八年（一九一九年）、第一次大戦において日本はすでに主要国の一つではありましたが、講和条約において日本が主張したことは、ほとんどないのです。太平洋の島々のドイツの占領地を、日本の委任統治にするということと、この人種平等くらいです。そしてこの主張には賛成国のほうが多かったのです。

ところがアメリカのウィルソン大統領が、このような重要なことは多数決ではなく、全会一致で決めるべきだと言って、この案を潰したのです。自らは民族自決などという立派なお題目を唱えておいて、自分の支配地では民族自決を許さないのです。

フィリピンも日本が独立させたわけです。日本の下で独立したので、「なぜ日本の下で独立したのか」という声もあったらしいですが、ラウレル大統領はアメリカなんか約束してもいつ破るかわからないし、昔から何度もそれをやられている。独立の機会が本当にあれば、いつでもすぐに飛びつくとはっきり言っています。

大正十三年（一九二四年）には、絶対的排日移民法案がアメリカの両院を通過します。日本のような日清・日露戦争に勝って、第一次大戦でも三大海軍国・五大陸軍国となった国でも、有色人種であればアメリカでは排斥されるわけで、このような民族差別がありました。

それ以前でも豪州政府は明治三十四年（一九〇一年）に、黄色人種は一切入れないという白豪主義を唱えます。そのころオーストラリアは、ものすごく反日でした。東京裁判でもオーストラリア出身のウエッブ裁判長の役回りは、裁判長というより検事でした。弁護側の資料、証言は多く退けて、検事側のものはほとんど何でも取り上げるということをしましたが、これも人種差別です。いまでこそオーストラリアは普通の国ですが、かつては一番人種差別が強く、タスマニアなどでは原住民族が絶滅しました。アボリジニ（原住民）などの人口は何分の一にされてしまいました。大東亜会議は、その意味では大成功だったと思います。

こうしてアジアの諸民族が独立して共存共栄をすれば、日本に石油を売らない、ゴムを売らないということにはならないわけです。これが大東亜建設の意味で、何も日本が占領するという意味ではありません。

一四四、　大東亜政策の眼目は大東亜の建設であります。大東亜建設に関しては当時日本政府は次のような根本的見解を持して居りました。抑々《そもそも》世界の各国が各々その所を得、相寄り相扶《たす》けて万邦共栄の楽を偕《とも》にすることが世界の平和確立の根本要義である。而して特に大東亜に関係深き諸国が互いに相扶け各自の国礎に培《つちか》い共存共栄の紐帯《ちゆうたい》を結成すると共に他の地域の諸国家との間に協和偕楽の関係を設立することが世界平和の最も有効にして且《か》つ実際的の方途である。

是れが大東亜政策の根底を為す思想であります。

右は先に述べた一九四三年（昭和十八年）十一月五日大東亜会議の劈頭に於て私の為した演説中にも之を述べて居るのであります。此の思想を根底として大東亜建設には次のような五つの性格があります。

（一）は大東亜各国は共同して大東亜の安定を確保し共存共栄の秩序を建設することであります。蓋《けだ》し大東亜の各国があらゆる点に於て離れ難き緊密の関係を有することは否定し難い歴史上の事実であります。斯《かか》る関係に立ちて大東亜の各国が共同して大東亜の安定を確保し共存共栄の秩序を建設することは、同地域に存在する各国共同の使命であるからであります。大東亜共存共栄の秩序は大東亜固有の道義的精神に基くべきものでありまして、此点に於て自己の繁栄のために他民族、他国家を犠牲にする如き旧秩序とは根本的に異なると信じたのであります。

（二）は大東亜各国は相互に自主独立を重んじ大東亜の親和を確立することでありま

す。蓋し大東亜の各国が互にその自主独立を重んじつつ全体として親和の関係を確立すべきであり、相手国を手段として利用するところには親和関係を見出すことを得ずと考えました。親和の関係は相手方の自主独立を尊重し、他の繁栄に依り自らも繁栄し以て自他共に本来の面目を発揮し得るところにのみ生じ得ると信じたのでありま す。

(三)は大東亜各国は相互に其の伝統を尊重し各民族の創造性を伸長し、大東亜の文化を昂揚《こうよう》することであります。由来大東亜には優秀なる文化が存して居るのでありま す。殊に大東亜の精神文化には崇高幽玄なるものがあり、今後之を長養醇化《ちょうようじゅんか》し広く世界に及ぼすことは物質文明の行詰りを打開し人類全般の福祉に寄与すること少なからずと考えました。斯る文化を有する大東亜の各国は相互に其の光輝ある伝統を尊重すると共に各民族の創造性を伸長し以て大東亜の文化を益々昂揚《こうよう》すべきであると信じました。

(四)は大東亜各国は互恵の下緊密に提携し其の経済発展を図り大東亜の繁栄を増進することであります。蓋し、大東亜の各国は民生の向上、国力の充実を図るため互恵の下、緊密なる提携を行い共同して大東亜の繁栄を増進すべきであります。大東亜は多年列強の搾取の対象となって来ましたが今後は経済的にも自主独往相倚相扶《あいよりあいたす》けて其の繁栄を期すべきであると信じたからであります。

(五)は大東亜各国は万邦との交誼《こうぎ》を厚くし人種的差別を撤廃し普《あまね》く文化を興隆し進んで資源を開放し以て世界の進運に貢献することであります。蓋し斯くの如くして建設さるべき大東亜の新秩序は排他的のものではなく広く世界各国と政治的にも経済的にも将《は》た又文化的にも積極的に協力の関係に立ち以て世界の進運に貢献すべきであると信じました。口に自由平等を唱えつつ他国家他民族に対し抑圧と差別とをもって臨み自ら膨大なる土地と資源とを壟断《ろうだん》し他の生存を脅威して顧みざる如き世界全般の進運を阻害する如き旧秩序であってはならぬと信じたのであります。

以上は大東亜政策を樹立する当時より政府は(複数)この政策の基本的性格たるべしとの見解でありました。斯の如き政策が世界制覇とか他国の侵略を企図し又は意味するものと解釈せらるるという事は夢想だもせざりし所であります。

大東亜共栄圏建設の理念と、日本の行ない

かくして大東亜の建設とは、第一に独立した各国が共同してアジアの安定を確保することであり、自己の繁栄のために他国民を犠牲にするような旧秩序とは根本的に違うのです。第二は、相互の自主独立を重んじ、お互いを独立させるということです。また相互の伝統、文化を尊重する。そして互恵関係にするのです。大東亜の諸民族は白人の搾取の対象となったわけですが、それをなくする。つまり人種差別をなくするということです。これが大東亜共栄圏という意味なのです。

口では自由平等を唱えつつ、ほかの国やほかの民族に対しては抑圧と差別をもって臨み、自ら膨大なる土地と資源を勝手に使いまくり、他の生存を脅して省みず、世界全般が進歩するのを邪魔するような制度であってはならない。旧秩序を止めようというのが大東亜の理念であると東條さんは言っています。

この理念が世界制覇だとか他国の侵略を意味するものと解釈されるのは、心外千万と述べています。まったくもってアメリカ、イギリス、オランダ、オーストラリアの側に裁く権利があるのでしょうか。

このころの人種差別にはいろいろな例がありますが、一つ挙げると、アメリカの太平洋艦隊司令長官になったスプルーアンス提督の回顧録がありますが、そこにはアメリカ海軍では、アジア人や黒人などの有色人種は厨房でしか使わなかったということが書かれています。要するに軍艦では料理しかさせないのです。大砲を撃ったり戦闘に参加すると出世して、部下ができる可能性がありますが、白人が有色人種の部下につくわけにはいかないので、有色人種は軍艦の料理人としてしか使わないと、はっきり書いてあります。

一方、日本には、そのころ朝鮮人の中将がいました。中将というと師団長の格です。後の韓国大統領・朴正熙も日本軍の将校になっています。日本の満洲との間の国交条約においても、あるいは日華基本条約でも、日満華共同宣言でも、あるいは仏印・タイにおいても日本は、東亜の解放を平和的な方法で達成しようとしていたのです。

一四五、　以上の大東亜建設の理念は日本政府（複数）が従来より抱懐《ほうかい》して居ったところでありまして、日本と満洲国との国交の上に於ても亦日華基本条約乃至は日満華共同宣言の締結に於ても、日支事変解決の前提としても、なお又仏印及泰国との国交の展開の上に於ても、総《すべ》て平和的方法に依り其の達成を期せんとして居ったことは前にも述べた通りであります。この主旨は一九四三年（昭和十八年）十一月五日開催の大東亜会議に参集しました各国代表の賛同を得て同月六日に大東亜宣言として世界に表示したのであります。

大東亜宣言の発表

大東亜会議では、出席した各国の賛同を得て、大東亜宣言を発表しました。大東亜宣言の全文は、本書の巻末531ページに引用しておきます。

一四六、太平洋戦争が勃発するや、私は太平洋戦争の完遂と共に此の戦争を通じて以上の大東亜政策の実現に渾身の力を尽くしました。之に関する施策中、内に対するものとしては大東亜政策の実行並に之と重大なる関係を有する占領地行政につき徒《いたず》らに理念に堕せず独善に陥らず且つ各民族の希望及実情に即したる施策たらしめんとして二つの事柄を実行しました。

(一) 其の一つは一九四二年(昭和十七年)三月大東亜審議会を設置し、内閣総理大臣の諮問機関としたことであります。

(二) その二つは一九四二年(昭和十七年)十一月大東亜省を設置し、大東亜政策に関する事務を管掌《かんしょう》せしめたことであります。

又、外に対するものとしては左の三つの政策を行うことによりて大東亜政策の実現を図りました。

(一) 一は対支新政策を立てたことであります。之に依り我国と中国との間に従来存して居りました不平等条約の残滓《ざんし》を一掃し、之と対等の条約関係に切りかえました。

(二) その二は占領地域内の各民族に対し又は各国家に対し各々その熱望に応え大東亜政策に基く具体的政策を実行したことであります。

(三) その三は大東亜会議の開催を提議し其の賛同の下に各国の意志の疎通と結束の強

化を図ったことであります。

大東亜省の設置

東條内閣では大東亜政策の実現を目指し、各民族の希望や実情に即した施策を行なうために、第一に大東亜審議会をつくりました。第二には外務省とは別に大東亜省をつくりました。これには外務省が非常に反対しましたが、東條さんは押し切りました。またシナに対しては新しい政策を立て、不平等条約の残りを一掃し、完全に対等の関係にしました。これはかねてより汪兆銘に約束していたことです。

一四七、大東亜政策に関し内に於てとりました第一の措置たる大東亜審議会の設置につき一言いたします。

一九四二年（昭和十七年）三月、内閣総理大臣の諮問機関として之を内閣に設置しました。此の大東亜審議会の内容は弁護側文書第二七三五号の通りであります。その設置の動機は占領地行政及大東亜建設に対する国策を進むるに当り政府の独善的施策に陥らず各民族の希望及び事情に即した施策を為すため日本朝野《ちょうや》各方面有識の人々の智嚢《ちのう》を施策の上に反映せしめんとするの意図に出でたものであります。偶々《たまたま》議会に於ても同様の考《かんがえ》に基く調査機関設置の提議を見たる機会を動機として諮問機関の形に於て設置いたしました。そして本審議会の委員は政治、外交、財政、経済、産業文化等各方面の有識者を網羅しました。そして各部門に於て政府の諮問に応じ専門的に研究し或《あるい》は自発的に意見を立て、又之を政治的に実施する方途を審議し、施策樹立の参考に資《し》したのであります。

因《ちなみ》に大東亜建設に関する研究として検事側より国策研究会等の研究と称する幾多の証拠が提出せられて居ります。然《しか》し乍《なが》ら大東亜建設に関する政府の政策樹立のための機関としては右大東亜審議会の外はありません。右国策研究会其他の私的会合で研究しましたことについては政府は全く関知いたしません。総力戦研究所は公的機関とは言え既に立証せられたるが如く学生の養成と総力戦の研究のためでありまして政府の政策樹立には関係はありませんでした。

大東亜審議会設置の経緯

ここでは大東亜審議会の設置に至る経緯とその実態が述べられています。大東亜建設に関する政府の政策樹立の機関としては、大東亜審議会だけで、ほかに私的な会合はいろいろあったかもしれませんが、政府は一切関知していないと断言しています。

ほかに総力戦研究所という公的機関がありましたが、これは学生の養成と総力戦の研究のためのもので、政策樹立には関係がなかったとのことです。

一四八、内に対する施策の第二でありまする大東亜省の設置については、大東亜政策の本旨に鑑《かんが》み一九四二年（昭和十七年）十一月一日之を設置し従来外務省に於て取扱い来って居りました条約締結の如き純外交を除く大東亜政策に関する外政を専《もっぱ》ら之に管掌《かんしょう》せしめ、之に依って外務省を其の繁多なる業務より解放し、大東亜地域以外の同盟国中立国及敵国に対する溌剌《はつらつ》たる外交施策に専念せしめもって戦争遂行に関し並に戦争の終結に関し寄与せしめんとしたのであります。蓋し大東亜地域内の各独立国家間の関係は恰《あたか》も一大家族の各員の関係の如くに和親し提携すべきものであって従って其他の国に対する如く利害を基本とする従来の外交とは大に趣きを異にするとの観念に出発したのであります。唯《ただ》、此の地域内の国家は固《もと》より独立国家たる以上は条約の締結の如きは外交として存立すべきを以て此のことは外務省の所管に置きました。

大東亜省の所管事務の内容を大別すれば左の三つであります。

（一）大東亜地域内の各独立国家との経済、文化、通商等の交渉事務

（二）関東庁並南洋庁に関する行政

（三）軍の管掌する占領地行政に関する援助行政

その官制《かんせい》は証第九〇号に在る通りであります。又その官制の枢密院で議せられたときの状況の一部は証第六八七号にあるものと大差ありません。

外務省と大東亜省との関係

外務省と大東亜省との棲み分けについてですが、外務省では条約締結など純外交を担当しました。一方、大東亜政策に関する外交は大東亜省が担《にな》います。外務省を大東亜地域の仕事から解放し、大東亜地域以外の同盟国および中立諸国と活発な外交を行なってもらうために大東亜省はつくられました。大東亜省の最初の大臣は青木一男《あおきかずお》という人でした。彼は大蔵省から対満事務局次長、後に企画院総裁を務めた人です。

大東亜の地域内でも、独立国家になったものは、すべて条約締結の目的は純粋な外交ですから、これは外務省の管轄としました。大東亜省の所管事務として、一は経済、文化、通商です。二に以前からあった関東庁と南洋庁が入ります。三として、日本軍による軍制が布《し》かれている占領地行政の援助です。

一四九、　外に対する施策として実施しました事としては一九四二年（昭和十七年）十二月二十一日対支新政策を立て大東亜政策の本旨に合する如く日支間の不平等条約撤廃を目的として逐次左の如く施策を進め一九四三年（昭和十八年）十月三十日を以て之を完了しました。即ち

(一) 一九四三年（昭和十八年）一月九日取りあえず中国に於ける帝国の特殊権利として有したる一切の租界の還附及治外法権の撤廃に関する日華協定を締結し直ちに之を実行しました。

(二) 一九四三年（昭和十八年）二月八日中国に於て帝国の有せる敵国財産を南京政府に移管しました。

(三) 次で一九四三年（昭和十八年）十月三十日、日華同盟条約を締結しその第五条及附属議定書に依り、之より溯《のぼる》一九四〇年（昭和十五年）十一月三十日に締結した日華基本条約に定めてあった一切の駐兵権を放棄し日支事変終了後日本軍隊の駐兵権を含め全面撤兵を約束しここに日支間の不平等条約の最後の残滓を一掃したのであります。

(四) 而して対等の関係に於て新に前述の同盟条約を締結し相互に主権及領土の尊重大東亜建設及東亜安定確保のための相互協力援助並に両国の経済提携を約したのであります。

右に関し一九四三年（昭和十八年）十一月五日の大東亜会議に於て中国代表汪兆銘氏は次の如く述べて居ります。

『本年一月以来日本は中国に対し早くも租界を還附し、治外法権を撤廃し殊《こと》に最近に至り日華同盟条約をもって日華基本条約に代え同時に各種附属文書を一切廃棄されたのであります。国父孫《そん》先生が提唱せられました大東亜主義は既に光明を発見したのであります。国父孫先生が日本に対し切望しましたところの中国を扶《たす》け不平等条約を廃棄するということも既に実現せられたのであります』と。

シナに対する不平等条約の廃棄

さらに昭和十七年（一九四二年）十二月には、シナに対する新政策を打ち立てました。それを受けて昭和十八年（一九四三年）一月九日、とりあえずシナにおける帝国の特殊権利として持っていた一切の租界の還付および治外法権の撤廃に関する日華協定を締結し、これを実行しました。また日本が持っていたアメリカやイギリスの財産は、全部南京政府、すなわち汪兆銘に移しました。

さらには、日華基本条約に定めてあった一切の駐兵権も放棄して、日支事変終了後に日本の軍隊は駐兵権もなしに全面撤兵することを約束しました。また、対等な関係における主権および領土の尊重も約束したわけです。

　これについて、大東亜会議における中国代表の汪兆銘は、

「本年一月以来日本は中国に対し早くも租界を還付し、治外法権を撤廃し、ことに最近に至り日華同盟条約（日華＝日支）をもって日華基本条約に代え同時に各種付属文書を一切廃棄されたのであります」

　と述べています。さらに、

「国父孫《そん》先生が提唱された大東亜主義は、ここに光を発見したのであります。孫文が日本に対して切望した中国を助け不平等条約を廃棄するということも実現されたのです」と、つづけています。

　これを見ると、その後シナ大陸の政権は、日本に対して言うことがなくなるので、大東亜会議のことを出されると嫌がるのも当然です。逆に日本としては名誉なことですから、日本人は覚えていなければならないと思います。


一五〇、　外に対する施策の其の二について一言しますれば
　（A）先ず「ビルマ」国の独立であります。一九四三年（昭和十八年）八月一日、日本は「ビルマ」民族の永年の熱望に応え、その「ビルマ」国としての独立を認め且つ同

日之と対等の地位に於て日緬同盟条約を締結しました。而してその第一条に於て其の独立を尊重すべきことを確約しております。

又、一九四三年（昭和十八年）九月二十五日帝国政府は帝国の占領地域中「ビルマ」と民族的に深き関係を有する「マレー」地方の一部を「ビルマ」国に編入する日緬《めん》条約を締結し之を実行しました。之に依っても明瞭なる如く日本政府は「ビルマ」に対し何等領土的野心なく唯、その民族の熱望に応え大東亜政策の実現を望んだことが判るのであります。元来「ビルマ」の独立に関しては日本政府は太平洋戦争開始間もなく一九四二年（昭和十七年）一月二十二日第七十九議会に於て私の為した施政方針の演説中に於てその意志を表明しました一九四三年（昭和十八年）一月二十二日第八十一議会に於て私の為した施政方針演説に於ても「ビルマ」国の建国を認める旨を確約しました。そして同年三月当時「ビルマ」行政府の長官「バー・モー」博士の来朝の際、之に我政府の意思を伝え爾後建国の準備に入り一九四三年（昭和十八年）八月一日前述の如く独立を見たのであります。「ビルマ」民族がその独立をいかに熱望して居ったかは同年十一月六日の大東亜会議に於ける「ビルマ」同代表「バー・モー」氏の演説中に明かにされております。その中の簡単な一節を引用しますれば次の如く言っております。

『僅《わずか》に一千六百万の「ビルマ」人が独力で国家として生まれ出ずるために闘争したときは常に失敗に終りました。何代にも亙《わた》って我々の愛国者は民衆を率い打倒英国に邁《まい》進《しん》したのでありますが我々が東亜の一部に過ぎないこと、一千六百万人の人間がなし得ないことも十億の「アジア」人が団結するならば容易に成就し得ること此等の基礎的事実を認識するに至らなかったために我々の敵に対するあらゆる反抗は仮借することなく蹂躙《じゅうりん》されたのであります。斯《か》くて今より二十年前に起った全国的反乱の際には「ビルマ」の村々は焼払われ婦女子は虐殺され志士は投獄され或は絞殺され又は追放されたのであります。然《しか》し乍《なが》ら此の反乱は敗北に終ったとは言え此の火焔《ほのお》、亜細亜の火焔は「ビルマ」人全部の心中に燃えつづけたのでありまして、反英運動は次から次へと繰りかえされ此のようにして闘争は続けられたのであります。而して今日漸《ようや》くにして遂に我々の力は一千六百万の「ビルマ」人の力のみではなくして十億の東亜人の力である日が到来したのであります。即ち東亜が強力である限り「ビルマ」は強力であり不敗である日が到来したのであります』と。

(B) 次は「フィリッピン」国の独立であります。一九四三年(昭和十八年)十月十四日、日本は「フィリッピン」に対し全国民の総意によるその独立と憲法の制定とを認めました。又同日之と対等の地位に於て同盟条約を締結しました。その第一条に於て相互に主権及領土の尊重を約しました。右の事実及内容は弁護側第二七五六号の通りであります。元来「フィリッピン」の独立に関しては太平洋戦争開始前米国は比島人の元来の熱望に応え一九四六年七月を期し比島を独立せしむべき意思表示を行っております。我国は開戦間もなく一九四二年（昭和十七年）一月二十二日の第七十九議会に於て比島国民の意思の存するところを察し、その独立を承認すべき意思表示をしました。而して一九四三年（昭和十八年）一月二十二日第八十一帝国議会に於て之を再確認しました。次で更に同年五月には私は親しく比島に赴きその民意のある処《ところ》を察し、その独立の促進を図り、同年六月比島人より成る独立準備会に依り憲法の制定及独立準備が進められました。

斯《か》くして一九四三年（昭和十八年）十月十四日比島共和国は独立国家としての誕生を見るに至ったのであります。而して比島民族の総意による憲法が制定せられ、その憲法の条章に基き「ラウレル」氏が大統領に就任したのであります。又日本政府は「ラウレル」氏の申出に基きその参戦せざること及軍隊を常設せざることに同意しました。以上を以て明瞭なる如く日本は比島に対し何等領土的野心を有して居らなかったことが明《あきら》かとなるのであります。

（C）帝国と泰国との関係に於ては太平洋戦争が開始せらるる以前大東亜政策の趣旨の

下に平和的交渉が進められ、その結果(1)一九四〇年（昭和十五年）六月十二日日泰友好和親条約を締結し(2)一九四一年（昭和十六年）五月九日保障及政治的了解に関する日泰間議定書を締結し相互に善隣友好関係、経済的緊密関係を約しました。以上は太平洋戦争発生以前日泰両国間に平和的友好裡に行われたのであります。而して太平洋戦争後に於ては更に(1)一九四一年（昭和十六年）十二月二十一日、日泰同盟条約を締結し東亜新秩序建設の趣旨に合意し相互に独立及主権の尊重を確認し且《かつ》和平的軍事的相互援助を約しました。(2)更に又一九四二年（昭和十七年）十月二十八日には日泰文化協定を締結して両民族の精神的紐帯《ちゆうたい》を強化することを約しました。(3)一九四三年（昭和十八年）八月二十日帝国は「マレー」に於ける日本の占領地域中の旧泰国領土中「マレー」四州即ち「ペルリス」「ケダー」「ケランタン」及「トレンガン」並に「シャン」の二州「ケントン」「モンパン」を泰国領土に編入する条約を締結したのであります。

此の旧泰領土編入の件は内閣総理大臣兼陸軍大臣たる私の発意によるものであります。此の処置は昭和十八年五月三十一日御前会議決定大東亜政策大綱に基き行ったものでありまして、同年七月五日私の南方視察の途、泰国の首都訪問に際し「ピブン」首相と会見し日本側の意向を表明し両国政府の名に於て之を声明したのであります。

元来泰国に譲渡するのに此の地域を選びましたのは泰国が英国に依り奪取せられた地域が最も新らしき領土喪失の歴史を有する地域であるがためであって其他の地域の解決は之を他日に譲ったのであります。

本来此の処置については当初は統帥部に於いて反対の意向がありましたが私は大東亜政策の観点より之を強く主張し、遂に合意に達したのであります。帝国の此の好意に対し泰国朝野が年来の宿望を達しその歓喜に満てる光景に接して私は深き印象を受けて帰国しました。帰国まもなく本問題の解決を促進することに致しました。一九四三年（昭和十八年）十一月六日の大東亜会議に於て泰国代表「ワンワイタヤコーン」殿下は之につき次の如く述べて居ります。『日本政府は宏量《こうりょう》、克《よ》く泰国の失地回復と民力結集の国民的要望に同情されたのであります。斯《か》くて日本政府は「マライ」四州及「シャン」二州の泰国領編入を承認する条約を締結されたのであります。これ実に日本国は泰国の独立及主権を尊重するのみならず、泰国の一致団結と国力の増進を図られたことを証明するものでありまして、泰国官民は日本国民に対して深甚《しんじん》なる感謝の意を表する次第であります』と。

もって泰国民のこれに対する熱意を知るとともに帝国に於ては占領地域に対し領土的野心なきことの明白な証拠であります。

本条約に関する一九四三年（昭和十八年）八月十八日枢密院審査委員会の審議に於ては占領国の占領地域に対する領土権の有無につき質問応答が交されました。右に関する法理的見解は森山法制局長官をして答弁せしめた通りであります。条約案も此の見解の如くに起案されて居ります。私の発言として右筆記録に記載されてある点は私が軍事的政治的見地よりする率直且《かつ》素朴なる確信を披瀝したものであってその末段に於て条約第一条第二条に於ては無用の摩擦を避くるために斯《かか》る表現を為したるなりと述べたのは軍事的政治的の素朴なる独自の心持を表現せず前記の法理的表現を採用せる旨を述べたものであります。之を要するに本条約の取扱は国際法違反とは考えて居りませぬ。而も本措置は此の占領地を自国の領土に編入するものではなく、泰国の福祉のためその曾《かつ》て英国に依り奪取されたる旧領土を泰国に回復せんとする全く善意的のものであり且之が東亜の平和に資するものであります。当時此の措置を為すに当り、もって居った私の信念を率直に申せば、一九四〇年（昭和十五年）十二月独「ソ」間に「ポーランド」領を分割し国境の確定を為せる取り決めが行われたること又一九四〇年（昭和十五年）六月「ソ」連が「ルーマニヤ」領土の一部を併合したことを承知して居りました。此等の約定が秘密であると公表されたるものであるとに拘《かかわ》らず条約は即ち条約であり共に国際法の制約の下に二大国家間に行われたる措置なりと承知して居りました。なお本日泰条約は戦争中のものであります。而して日本としては戦争の政治的目的の一は東亜の解放でありました。故に私は此の目的達成に忠ならんと欲し何等躊躇《ちゆうちよ》するところなく東亜の解放をドシドシ実行すべきであると考えたのであります。即ち独立を許すべきものには独立を許し自治を与うべきものには自治を与え失地を回復すべきものには失地を回復せしむべきであるとの信念でありました。此等のことは戦後を待つ必要もなく又之を待つを欲しなかったのでありまず。なお終戦後左記の事実を知って此の間の措置が国際法に毫末《ごうまつ》も抵触《ていしよく》せざることを私は更に確信を得ました。即ち(1)一九四三年(昭和十八年)十一月米、英及重慶政府間の「カイロ」会議に於て未《いま》だその占領下にもあらざる日本の明瞭なる領土中、台湾、澎湖島を重慶政府に割譲するの約束がなされました。(2)一九四五年(昭和二十年)二月のヤルタ協定に於いて是亦《これまた》未だ占領しあらざる日本領土である千島列島及樺太南部を「ソ」連に割譲することを米、英「ソ」間に約定せられ、而も他の条件と共に之をもってソ連を太平洋戦争に参加を誘う具となしたのであります。斯《かく》の如き措置は国際法の下に大国の間に行われたのであります。私は此等により日本の先に為した措置が違法にあらざる旨の確信を得て居ります。

(D) 蘭領印度に対しては現地情勢は尚《な》おその独立を許さざるものがありましたので、

不取敢《とりあえず》、私は前記昭和十八年五月三十一日御前会議の決定「大東亜政策指導大綱」に基き内閣総理大臣として一九四三年（昭和十八年）六月十六日第八十二回帝国議会に於て其の施政演説中に於て「インドネシア」人の政治参与の措置を採る方針を明かにし、之に基き、現地当局は、之に応ずる処置をなし、政治参与の機会を与えました。而して東條内閣総辞職後日本は蘭印の独立を認める方針を決定したと聞いて居ります。

去る一九四七年（昭和二十二年）三月七日証人山本熊一氏に対する「コミンス・カー」検事の反対訊問中に証拠として提示せられたる日本外務省文書課作製と称せらるる『第二次世界大戦中ニ於ケル東印度ノ統治及帰属決定ニ関スル経緯』に一九四三年（昭和十八年）五月三十一日御前会議に於て東印度《インド》は帝国領土へ編入すべきことを決定したと述べて居ります。昭和十八年五月三十一日の御前会議に於て蘭印東印度は一応帝国領土とする決定が為されたことは事実であります。此等地方の地位に関しては、私を含む政府は大東亜政策の観点より、速かに独立せしむべき意見でありましたが、統帥部及現地総軍司令部並に出先海軍方面に於て、戦争完遂の必要より過早《すぐ》に独立を許容するは適当ならずとの強き反対があり、議が進行せず他面「ビルマ」「フィリッピン」の独立の促進及泰国に対する占領地域の一部割譲問題等政治的の急速処置を必要とするものあり、止むを得ず、一応帝国領土として占領地行政を継続し置き、更に十分考慮を加え且《かつ》爾後の情勢を見て変更する考えでありました。これで本件は特に厳秘に附し現地の軍司令官、軍政官等にも全く知らしめず、先ず行政参与を許し其の成行《なりゆき》を注視すると共に本件御前会議決定変更の機を覘《うかが》って居たのであります。即ち一九四三年（昭和十八年）五月三十一日御前会議決定当時に於ても此等の土地を永遠に帝国領土とするの考えではありませんでした。

此の独立のための変更方を採用する前に私どもの内閣は総辞職を為したのでありました。小磯内閣に於て「インドネシヤ」の独立を声明しましたが私も此の事には全然賛成であります。

（E）帝国政府は一九四三年（昭和十八年）十月二十一日自由印度仮政府の誕生を見るに及び十月二十三日に之を承認しました。右仮政府は大東亜の地域内に在住せる印度の人民を中心として「シュバス・チャンドラボース」氏の統率の下に印度の自由独立及繁栄を目的として之を推進する運動より生れたのであります。帝国は此の運動に対しては大東亜政策の趣旨よりして印度民族の年来の宿望に同情し全幅の支援を与えました。なお一九四三年（昭和十八年）十一月六日の大東亜会議の機会に於て我国の当時の占領地域中唯一の印度領たる「アンダマン、ニコバル」両諸島を自由印度仮政府の統治下に置く用意ある旨を声明しました。是亦《これまた》我が大東亜政策の趣旨に基き之を実行したものであります。

ビルマ、フィリピンに独立を与えた日本

日本はビルマには、昭和十八年（一九四三年）八月一日、独立を与えました。そして民族的に深い関係のあるマレー地方の一部を、ビルマに編入することにしました。行政府長官バー・モー氏は次のように言っていますが、これも非常に重要です。

「わずか一六〇〇万のビルマ人が独力で国家として生まれ出ずるために闘争したときは常に失敗に終わりました」

「何代にもわたってわれわれの愛国者は民衆を率い打倒英国に邁進したのでありますが、われわれが東亜の一部に過ぎないこと、一六〇〇万人の人間がなし得ないことも一〇億のアジア人が団結するならば容易に成就し得ること、これらの基礎的事実を認識するに至らなかったために、われわれの敵に対するあらゆる反抗は仮借《かしゃく》することなく蹂躙《じゅうりん》されたのであります。かくていまより二〇年前に起こった全国的反乱の際には、ビルマの村々は焼き払われ、婦女子は虐殺され、志士は投獄され、あるいは絞殺され、または追放されたのであります」

このようなことを縷々《るる》述べました。

「反英運動は次から次へと繰り返され、このようにして闘争は続けられたのであります。しかして今日ようやくにして、ついにわれわれの力は一六〇〇万のビルマ人の力のみではなく、一〇億の東亜人の力である日が到来したのであります」

と、独立を喜んでいます。

次はフィリピンです。同じ昭和十八年の十月十四日、フィリピンは独立しました。日本はラウレル大統領の希望に応じて、フィリピンは日本の戦争には参加しないこと、軍隊は常設しないことに同意しました。このことからも、日本はフィリピンに対しても領土的野心は何も持っていなかったことは明らかです。

戦後しばらくの間、フィリピン人の間に反日感情がありました。これはフィリピンが戦場になり、アメリカ側についたゲリラもいて、フィリピン人の間に犠牲者が出たためです。これは残念なことでした。

英国に奪われた旧タイ領土を占領して返還

タイとの交渉はすべて平和裡に行なわれていて、和平的軍事的相互援助を約して日泰《タイ》同盟条約も結ばれています。また昭和十八年八月二十日には、マレーにおけるイギリス占領地域の中から、元来はタイの領土であったベルリス、ケダー、ケランタン、トレンガンの四州、及びシャンの二州のケントン、モンパンを、日本はタイ国領土に編入することを約束しました。

「この旧泰領土編入の件は、私の発意によるものであります。ピブン首相と会見し、日本側の意向を表明し、両国政府の名でこれを声明したのであります。元来タイ国に譲渡するのにこの地域を選びましたのは、タイ国がイギリスにより奪取せられた地域が最も新しき領土喪失の歴史を有する地域であるがためであって」という部分は注目です。

この処置については、元来参謀本部は反対でした。しかし東條さんが強く主張し、合意に達したのです。

「タイ国朝野が年来の宿望を達し、その歓喜に満てる光景に接して私は深き印象を受けて帰国しました」と東條さんは語っています。

統帥部が反対したのは、マレーを占領下に置いておいたほうがいいというより、統帥部の意見では、独立させると軍隊が通過するのにもいちいち相手国に許可を得なければならず、それが厄介だということが理由でした。占領地であれば、そうした手続きは省けるわけです。実際インドネシアの独立は、そのために遅れたのです。政府は独立させてもいいと考えていましたが、とくに石油を日本に運ぶのに、いちいち許可をとっていたのでは、間に合わないという事情がありました。戦争中だったということが重要です。

日本の戦争は、蘭印の石油があったからこそできたのです。石油基地をボルネオに置いていました。連合艦隊によるフィリピン沖の最後の大海戦も、全部ボルネオの石油を使っています。

大東亜会議でタイのワンワイタヤコーン殿下は、

「日本政府は宏量（非常に心が広く）、よくタイの失地回復と民力結集の国民的要望に同情され、領土をタイに編入してくれた。これは実に日本国がタイの独立および主権を尊重するのみならず、タイの一致団結と国力の増進を図られたことを証明するものです。タイの官民は日本国民に対して深甚なる感謝の意を表するものです」

と言っています。これなども、日本は領土的野心がない証拠です。

確かにピブン首相が大東亜会議に出席しなかったのは事実ですが、それをピブンが大東亜政策に反対だったからだと解釈するのは情けないことです。何とか日本の悪口を言いたいというのが戦後の左翼的日本人の風潮なのです。知らないでいると、信じ込まされてしまいますから、危険です。

これは国際法違反とは考えていません。日本が占領地を自分の領土に編入するのであれば、国際法に抵触するかもしれませんが、元来タイのもので、イギリスによって奪われた領土をタイに返してあげたということですから、何ら問題はありません。昭和十五年（一九四〇年）、ソ連がポーランドを分割したり、ソ連がルーマニアの領土を取ったことがありますが、日本の態度は、それとは全然違います。独立を許すべきものには独立を許し、自治を与えるべきものには自治を与えようというのが日本の方針です。

さらに、チャンドラ・ボースの自由印度政府をも支援し、当時日本が占領していた地域の中で、唯一のインド領だったアンダマン、ニコバル諸島を自由印度政府の統治下に置く用意があると声明しました。

アンダマン、ニコバルというのは、最近、大津波で話題になったインド洋の島ですが、これらの島々は日本が昭和十八年にこれから独立しようとするインドに与えたわけです。これは大東亜政策の趣旨に基づいたものです。

一五一、　大東亜政策として外に対する施策の第三である大東亜会議は、日本政府の提唱に依り一九四三年（昭和十八年）十一月五日、六日の両日東京に於て開催せられました。参会した者は中華民国代表、同国民政府行政院長汪兆銘氏、「フィリッピン」代表同国大統領「ラウレル」氏、泰国代表、同国内閣総理大臣「ピブン」氏の代理「ワンワイタヤコーン」殿下、満洲国代表、同国務総理張景恵氏、「ビルマ」代表、同国首相「バー・モー」氏及び日本国の代表、内閣総理大臣である私でありました。

此の外に自由印度仮政府首班「ボース」氏が陪席しました。而して本会議の目的は大東亜秩序の建設の方針及大東亜戦争完遂に関し各国間の意見を交換し隔意なき協議を遂ぐるにありました。此の会議の性質及目的に関しては予《あらかじ》め各国に通報し、その検討を経且《かつ》其の十分なる承諾の下に行われたのであります。私は各国代表の推薦に依り議長として議事進行の衝に当りました。会議の第一日即《すなわち》十一月五日には各国代表がその国の抱懐する方策及所信を披瀝しました。第二日即ち十一月六日には大東亜共同宣言を議題として審議しその結果満場一致を以て之を採択しました。之は証第一三四六号の通りであります。ここに関係各国は大東亜戦争完遂の決意並に大東亜の建設に関してはその理想と熱意につきその根本に於て意見の一致を見、大東亜各国の戦争の完遂及大東亜建設の理念を明かにしたのであります。次に満洲国代表張景恵氏よりこの種の会合を将来に於ても随時開催すべき旨提議がありました。「ビルマ」代表「バー・モー」氏より自由印度仮政府支持に関する発言があり、之に引続きて自由印度仮政府首班「ボース」氏の印度独立運動に関する発言がありました。私は「アンダマン、ニコバル」両諸島の帰属に関する日本政府の意向を表明しました。斯《か》くして本会議は終了しました。

本会議は強制的のものでなかったことは、その参集者は次のような所感を懐《いだ》いて居ることより証明が出来ます。「フィリッピン」代表の「ラウレル」氏はその演説中に於て次の如く述べて居ります。曰く『私の第一の語は先ず本会合を発起せられた大日本帝国に対する深甚なる感謝の辞であります。即ち、この会合に於て大東亜諸民族共同の安寧と福祉との諸問題が討議せられ又大東亜諸国家の指導者各閣下に於かれましては親しく相交ることに依りて互に相知り依って以て亜細亜民族のみならず、全人類の栄光のために大東亜共栄圏の建設及之《これ》が恒久化に拍車をかけられる次第であります。』と申して居ります。又陪席せる自由印度仮政府代表「ボース」首班の発言中には『本会議は戦勝者間の戦利品分割の会議ではありません。それは弱、小国家を犠牲に供せんとする陰謀謀略の会議でもなく、又弱小なる隣国を瞞着《まんちやく》せんとする会議でもないのでありまして此の会議こそは解放せられたる諸国民の会議であり且つ正義、主権、国際関係に於ける互恵主義及相互援助等の尊厳なる原則に基づいて世界の此の地域に新秩序を創建せんとする会議なのであります。』といって居ります。更に「ビルマ」代表「バー・モー」氏は本会議を従来の国際会議と比較し次の如く述べて居ります。曰く『今日此の会議に於ける空気は全く別個のものであります。此の会議から生れ出る感情は如何様《いかよう》に言い表わしても誇張し過ぎる事はないのであります。多年「ビルマ」に於いて私は亜細亜の夢を夢に見つづけて参りました。私の「アジア」人としての血は常に他の「アジア」人に呼びかけて来たのであります。昼となく夜となく私は自分の夢の中で「アジア」はその子供に呼びかける声を聞くのを常としましたが今日此の席に於て私は初めて夢であらざる「アジア」の呼声を聞いた次第であります。我々「アジア」人はこの呼声、我々の母の声に答えてここに相集《つど》うて来たのであります』と。

寄せられたアジアの声

大東亜会議の出席者から寄せられた喜びの声は、日本の圧力によって強制されたものではなく、自発的に発せられたものであることを強調し、東條さんはこの会議の意義を唱えます。

それを証するようにフィリピンのラウレル大統領はその演説中において、「第一の語は、まず大日本帝国に対する深甚なる感謝の言葉であります」と述べています。インドのボースは、「本会議は戦勝者間の戦利品分割の会議ではなく、弱小国家を犠牲にした陰謀謀略の会議でもなく、弱小なる隣国を瞞着《まんちやく》する会議でもない」と、はっきり言っています。すべて、これはアジアの声です。

陸軍と政治との関係

一五二、　起訴状に於ては一九二八年（昭和三年）より一九四五年（昭和二十年）に至る間日本の内外政策は「犯罪的軍閥」に依り支配せられ且つ指導せられたりと主張されて居ります。然《しか》し乍《なが》ら日本に於ては「犯罪的軍閥」は勿論所謂《いわゆる》「軍閥」なるものは遠い過去は別として起訴状に示されたる期間中には存在して居った事実はありません。尤《もっと》も明治時代の初期に於て封建制度の延長として「藩閥」なるものが実際政治を支配した時代に於ては此等藩閥は同時に又軍閥でもあったのであります。当時此等の者は「閥」即ち徒党的素質をもって居ったとも言えます。然《しか》るに政党政治の発達に伴い斯《かか》る軍閥は藩閥と共に日本の政界より姿を消したのであります。その時期は起訴状に言及した時期よりは以前のことであります。その後帝国陸海軍は国家の組織的機関として制度的に確立し自由思想の発生するに及び最早《もはや》、事実的に斯《かく》の如き徒党的存在は許されざるに至りました。その後政党勢力の凋落《ちょうらく》に伴い軍部が政治面に擡頭《たいとう》した事はあります。しかし、それは過去の軍閥が再起したものではありません。仮りに検察側が之を指して居るのであったならば軍閥という言葉は当りません。それは軍そのものであり徒党的存在ではないからであります。而してそれは日本の内外より受くる政治情勢の所産であります。彼の「ナチ」または「ファッショ」のような一部政治家により先ず徒党を組織し、構成して、国政を壟断《ろうだん》せるものとは全然その本質及政治的意義を異にして居ります。

昭和の日本に軍閥は存在せず

ここでは、「軍閥」という言葉について言及しています。起訴状においては、犯罪的軍閥において支配せられ、かつ指導されたりと言っているからです。しかし昭和の日本には、軍閥なるものは存在しないということです。明治には薩長閥とか何とか閥はあったかもしれませんが、政党政治の発達に伴って、とうの昔になくなっており、藩閥もありません。

その後の帝国陸海軍は、国家の組織的機関として制度として成立したものであり、徒党的なものでもなく、軍閥という概念は当たりません。

ナチだとかファシストという一部政治家によって徒党を組織構成し、国政を壟断したものとは全然違い、日本の軍部はどこの国にもある正規の軍事組織だと述べています。

一五三、　軍が政治面に擡頭せることについては次の如き政治情勢が重大なる関係をもって居ります。

（一）満洲事変前後に於ける日本の国民生活の窮乏《きゅうぼう》と、赤化の危険に対応する革新機運の擡頭と、陸海軍の之に対する同情

（二）支那事変の長期化に伴い日本の国家体制が次第に総動員体制に移り、太平洋戦争勃発以後は完全なる戦時体制に移り、軍部の発言権の増大せること

（三）右と関連し日本独特の制度たる統帥権の独立が発言権を政治面に増大せること

右の中（一）の事柄、即ち満洲事変前後のことについては私自身の責任時代のことではありませんが、我国の運命に関する事柄の観察として之を述べる事が出来ます。

第一次世界大戦後の生産過剰と列強の極端なる利己的保護政策とに依り自由貿易は破綻を来したのであります。此の自由貿易の破綻は惹《ひ》いては自由主義を基礎とせる資本主義の行詰りという一大変革期に日本は当面したのであります。斯くて日本の国民経済に大打撃を与え国民生活は極度の窮乏に陥りました。而も当時世界的不安の風潮は日本にも滔々《とうとう》として流れ込んだのであります。斯くて日本は一種の革命期に探入しました。

此の革命期には日本には大別して二種の運動が起りました。其の一つは急進的な暴力革命の運動であります。他の一つは漸進的で資本主義を是正せんとする所謂《いわゆる》革新運動であります。急進的暴力革命派は軍人若《も》しくは軍隊を利用せんとし、青年将校等を煽動し且つ捲込《まきこ》まんとしました。その現われが五・一五事件（一九三二年即ち昭和七年）二・二

六事件（一九三六年即ち昭和十一年）等でありました。蓋《けだ》し、農山漁村困窮の実状が農山漁村の子弟たる兵士を通じて軍に反映して青年将校等が之に同情したことに端を発したのであります。而して軍は二・二六事件の如き暴力行為は軍紀を破壊し国憲を紊乱《びんらん》しその余弊《よへい》の恐るべきものあるに鑑《かんが》み、広田内閣時代寺内陸相に依り粛軍を断行し之を処断すると共に、軍人個々の政治干与を厳禁しました。他面陸軍大臣は国務大臣たる資格と責任に於て政治的に社会不安（即ち国民生活の窮乏と思想の混乱）を除去する政策の実行を政府に要求致しました。検事側の問題とする陸海軍現役制の復活も此の必要と粛軍の要求とより出たものであります。斯の如き関係より軍が政治的発言をなすに至ったのであります。検察側の考うるが如く暴力的処置に依り軍が政治を支配せんとしたものではないのであって、以上の如き政治情勢が自ら然《しか》らしむるに至ったのであります。

次に（二）の理由即ち支那事変の長期化に伴い総動員体制に移行したとき、又太平洋戦争勃発以後の戦時体制と共に軍の発言権の増大につきては私は関係者の一人としてここに説明を加えます。以上の事変並に戦争のため国家の運営が戦争の指導を中心とするに至りました。そして、それは当然に軍事中心となりました。殊に一九三七年（昭和十二年）十一月大本営の設置せられたる以来、次に述べる第三の理由とも関連して政治上に影響を持つに至りました。

この傾向は太平洋戦争勃発後に於て戦争の目的を達するため国家の総力を挙げて完勝の一点に集中せしむる必要より発した当然の帰結であります。軍が政治面に強く擡頭したのは斯くの如き自然的政治情勢の然らしめたところであります。之を以て軍の横暴というならばそれは情報の欠如に基く見解の相違であります。之を犯罪的軍閥が日本の政治を支配したということは事実を了知せる私としては到底承服し得ざるところであります。

第三の点、即ち統帥部の独立について陳述いたします。旧憲法に於ては国防用兵即ち統帥のことは憲法上の国務の内には包含《ほうがん》せらるることなく、国務の範囲外に独立して存在し、国務の干渉を排撃することを通念として居りました。このことは現在では他国にその例を見ざる日本独特の制度であります。従って軍事、統帥行為に関するものに対しては政府としては之を抑制し又は指導する力は持たなかったのであります。唯、単に連絡会議、御前会議等の手段に依り之との調整を図るに過ぎませんでした。而も其の調整たるや戦争の指導の本体たる作戦用兵には触れることは許されなかったのであります。その結果一度作戦の開始せらるるや、作戦の進行は往々統帥機関の一方的意思に依って遂行せられ、之に関係を有する国務としてはその要求を充足し又は之に追随して進む外《ほか》なき状態を呈したことも少《すく》なしと致しません。然るに近代戦争に於ては此の制度の制定当時とは異なり国家は総力戦体制をもって運営せらるるを要するに至りたる関係上斯《かか》る統帥行為は直接間接に重要なる関係を国務に及ぼすに至りました。又統帥行為が微妙なる影響を国政上に及ぼすに至りたるに拘《かかわ》らず、而《しか》も日本に於ける以上の制度の存在は統帥が国家を戦争に指向する軍を抑制する機関を欠き、殊に之に対し政治的抑制を加え之を自由に駆使する機関とてはなしという関係に置かれました。これが歴代内閣が国務と統帥の調整に常に苦心した所以であります。又私が一九四四年（昭和十九年）二月、総理大臣たる自分の外に参謀総長を拝命するの措置に出たのも此の苦悩より脱するための一方法として考えたものであって、唯、その遅かりしは寧《むし》ろ遺憾とする所でありました。然《しか》も此の処置に於ても海軍統帥には一手をも染め得ぬのでありました。

斯《かく》の如き関係より軍部殊に大本営として事実的には政治上に影響力を持つに至ったのであります。此の事は戦争指導の仕事の中に於ける作戦の持つ重要さの所産であって戦争の本質上已《や》むを得ざる所であると共に制度上の問題であります。軍閥が対外、対内政策を支配し指導せりという如き皮相的観察とは大《おおい》に異なって居ります。

何が軍部の発言権を強大化させたのか

ここでは、政治における軍の擡頭《たいとう》、なぜ軍部、ことに大本営が政治上に影響を持つに至ったのかについて述べています。

軍を取り巻く政治情勢には、次のようなものがありました。一つは満洲事変前後からの、国民の窮乏と、日本が赤化、共産化することに対するおそれから革新運動がわきおこり、それに軍部が同情したことがあります。この場合の革新運動とは、端的に言うと右翼ということです。とはいっても、右翼と左翼は両極かというと、そうではなく、右翼のプログラムは共産党とほぼ同じです。ただ共産党とは、皇室を尊重するか廃絶をめざすかだけが違います。その右翼に陸海軍の内部から同情するものがあったのです。しかし戦前の右翼は、本当はばりばりの社会主義者でした。

また支那事変が長期化するにつれて、日本は総動員体制を整えました。日本のように資源のない国は、国家社会主義体制をとらなければ近代的戦争ができません。ですから国家社会主義に移ったのです。そうすると軍部の発言権が強くなるのは当然のことでした。

もう一つの要因は、ロンドン会議後に統帥権の独立ということが言われるようになったことです。これについては度々触れてきましたから、あらためて詳述しませんが、これによって、浜口首相狙撃事件が起こり、その後の二・二六事件が起こると、もはや軍部の言うことに反対すると命が危ないという雰囲気が出来上がってしまいました。これが軍の発言権を強めた三番目の理由です。

しかし、その大本《おおもと》をたどると、そこにあるのは第一次大戦後の英米による利己的な保護貿易政策であり、その結果としての自由貿易の破綻です。具体的にはアメリカのホーリイ・スムート法、イギリスのオタワ会議ですが、これによって自由主義を基礎とする資本主義経済が立ち行かなくなりました。これは資源を持たぬ国・日本に甚大な影響を及ぼしました。それさえなければ、日本にもあのような社会主義的右翼などはびこらず、軍部の擡頭を許すこともなかったのです。

自由貿易を阻まれると、日本は窮乏に陥らざるをえません。これは政治が悪いわけでも何でもなく、貿易ができなくなったからです。それが急進的な暴力革命のもととなり、青年将校が扇動されて起こった五・一五事件、さらにその後二・二六事件という恐ろしい事件が続きました。

二・二六事件後の広田内閣では、粛軍をして軍人個人の政治的関与を厳禁しましたけれども、そのためには軍に対する抑えが必要でした。とにかく二・二六事件のような事件の再発を抑えなければならなかった。そのためには、内閣が直に軍隊を統制できなければいけないということで、広田内閣のときに軍部大臣現役武官制が復活しました。現役の大将ならば、現役の中将に命令できます。そして、これによって現場の抑えを利かせようという考え方です。

しかし、逆にこれによって陸海軍が、特に陸軍が内閣の命運を左右することとなり、その後の進路に大きな弊害をもたらしたことは、これまで見てきたとおりです。

ブレトンウッズ体制が意味するもの

日本が窮乏に陥ったのは、英米をはじめとする列強がアウタルキーをやり始めて資源の囲い込みに入ったからだと東條さんも述べています。このことをさらに指摘しておけば、戦争の本当の原因がこれであったことは、アメリカもイギリスも、後に気がつくのです。

その何よりの証拠に、戦争が継続しているさなかに、英米主導でブレトンウッズ体制をつくります。ブレトンウッズ体制は、連合軍が勝利したあとの、戦後の世界を見据え、世界銀行をつくり、のちのガット体制のようなものを構築して貿易障壁をなくそうというものでした。まさに彼らが推し進めてきたアウタルキーとは正反対の考え方で、これが戦争の原因だということを、彼らが知っていた何よりの証拠です。

ただそれを東京裁判で指摘するほど、当時の日本の経済学者の研究は進んでいなかったのです。いまなら明々白々です。「ブレトンウッズ体制とは何だ、この前の戦争の原因が自分たちにあったことを知っていたのではないか」といまなら言えます。

考えてみれば、東條さんなどは軍閥、あるいは軍の中枢と関係なく、むしろ脇道を歩いてきた人です。二・二六事件のあと、ただ部内に対する統制力があるという理由で、中央に戻りました。支那事変の始まりにも、関係していません。岩手県出身ですから藩閥、軍閥などともぜんぜん関係ありません。

軍の重要作戦を首相が知らない不思議

軍部の発言力を強大化させた第三の理由である「統帥権の独立」は、日本では統帥部と国務が完全に分裂していて、その両方を上から束ねる人がいなかったことが大きな悲劇でした。日本の憲法上では、両方の上に立てるのは天皇陛下だけなのです。その天皇陛下も責任内閣制度のもとで、内閣と統帥部の決定を、事実上そのまま裁可するだけとなると、両方に命令できる人がいないのです。アメリカのルーズベルト、イギリスのチャーチル、ソ連のスターリン、ドイツのヒトラーのような指導者は日本にはいないのです。東條さんも何度も言っていますが、そのとき海軍が何をしているか首相であっても知らないということが、当たり前に起こっていたのです。

軍を抑制する機関が日本にはなかったということを、総理大臣が自分で言っているのです。首相であっても陸海軍のどちらの統帥にも口出しできない。東條さんは陸軍だけでも束ねようとして、昭和十九年以後、参謀総長を兼ねていますが、しかしそれでは遅いのです。極端に言えば、首相は本当は陸相、海相、参謀総長、軍令部総長も兼ねなければ、戦争指導はできません。

東條さんは、明治憲法の制度的欠陥をよくわかっていました。しかし、どうすることもできないのです。この時点で、東條さん本人自らきちっと分析しているのです。しかし当時は、言い逃れに思われたのだと思います。

歴代の内閣は、国務と統帥の調整に本当に苦労しました。苦労しなかったのは明治の元老が生きている間で、元老会議の決定は国務と統帥の両方に利き目がありました。山縣有朋や伊藤博文が生きているときは、国務と統帥の両方ににらみが利きました。ところが元老がみんな世を去ってしまって昭和に入ると、元老は西園寺《さいおんじ》公望《きんもち》ただ一人になります。そうなると元老一人で、しかもその人が公家では、軍部に抑えが効かなかったということです。これは日本人としてはやりきれないことでした。

しかし昭和十九年二月、マーシャル群島で軍人・軍属一万人もが全員玉砕し、南の島の根拠地が根こそぎやられるような事態になっても、東條首相は、事前に何も聞かされていませんでした。また大本営が大陸打通作戦という大作戦を行ないますが、この作戦の計画についても首相は事前に知らされていないのです。

そこで、こういうことではとても戦争ができないというので、ようやく昭和十九年の二月二十一日になって、東條陸相が参謀総長を、嶋田海相が軍令部総長を兼務することで、国務と統帥を一体化したわけですが、それでもなお、東條さんは海軍には一つも口が出せなかったのです。

日本がリーダーなしに戦争したことが、よくわかります。それでも東條さんと嶋田海相とはわりと話が合いましたから、陸海軍の連係はまだいいほうでした。

陸海軍の上に立つようなリーダーがいたら、インド洋作戦などという半端なことはせずに、すぐにカルカッタあたりに陸戦隊を上陸させ、チャンドラ・ボースを連れて行って「独立」を宣言し、インドをイギリスから切り離してしまえば、ビルマ作戦など要らなかったわけです。そうすればせめてドローン・ゲームくらいには持ち込めたかもしれません。

軍紀の確立に関し私の執った政策

一五四、五・一五事件、二・二六事件の如き不祥事件の惹起は軍人の政治関与及《およ》び徒党的関係の発生を助長せんとする傾向がありましたから、陸軍としては厳に戒心を加うる必要を生じました。二・二六事件の当時は私は関東憲兵隊司令官を勤務して居りましたが、この事件に関係ある在満在留邦人及駐満軍隊を通し其の関係者、容疑者を一挙に検挙し軍紀の振粛《しんしゆく》と治安の確立に尽力しました。二・二六事件の直後寺内陸相は特に軍紀の粛正を断行し、軍人の政治干与を厳禁すると共に軍内の派閥的関係の生起することを厳に戒《いまし》むるの方針をとりました。其後の歴代陸相は皆此《こ》の方針を継承したのであります。私も亦《また》陸相として此の方針を堅持しました。軍内に徒党的関係の発生するを防止するため人事行政に於ては個人的の親疎《しんそ》を以て人事に影響せしめず、専ら個人の才能、経歴を重視し適材を適所に配置することに努めたのであります。又軍の本質に鑑み組織の活用を重視しました。即ち組織の中に於ける各職責を尊重し、命令系統其他業務系統を正しく運用することにつとめました。又軍人の政治関与は厳に之を抑制しました。特に私の内閣総理大臣に就任して後は内閣の業務と陸軍省の業務とは截然《せつぜん》之を区別して厳に両者の混淆《こんこう》を防止し、苟《いやし》くも両者相互の干渉容喙《ようかい》なからしめました。故に私の陸相及首相の間日本の政治体制は総動員又は総力戦体制であったのは事実であるけれども、軍閥の政治支配又は指導ということはなかったのであります。

軍紀の振粛ということ

何度も述べてきたとおり、東條さんは軍紀に対しては、厳正にあたりました。二・二六事件当時、東條さんは関東憲兵隊の司令官でしたが、この事件に関係ある満洲にいる在留邦人および在満洲の部隊に対してその関係者その他を一斉に検挙し、軍紀の振粛に努めました。

二・二六事件を一番怖がっていた日本の首脳部、木戸内大臣や近衛公はこれを見て、この人ならば二度と陸軍を暴れさせることはないのではないかと見込んで、中央に呼び返したわけです。

ですから東條さんは陸軍内に派閥をつくり徒党を組むようなことは一切やらせないよう、能力を重視し適材適所に人材を配するよう努力をしました。首相就任後はとりわけ、内閣の業務と陸軍省の業務とをきちんと区別し、両者が互いに干渉せぬようにしていましたから、軍閥の政治支配などという表現はあたりませんでした。

ソ連並《ならび》にコミンターンとの関係

一五五、　日本は未だ嘗《かつ》て検察側の主張するが如き、蘇連邦《ソ》に対し、侵略を為せることは勿論、之を意図したこともありません。我国は寧《むし》ろ蘇連邦の東亜侵略に対し戦々恐々其の防衛に腐心し続けて来たのであります。殊に昭和七年（一九三二年）満洲国の成立後に於ては、日本はその防衛の必要と、日満共同防衛の盟約とに基き同国と協力し、隣邦蘇連に対し、満洲国の治安確保とその防衛に専念し来たのであります。而して日本陸軍としては、此の目的を達するための軍事整備の目標を主として蘇連極東軍に置いて居たのであります。従って、日本陸軍の対「ソ」作戦計画の本質は対「ソ」防衛であります。其の計画の内容に攻撃の手段を含んで居りますが、之は国家が万一開戦を強いられた場合に於て採るべき戦闘手段を準備計画せるものであり、我方より進んで戦争することを意味するものではありません。又、決して侵略を目的としたものでないことは勿論であります。尚《な》お大東亜共栄圏に西比利亜《シベリア》地域を国家の意思として考えたこともありません。本法廷に於て検察側より所謂《いわゆる》『関特演』計画に関することが証拠として提示せられて居りますが、これとても此の範囲を出ずるものでなく、且《かつ》これは一に資材、人員の補充を計ったものであります。

他面日本の対蘇外交は常に蘇連邦との間に『静謐《せいひつ》保持』を以《もっ》て一貫した政策として居ったのであります。支那事変次《つい》で太平洋戦争発生後に於ては、日本は北辺に事《こと》無からんことに常に細心の注意を払い殊に一九四〇年（昭和十五年）四月、蘇連邦との間に、日蘇中立条約の締結を見たる以後に於ては、これが堅持を基本として対「ソ」平和政策を律して来たのでありまして、一九四五年（昭和二十年）八月同条約の有効期間に之を破って侵略を行ったのは日本ではありませんでした。

他面帝国は第三「インターナショナル」の勢力が東亜に進出し来《きた》ることに関しては深き関心を払って来ました。蓋《けだ》し、共産主義政策の東亜への浸透を防衛するにあらざれば、国内の治安は破壊せられ、東亜の安定を攪乱《かくらん》し、延《ひ》いて世界平和を脅威するに至るべきことをつとに恐れたからであります。之がため、国内政策としては一九二五年（大正十四年）治安維持法を制定し（若槻内閣時代《ママ》）一九四一年（昭和十六年）更に之を改定し、以て国体変革を戒め、私有財産の保護を目的として共産主義による破壊に備え、又対外政策としては、支那事変に於て、中国共産党の活動が、日支和平の成立を阻害する重要なる原因の一たるに鑑み、共同防共を事変解決の一条件とせることも、又東亜各独立国家間に於て『防共』を以て共通の重要政策の一としたることも、之はいずれも東亜各国協同して東亜を赤化の危険より救い、且《かつ》自ら世界赤化の障壁たらんとしたのであります。此等《これら》障壁が世界平和のため如何《いか》に重要であったかは、第二次世界大戦終了後此の障壁が崩壊せし二年後の今日の現状が雄弁に之を物語って居ります。

日本にソ連侵攻の意思はもとよりなし

最後はソ連についてです。ここでは外交と共産主義の脅威について述べられています。

東京裁判では、不思議なことにソ連が裁判官の一人になり、また検事を送ってきました。一方的に日ソ中立条約を破って攻め込み、これほど明々白々な平和と人道に反する罪を犯した国は他にないにもかかわらずです。それればかりか、終戦を迎え日本軍が整然と降伏してからも、六〇万と言われる日本人を俘虜にして不法に拉致し、そのうち数万人を餓死および凍死せしめた国が、裁判官と検事を送ってきたのです。

ソ連のほうこそ裁かれなければならないのに、このことには黙過しているわけですから、東京裁判自体が茶番であることは明らかです。

日本には、シベリア侵略はもちろん、それを意図したこともありません。ところがソ連は東亜侵略を虎視眈々《こしたんたん》と狙っていました。

「日本は戦々兢々としてその防衛に腐心しつづけてきました。満洲国建国も満洲が侵されないようにということであり、日本陸軍の対ソ作戦の本質はソ連に対する防衛であります」と、東條さんは言っています。

日本軍がシベリアを越えて、モスクワに行こうなどという計画は、一切ないわけです。関特演（関東軍特殊演習）というものがあり、戦後の日本の左翼たちは、これが日本のソ連侵略計画の証拠だというのですが、資材と人員の補充を図ったもので演習の範囲を出るものではありませんでした。それどころか日本は、ソ連に対しては静謐《せいひつ》保持の姿勢を貫き、常に細心の注意を払っていました。日ソ中立条約の締結を見たときは、これをきっちり守ろうとしてきたのです。それなのに破って侵攻して来たのはソ連だったわけです。

他面日本は、第三インターナショナル（コミンテルン）の勢力が東亜に出ることに非常な関心を持っていました。共産主義政策が東アジアに浸透することを防がなければ、国内の治安は破壊され、東亜の安定が攪乱され、ひいては世界平和が乱されることになると考えました。

共産主義による破壊工作への備え

確かにコミンテルンの二八年テーゼ、三二年テーゼなどは、日本の皇室廃止を命令してきているわけです。日本のように秩序が整い、軍部も強い国にそのような命令を出すくらいですから、混乱があったシナに対しては本当に露骨な干渉をしてきたわけです。日本は治安維持法を制定し、国体の変革を戒め、私有財産の保護を目的として共産主義による破壊に備えました。

治安維持法は、大正十四年（一九二五年）の加藤高明《かとうたかあき》内閣のときに成立しました。おもしろいことに、治安維持法と同時に、同じ議会の中で普通選挙法が通過しています。財産や税金に関係なく、成年男子は全員投票権を持つという、当時の世界から見ても進んだ法律が一緒に成立しています。

当時の日本共産党は、コミンテルン日本支部日本共産党として、日本を転覆させようとしているわけですから、国がそれに備えるのは当然で、それに対する法律をつくらなければ、むしろ政府の怠慢というものです。

先にも述べたとおり、政府は、コミンテルンより皇室転覆という命令が来ていることをつかんでいました。ロシア革命ではソ連共産党はロマノフ王朝をつぶして、皇帝ニコライ二世、皇后と一族全部、皇帝の乗った馬まで殺したことがわかっています。

こういう輩《やから》には厳罰でのぞまなければならないということで、後に（昭和三年＝一九二八年）田中義一《たなかぎいち》内閣のときに治安維持法を改訂して最高刑を死刑にしました。しかし実際には、治安維持法で死刑になった者は一人もいないというきわめて穏やかな適用でした。警官を殺して死刑を宣告された者もいますが、後に恩赦で減刑されています。

支那事変においても、中国共産党の活動がその原因の一番でしたから、政府は防共に一番の重点を置きました。この政策が間違っていなかったこと、世界平和のためにいかに重要であったかということは、第二次世界大戦が終わって二年を経過したいまこそ明らかだと、東條さんは述べています。実際、東京裁判で東條さんたちが処刑されてから二年も経たないうちに、朝鮮戦争が勃発するわけです。

第九章

敗戦の責任

摘要

一五六、

本供述書は事柄の性質が複雑且《かつ》重大なるよりして期せずして相当長文となりました。ただ私は世界史上最も重大なる時期に於て、日本国家が如何なる立場に在ったか、又同国の行政司掌《ししょう》の地位に択《えら》ばれた者等が、国家の栄誉を保持せんがため真摯《しんし》に、其の権限内に於て、如何なる政策を樹《た》て且之《これ》を実施するに努めたかを、此の国際的規模に於ける大法廷の判官各位に御了解を請わんがため、各種の困難を克服しつつ之を述べたのであります。

斯の如くすることに因り私は太平洋戦争勃発に至るの理由及原因を描写せんとしました。私は右等の事実を徹底的に了知する一人として、我国に取りては無効且《かつ》惨害を齎《もたら》したところの一九四一年（昭和十六年）十二月八日に発生した戦争なるものは米国を欧州戦争に導入する為《た》めの連合国側の挑発に原因し我国の関する限りに於ては自衛戦として回避することを得ざりし戦争なることを確信するものであります。尚《な》お東亜に重大なる利害を有する国々（中国自身をも含めて）が何故戦争を欲したかの理由は他にも多々存在します。これは私の供述の中に含まれて居ります。但《た》だ我国の開戦は最終的手段として且《かつ》緊迫の必要よりして決せられたものである事を申上げます。

満洲事変、支那事変及太平洋戦争の各場面を通して、其の根底に潜む不断の侵略計画ありたりと為す主張に対しては私はその荒唐無稽《こうとうむけい》なる事を証する為め、最も簡潔なる方法を以て之を反証せんと試みました。我国の基本的且《かつ》不変の行政組織に於て多数の吏僚中の内小数者が、長期に亘《わた》り、数多の内閣を通じて、一定不変の目的を有する共同謀議(此の観念は日本には存在しないが)を為したなどいう事は理性ある者の到底思考し得ざる事なることが直ちに御了解下さるでありましょう。私は何故に検察側がかかる空想に近き追訴を為さるかを識《し》るに苦しむ者であります。

日本の主張した大東亜政策なるものは侵略的性格を有するものなる事、これが太平洋戦争開始の計画に追加された事、尚おこの政策は白人を東亜の豊富なる地帯より駆逐する計画なる事を証明せんとするため本法廷に多数の証拠が提出せられました。之に対し私の証言はこの合理にして且自然に発生したる導因の本質を白日の如く明瞭になしたと信じます。

私は又国際法と太平洋戦争の開始に関する問題とにつき触れました。又日本に於ける政府と統帥との関係殊に国事に関する天皇の地位に言及しました。私の説明が私及私の同僚の有罪であるか無罪であるかを御判断下さる上に資する所あらば幸《さいわい》であります。

終りに臨み――恐らくこれが当法廷の規則の上に於て許さるる最後の機会でありまし

ょうが――私は茲《ここ》に重ねて申上げます。日本帝国の国策乃至《ないし》は当年合法に其の地位に在った官吏の採った方針は、侵略でもなく、搾取でもありませんでした。一歩は一歩より進み、また適法に選ばれた各内閣はそれぞれ相承《う》けて、憲法及法律に定められた手続に従い之を処理して行きましたが、遂に我が国は彼の冷厳なる現実に逢着《ほうちゃく》したのであります。当年国家の運命を商量較計するのが責任を負荷した我々としては、国家自衛のために起《た》つという事が唯《た》だ一つ残された途《みち》でありました。我々は国家の運命を賭しました。而して敗れました。而して眼前に見るが如き事態を惹起したのであります。

戦争が国際法上より見て正しき戦争であったか否かの問題と、敗戦の責任如何との問題とは、明白に分別の出来る二つの異なった問題であります。第一の問題は外国との問題であり且《かつ》法律的性質の問題であります。私は最後まで此の戦争は自衛戦であり、現時承認せられたる国際法には違反せぬ戦争なりと主張します。私は未《いま》だ曾《かつ》て我国が本戦争を為したことを以て国際犯罪なりとして勝者より訴追せられ、又敗戦国の適法なる官吏たりし者が個人的の国際法上の犯人なり、又条約の違反者なりとして糾弾せられるとは考えた事とてはありませぬ。

第二の問題、即ち敗戦の責任については当時の総理大臣たりし私の責任であります。この意味に於ける責任は私は之を受諾するのみならず真心より進んで之を負荷せんことを希望するものであります。

右ハ當立會人ノ面前ニテ宣誓シ且ツ署名捺印シタルコトヲ證明シマス
同日於同所
立會人　清瀬一郎

宣誓書

良心ニ従ヒ眞實ヲ述ベ何事ヲモ默秘セズ又何事ヲモ附加セザルコトヲ誓フ
署名捺印　東條英機
昭和二十二年（一九四七年）十二月十九日　於東京、市ケ谷
供述者　東條英機

戦争の責任と、敗戦の責任は別

ここに述べてあることは、世界史上の最も重大な時期において、日本の国家がいかなる立場にあったかについてです。事実を徹底的に知っている一人である東條さんが、日本に

とっては非常な惨害を受ける結果となったような戦争を、なぜ起こさなければいけなかったか。

結論から言えば、それは連合国側の挑発に原因し、わが国に関する限りにおいては、自衛戦として回避することができないものであったとしています。

満洲事変および支那事変、太平洋戦争の各場面を通して不断の侵略計画、共同謀議があったなどという主張は、まさに荒唐無稽であり、日本の基本的かつ普遍の行政組織において、政府や軍部において多数の官僚あるいは少数の者が長期にわたり、多くの内閣に通じて一定不変の目的を有する共同謀議などというものが成立することは、理性のある者にはとうてい考えられないことだと述べます。

だいたい共同謀議などという観念は、日本人にはありませんが、アメリカの法律にはあります。東條さんは、検事の訴追は空想に近く、理解に苦しむと述べます。

訴追では、日本政府の共同謀議は昭和三年から始まったことになっていますが、その当時は政友会の田中義一内閣でした。しかし、すぐその後に反対政党である浜口雄幸の民政党政権ができるわけで、その後も、まったく一貫性がなく、共同謀議などできるわけがありません。

大東亜政策は、東アジアの資源の豊富なる地帯より白人を駆逐する計画であることを証明したものです。マッカーサーがアメリカに帰ってから、公式の場でこれと同じことを言うわけです。これは非常に重要です。

日本は近代国家として成立するために天然資源を何も持っていなかった。あるのは蚕《かいこ》くらいで、絹産業しかできない。しかし近代産業に必要なすべての物資は東南アジアにありました。アメリカはそれを日本に売らないようにした。したがって日本がこの前の戦争に突入したのは主として自存自衛のためであったとマッカーサーが後に証言しているわけです。

当時、合法的な地位にあった者が採った方針は、侵略でもなく搾取でもありませんでした。一歩は一歩より進み、適法に選ばれたそのときどきの内閣はそれぞれ憲法および法律に定められた手続きに従って、これを処理してきましたが、次から次へと英米から邪魔された冷厳なる事情があり、国家自衛のために戦わざるを得なかった。日本は常に受身で対応していたのですが、ついにハル・ノートを突きつけられて日本は運命を賭して戦って負けたのです。

ですからこの戦争の責任は、敗戦の責任と明確に区別しなければいけません。第一は外国との問題、法律の問題です。東條さんは最後の最後まで、この戦争は自衛戦であり、現在承認せられている国際法には違反せぬ戦争であったと主張しています。いまだかつて、日本が戦争をしたことそれ自体を国際犯罪として勝者から訴えられたり、個々の官吏が個人的に国際法上の犯罪者、あるいは条約の違反者として糾弾されるなどということは、とうてい考えられることではないと、東京裁判を真っ向から否定しているのです。

ただし第二の問題として敗戦の責任については、当時の総理大臣だった自分の責任であり、この意味における責任は、これを受諾するのみならず、真心より進んでこれを負うことを希望すると述べます。これで東條さんの最終弁論に基づく昭和史は終わりました。

おわりに――虚偽につき固められた「昭和史」に訣別を

マッカーサー証言の持つ万鈞《ばんきん》の重み

私が東條大将の東京裁判における宣誓口述に基づく昭和史を述べてみようという気になったのは、「はじめに」でも述べたように東條さんの言い分を守ろうという腰の引けた話ではないのです。

なぜこれをしようと思ったかというと、まず第一に東條さんが「この戦いは自衛戦である」と主張して止まなかったことです。それはこの宣誓口述に見る限り、日本が一歩一歩そこに追い込まれていった過程がわかります。日本が喜んで戦争を始めたという形跡はどこにもありません。むしろ日本のアメリカに対する交渉は「お願い、お願い、お願い」という姿勢でした。

戦争前になると、日本には物資が何もなくなりました。アメリカとの戦争の前にすでにわれわれは子どものおもちゃでも、ブリキ製のものはみな供出したものです。子どものブリキのおもちゃまで供出して侵略戦争しようなどという国があろうはずがありません。

さらに強調したいことは、日本がこの戦争に突入したのは、日本は本当に物質的に首を絞められていて、このままだらだらと交渉を続けられると日本の陸海軍は確実に活動不能となります。石油も何もないわけですから、産業も全滅することになります。そうした事情からやむにやまれず戦争に突入したのであって、まったく自存自衛のためだったと主張していることです。

それだけなら一つの説得力ある主張ということで終わりですが、東京裁判をやらせた当のマッカーサーが国に帰り、アメリカの軍事外交に関する最高の場である上院の軍事外交合同委員会で、先般の戦争が、東條首相が述べたように日本が自存自衛のためにやむを得ず行なった戦争であったということを認め、次の一句を述べています。

「従って、彼ら（日本人）が戦争に突入した目的は、主として自衛のために余儀なくされたことである」

「Their purpose, therefore, in going to war was largely dictated by security.」

前にも申し上げましたが、この英文は、すべての日本人が覚えておかなくてはなりません。

そのためには、東京裁判の性質を考えてみる必要があります。東京裁判というのは、いかなる法律に基づくものでもありません。国際法とは何の関係もありません。それはGHQの東京裁判要綱によるものであり、それはGHQの参謀部がつくったものに過ぎません。ですから東京裁判の判決は、どんなものであれ、すべてマッカーサーの権威によって下されたものです。

東京裁判が始まるにあたり、裁判長忌避という動議が、清瀬《きよせ》一郎《いちろう》弁護人によって提出されました。清瀬弁護人はその一つの理由として、「ウエッブ裁判長は、ニューギニアにおいて日本軍の残虐行為の疑いありとされた案件について調査をしたときの検事的な役割を果たしました。検事的な役割を担った人が裁判長を務める資格はないのではないか」ということを挙げました。

そのときウエッブ裁判長は憤然として席を立ち、代役がその日の裁判を進めますが、結局ウエッブ裁判長でやることになったのは、連合軍の最高司令官の任命によるものであったからです。

これは語るに落ちたわけで、同じ事件について検事が判事を務めることはできないということは当然のことですが、この裁判所が占領軍の司令官によって任命されたものだから、たとえ合法的な忌避を受けても、欠席せしめることができないと言っているわけです。

そのときも、清瀬弁護人は「もしニューギニアの問題をこの裁判で扱わないならウエッブ裁判長でも構わない」と言っているのですが、その申し出は却下されています。

司令官が任命したものであれば、たとえ法律手続きでは成り立たなくても、成り立つのだと言っているわけです。ということは、これは普通の法律ではなく占領統治政策であることを言明していることになります。

マッカーサーも後になって「日本の言い分は正しかった」と言っています。これは「東條の言い分が一〇〇％正しい」と言っているのと同じことです。ですから私は、このことを日本の人に知ってもらいたいのです。

事実、この上院外交軍事合同委員会におけるマッカーサーの言葉には、魔法の働きがあります。私が知っている一例を挙げると、平成十七年（二〇〇五年）、杉並区ではどうも「新しい歴史教科書をつくる会」が編集した歴史教科書（扶桑社）が採用されるのではないかという情報が流れ、荻窪駅あたりでは山田区長を弾劾する演説が行なわれ、ビラがまかれていました。採択を阻止する思惑もあってか、教科書の採択決定を前にした区議会において、区長に対する質問が行なわれました。

杉並区議会は少し変わっていて、全共闘崩れの議員が二、三人、議席を占めています。彼らは、保守的な傾向を持つ山田区長を、とっちめてやろうという意図だったと思います。それが分かっていますから、当日の傍聴席はその筋の人々で満席の盛況で、異様な雰囲気でした。

そこで件《くだん》の議員から、「区長、あなたはこの間の戦争を聖なる戦争だと思っているのか。侵略戦争だと思わないのか」という趣旨の質問がありました。

それに対して山田区長は、「侵略、聖戦というと定義が難しいから、それには立ち入らないとして、この前の戦争が侵略戦争ではなく自衛の戦争であったということは敵の大将のマッカーサーがちゃんと言っている」と述べ、先に紹介したマッカーサーの発言を原文で暗唱したのです。そうすると、わいわい騒いでいた議場が突如シーンとなり、それで終わりました。これは魔法の言葉です。ですから私は、日本のすべての人にこの文言を知ってもらいたいのです。

A級戦犯はすでに存在しない

さらにこれに関連することですが、中国政府がしきりに「A級戦犯が祀られているから靖国神社参拝はけしからん」と言っています。それに対して朝日新聞や加藤紘一《かとうこういち》氏のような議員、さらには中国で儲けている財界人などが尻馬に乗った発言をしています。朝日新聞の論理としては、「サンフランシスコ講和条約の第十一条には、東京裁判を受諾するという条項があるではないか（傍点・渡部）」というわけです。

これについては私も新聞で反駁《はんばく》しました。サンフランシスコ条約の第十一条には、確かに日本政府は東京裁判のジャッジメンツ（諸判決）を受諾し、それをキャリー・アウト（実行）することを規定しています。

判決を受けた人はA級戦犯のほかにもたくさんおりますが、そもそも講和条約というのは、その時点で、すべての捕虜を釈放するものです。講和条約を結ぶまでは戦闘状態にあるわけですから、その期間に死刑になったりしているのは、本当は俘虜虐待なのです。しかしこのときのサンフランシスコの講和条約自体が十分に文明的ではありませんでした。アメリカは講和条約発効とともに、すべての捕虜の釈放を考えたらしいのですが、当時ナチスの残党が南米に逃げていることを気にしたイギリスが、講和条約後も刑の継続を主張した結果、東京裁判の判決が講和後もつづくということが盛り込まれました。ただし、サンフランシスコ講和条約の同じ第十一条の後半には、日本政府から申請があって、講和条約に関係した国が了解すれば、戦犯でも減刑することができると規定されたのです。

日本政府には当時四〇〇〇万人と言われる戦犯釈放を求める署名が国内から集まってきていました。日本政府はそれを受けて各国と交渉し、了解を取ったうえで全員を釈放しました。国内的にも国際的にも、合法的に釈放しているのです。

当時A級戦犯で有罪とされ終身禁固刑を受けた賀屋興宣さんもこのとき釈放され、後に

判決

極東国際軍事裁判の判決を待ち受ける東條被告。だが、その名誉はすでに回復されている
（昭和23年11月12日撮影）

法務大臣を務めています。有罪として禁固七年の刑を受けたA級戦犯の重光さんも釈放され、後に外務大臣として日本が加盟したときの国連総会で演説し、喝采を受けています。そのように国際的にも問題は全然ないのです。ただ同じA級戦犯でも、死刑を執行されたり審理中に死亡した九人だけは生き返らせることができなかっただけの話です。

こういうことを朝日新聞は知らなければいけない。知らずに書いているのであれば、大新聞の社説を書く資格がないのです。知っていて書いたとすれば、国賊そのものです。それに乗っている政治家も、国賊そのものだと私は考えています。

さらにもっと重要なことは法律的なことです。清瀬弁護人は冒頭の質問で、法律的に東京裁判の管轄権を問いました。管轄権というのは、英語で言えば jurisdiction ですが、人に関する jurisdiction です。東京裁判では罪の分類が、平和に関する罪がA級で、殺人の罪はB級、C級は通常の戦争犯罪や人道に対する罪と三つあります。英語ですから項目の分類がイロハではなくABCです。東京裁判は、これに関連した人間を裁くという管轄権を主張しているわけです。

それに対して清瀬弁護人は、日本はドイツのように無条件降伏したのではないと述べます。どういうことかというと、無条件降伏なら、どういう扱いを受けても文句は言えない、極端な話がみんな殺されても仕方がない、どうしようと勝者の勝手というところもあります。

ところが、日本はポツダム宣言を受諾したのです。ポツダム宣言にはいろいろな条件があり、それを連合国が日本にオファーし、日本はそのオファーを受諾したのです。ポツダム宣言というのは、もちろん日本を拘束はしますけれども、日本にオファーした連合国をも束縛するというのが清瀬弁護人の主張です。ポツダム宣言を読む限り、日本は条件降伏したことは明らかです。無条件降伏ではありません。それで清瀬弁護人は次のように述べます。

ポツダム宣言が出された時点において、どこの国際法にも、どこの先進国の法律にも、A級の「平和に関する罪」、C級の「人道に関する罪」に相当するものは、戦争犯罪とは認められていません。確かにポツダム宣言の中に戦争犯罪人を裁くとありますが、戦争犯罪人の概念としてはポツダム宣言ができた時点においてA級、C級に相当するものはありません。「この管轄権、裁く権利はどこから得たのですか」と清瀬弁護人は問い質《ただ》しています。そうすると、ウエッブ裁判長は、答えることができませんでした。そして「あとで答えます」と言ったのです。

あとで答えると言っても、いつになっても答えないのです。またファーネス弁護人が、裁判官も検事も戦争の勝者の国から出ているので、「この裁判は今日においても、将来の歴史においても、公正でもなく、合法的でもなかったと疑われても仕方がない」と言っていますが、これにも裁判長は答えていません。

また英米法ではDismiss要求という公訴棄却を要求する弁論があります。それは検事が言ったことの中で不適当なものがあれば、それを控訴から外してくれということを言う時機があります。そのときに公訴棄却のときに管轄権はどうしたと言ったら、そのときも答えられなかったのです。スミス弁護人などは、「管轄権も言えない裁判は裁判自体が公訴棄却されるべきだ」と主張したのです。しかしそれは無視されました。そういうこともあり、スミス弁護人は後に弁護人を外されています。

しかしついに判決が下されるまで管轄権が明らかにされることはありませんでした。管轄権を明らかにできない裁判を進行させてはいけません。管轄権がないのですから、これは単なるリンチです。A級戦犯に対する管轄権は、ついに反日的な裁判長であるウエッブ裁判長も裁判を始めるに当たって明らかにすることができなかった。これは日本人が知っていなければなりません。

A級、C級の「人道に対する罪」は、はじめから問題にならないのです。B級は日本による宣戦布告以前の死者（真珠湾、香港攻撃による死者）を特に取り上げたものですが、これは裁判では結局、受刑者を出しませんでしたから、無視してよいでしょう。

中国政府にも、韓国政府にも、朝日新聞にも、加藤代議士にも、日本の実業家たちにも、A級戦犯というのはそもそも裁判の管轄権がなかった話であるということを知らせるべきです。

敗戦利得者に書き換えられた日本史の真実

加藤紘一氏は最近でも「靖国神社の遊就館《ゆうしゅうかん》の展示で、大東亜戦争はいかにもアメリカの圧迫によって日本が戦争に追い込まれたかのように記しているが、あのような記述をアメリカ人が見たら大変です、怒りますよ」などという主旨のことを述べています。

アメリカが、否《いな》、マッカーサー自身が東京裁判の過ちを認めていることを御存知ないらしい。そういえば東大法学部の教授で国際法の横田喜三郎《よこたきさぶろう》氏などは、東京裁判を弁護する本を書きましたが、あとで具合が悪くなって回収したといいます。その噂を聞いたので、私はいち早く古本屋に手を回して、その本を一部手に入れて持っています。このような人が東大法学部の国際法の教授になり、最高裁判所の長官になって文化勲章までもらっています。

戦後が、いかに敗戦利得者によって成り立ったか。枚挙にいとまがありません。東大の宮沢俊義《みやざわとしよし》氏も一夜にして見解を変えた一人です。教科書問題の家永三郎《いえながさぶろう》氏もそうです。戦前も戦後も右翼みたいなことを書いていたけれども、ある日こういうことを書いていたら公職追放になると言われたのでしょう。

私にとって幸せだったのは、鶴岡《つるおか》中学の恩師である佐藤順太《さとうじゆんた》先生がいたことと、上智大学が東京裁判に完全には汚染されていなかったことです。

支那事変のころはまだ雑誌「キング」が実に部厚くて「少年倶楽部」も「幼年倶楽部」も厚かった。これらの雑誌には南京占領なども、毎号刻々と写真入りで記事が出てきます。そこには一〇〇人以上の日本の記者とカメラマンとがいたわけです。嘘は書けません。

そういう当時の状況を実際に知っているので、戦後の南京事件をめぐる報道はおかしいと思いました。ところが戦後、多くの人は戦前の記憶を消されたのです。私は幸いに上智大学に入ったので、それを消されずにすんだわけです。本当は昭和史を研究する人がすぐに修正しなければいけなかったのですが、たいていの学者は自分の先生たちが敗戦利得者で、自分の先生が傷つくという理由から反対の意見を言えなかったのです。

戦後、東京裁判に影響されず、本当のことを率直に語っている人たちの先生は、たいてい法律学、経済学、歴史学とは関係のない人たちです。私は英文科ですから、私が何を言おうと私を教えた英文科の先生たちが傷つくことはありません。小堀桂一郎《こぼりけいいちろう》東大名誉教授は独文科です。西尾幹二《にしおかんじ》電気通信大名誉教授も独文科です。独文科の先生は、歴史をどう語ろうと、どのみち本業とは関係ありません。独協大学の中村粲《なかむらあきら》教授も英文科です。

ところが歴史学とか法律学、経済学の研究者は、自分の先生を傷つけることになりますから、本当のことを言えないのです。

戦後六〇年も経ってから、英文科出身の私が東條さんの宣誓供述書を解説出版するようになったのは、このためです。今後は若い専門家が出て、戦前の日本の「言い分」をさらに明らかにされることを期待します。

◆日米交渉・日本側最終提案 甲案

（昭和十六年十一月四日東郷大臣発野村大使宛電報・第七二六号）

本案は九月二十五日我方提案を既往の交渉経過により判明せる米側の希望に出来得る限り「ミート」する趣旨を以て修正せる最後的譲歩案にして懸案の三問題に付《つき》我方主張を左記の通り緩和せるものなり

一．通商無差別問題

九月二十五日案にて到底妥結の見込なき際は「日本国政府は無差別原則が全世界に適用せらるるものなるに於ては太平洋全地域即支那に於ても本原則の行わるることを承認す」と修正す

二．三国条約の解釈及履行問題

我方に於て自衛権の解釈を濫《みだ》りに拡大する意図なきことを更に明瞭にすると共に三国条約の解釈及履行に関しては従来屢々《しばしば》説明せる如く帝国政府の自ら決定する所に依りて行動する次第にして此点は既に米国側の了承を得たるものなりと思考する旨を以て応酬す

三．撤兵問題

本件は左記の通り緩和す

A. 支那に於ける駐兵及撤兵

支那事変の為《ため》支那に派遣せられたる日本国軍隊は北支及蒙彊《もうきょう》の一定地域及海南島に関しては日支間平和成立後所要期間駐屯すべく爾余の軍隊は平和成立と同時に日支間に別に定めらる所に従い撤去を開始し治安確立と共に二年以内に之を完了すべし

（註）所要期間に付米側より質問ありたる場合は概《おおむ》ね二十五年を目途とするものなる旨を以て応酬するものとす

B. 仏印に於ける駐兵及撤兵

日本国政府は仏領印度支那の領土主権を尊重す現に仏領印度支那に派遣せられ居る日本国軍隊は支那事変にして解決するか又は公正なる極東平和の確立するに於ては直《ただち》に之を撤去すべし

尚《なお》四原則に付《つい》ては之を日米間の正式妥結事項（了解案たると又は其他の声明たるとを問はず）中に包含せしむることは極力回避するものとす

右説明

一．通商無差別原則に付ては地理的近接の事実に依る緊密関係に関する従来の主張は之を撤回し無差別原則の全世界適用を条件とせるものなるが後者に付ては十月二日附米政府覚書中に「日米何《いず》れかが特定地域に於て一の政策を取るに拘《かかわ》らず他地域に於て之と相反する政策を取るは面白からず」との趣旨の記述あるに徴するも何等反対なかるべく従って本件に付ては之にて合意成立するものと信ず

二、三国条約の問題に付ては屢々貴電に依れば米側は我方提案にて大体満足し居るやの趣なるに付自衛権は解釈を濫りに拡大する意図なきことを一層明確にするに於ては本件も妥結を見るべきものと信ず

三、撤兵問題は或《あるい》は依然難点となるやも知れざるも我方は米側が不確定期間の駐兵に強く反対するに鑑《かんが》み駐兵地域及期間を示し以て其の疑惑を解かんとするものなり、撤兵を建前とし駐兵を例外とする方米側の希望に副《そ》ふべきも右は国内的に不可能なり又駐兵所要期間を明示するに於ては却《かえ》って事態を紛糾せしむる惧《おそれ》あるに付《つき》此の際は飽く迄所要期間なる抽象的字句により折衝せられ無期限永久駐兵に非《あら》ざる旨を印象づくる様御努力相成度《あいなりた》し要之甲案は懸案三問題中二問題に関しては全面的に米側主張を受諾せるものにて最後の一点たる駐兵及撤兵問題に付ても最大限の譲歩を為せる次第なり右は四年に亘《わた》る事変に依り帝国の甘受せる甚大なる犠牲に徴し決して過大の要求にあらず寧《むし》ろ甚だ小に過ぎたるものにして此の点は国内政治上も我方としては此の上の譲歩は到底不可能なり依て米側をして右を諒解せしめ本案に依り

速《すみや》かに交渉妥結に導く様切望す

◆日米交渉・日本側最終提案 乙案

（昭和十六年十一月四日東郷大臣発野村大使宛電報・第七二六号）

本案は甲案の代案とも称すべく若《も》し米側に於て甲案に著《いちじ》るしき難色を示すときは事態切迫し遷延を許さざる情勢なるに鑑《かんが》み何等かの代案を急速成立せしめ以て事の発するを未然に防止する必要ありとの見地より案出せる第二次案にして内容左の通り

一．日米両国政府は孰《いず》れも仏印以外の南東亜細亜及南太平洋地域に武力的進出を行わざることを確約す

二．日米両国政府は蘭領印度に於て其必要とする物資の獲得が保障せらるる様相互に協力するものとす

三、日米両国政府は相互に通商関係を資産凍結前の状態に復帰すべし米国政府は所要の石油の対日供給を約す

四、米国政府は日支両国の和平に関する努力に支障を与うるが如き行動に出《い》でざるべし

（備考）

一、必要に応じ本取極《とりきめ》成立せば日支間和平成立するか又は太平洋地域に於ける公正なる平和確立する上は日本軍隊を撤退すべき旨を約束し差支《さしつかえ》なし

二、必要に応じては往電第七二六号甲案中に包含せらるる通商無差別待遇に関する規定及三国条約の解釈及履行に関する規定を追加挿入するものとす尚《なお》本案を提出する時期に付ては予《あらかじ》め請訓ありたし

◆日米交渉・米国側最終回答「ハル・ノート」全文

（昭和十六年十一月二十七日来電・第一一九二号、第一一九三号）

合衆国及び日本国間協定の基礎概略

第一項　政策に関する相互宣言案

合衆国政府及び日本政府は共に太平洋の平和を欲し其の国策は太平洋地域全般に亙《わた》る永続的且《か》つ広汎なる平和を目的とし、両国は右地域に於いて何等《なんら》領土的企図を有せず、他国を脅威又は隣接国に対し侵略的に武力を行使するの意図なく又その国策に於いては相互間及び一切の他国政府との間の関係の基礎たる左記根本諸原則を積極的に支持し且つ之を実際的に適用すべき旨宣明す

一．一切の国家の領土保全及び主権の不可侵原則

二．他の諸国の国内問題に対する不干与の原則

三．通商上の機会及び待遇の平等を含む平等原則

四．紛争の防止及び平和的解決並びに平和的方法および手続に依る国際情勢改善の為《ため》国際協力及

び国際調停遵拠の原則

日本国政府及び合衆国政府は慢性的政治不安定の根絶、頻繁なる経済的崩壊の防止及び平和の基礎設定の為め、相互間並びに他国家及び他国民との間の経済関係に於いて左記諸原則を積極的に支持し、且つ実際的に適用すべきことを合意せり

一．国際通商関係に於ける無差別待遇の原則

二．国際的経済協力及び過度の通商制限に現れたる極端なる国家主義撤廃の原則

三．一切の国家に依る無差別的なる原料物資獲得の原則

四．国際的商品協定の運用に関し消費国家及び民衆の利益の十分なる保護の原則

五．一切の国家の主要企業及び連続的発展に資し、且つ一切の国家の福祉に合致する貿易手続きによる支払いを許容せしむるが如き国際金融機構及び取極《とりき》め樹立の原則

第二項　合衆国政府及び日本国政府の採るべき措置

合衆国政府及び日本国政府は左記の如き措置を採ることを提案す

一．合衆国政府及び日本国政府は英帝国、支那、日本国、和蘭《オランダ》、蘇《ソ》連邦、泰《タイ》国、及び合衆国間に多辺的不可侵条約の締結に努むべし

二．両国政府は米、英、支、日、蘭、及び泰政府間に各国政府が仏領印度支那《インドシナ》の領土主権を尊重し、且つ印度支那の領土保全に対する脅威発生するが如き場合、かかる脅威に対処するに必要且つ適当なりと看做《みな》さるべき措置を講ずるの目的を以って即時協議する旨誓約すべき協定の締結に努むべし

斯《か》かる協定は又協定締結国たる各国政府が印度支那との貿易若《も》しくは経済関係に於いて特恵的待遇を求め、又は之を受けざるべく且つ各締約国の為《ため》仏領印度支那との貿易及び通商に於ける平等待遇を確保するが為尽力すべき旨規定すべきものとす

三．日本国政府は支那及び印度支那より一切の陸海空軍兵力及び警察力を撤収すべし

四．合衆国政府及び日本国政府は臨時に首都を重慶に置ける中華民国国民政府以外の支那に於ける如何なる政府、若しくは政権をも軍事的政治的経済的に支持せざるべし

五．両国政府は外国租界及び居留地内及び之に関連せる諸権益並びに一九〇一年の団匪事件（義和団事件の事）議定書に依る諸権利をも含む支那に在る一切の治外法権を放棄すべし

両国政府は外国租界及び居留地に於ける諸権利並びに一九〇一年の団匪事件議定書による諸権利を含む支那に於ける治外法権廃棄方に付き英国政府及び其の外の政府の同意を取り付

くべく努力すべし

六．合衆国政府及び日本政府は両国による互恵的最恵国待遇及び通商障壁の低減並びに生糸を自由品目として据え置かんとする米側企図に基き合衆国及び日本国間に通商協定締結の為協議を開始すべし

七．合衆国政府及び日本国政府はそれぞれ合衆国に在る日本資金及日本国に在る米国資金に対する凍結措置を撤廃すべし

八．両国政府は円弗《ドル》為替の安定に関する案に付《つ》き協定し右目的の為適当なる資金の割り当ては半額を日本国より半額を合衆国より給与せらるべきことを合意すべし

九．両国政府は其の何れかの一方が第三国と締結しおる如何《いか》なる協定も同国に依り本協定の根本目的即ち太平洋地域全般の平和確立及び保持に矛盾するが如く解釈せらるべきことを同意すべし

十．両国政府は他国政府をして本協定に規定せる基本的なる政治的経済的原則を遵守し、且つ之《そ》を実際的に適用せしむる為其の勢力を行使すべし

◆「大東亜宣言」全文

（昭和十八年十一月五日）

抑《そもそ》も世界各国が各《おのおの》其の所を得相倚《あいよ》り相扶《あいたす》けて万邦共栄の楽を偕《とも》にするは世界平和確立の根本要義なり然《しか》るに米英は自国の繁栄の為には他国家他民族を抑圧し特に大東亜に対しては飽くなき侵略搾取を行い大東亜隷属化の野望を逞《たくま》しうし遂には大東亜の安定を根底より覆《くつがえ》さんとせり

大東亜戦争の原因茲《ここ》に存す

大東亜各国は提携して大東亜戦争を完遂し大東亜を米英の桎梏《しっこく》より解放して其の自存自衛を全《まっと》うし左の綱領に基づき大東亜を建設し以て世界平和の確立に寄与せんことを期す

一、大東亜各国は協同して大東亜の安定を確立し道義に基づく共存共栄の秩序を建設す

一、大東亜各国は相互に自主独立を尊重し互助敦睦《とんぼく》の実を挙げ大東亜の親和を確立す

一、大東亜各国は相互に其の伝統を尊重し各民族の創造性を伸張し大東亜の文化を昂揚《こうよう》す

一、大東亜各国は互恵の下緊密に提携し其の経済発展を図り大東亜の繁栄を増進す

一、大東亜各国は万邦との交誼を篤《あつ》うし人種差別を撤廃し普《あまね》く文化を交流し進んで資源を開放し以て世界の進運に貢献す

本書は、二〇〇六年八月、小社より単行本
『東條英機　歴史の証言』として発行された
作品を文庫化したものです。

一〇〇字書評

切り取り線

購買動機（新聞、雑誌名を記入するか、あるいは○をつけてください）

- □（　　　　　　　　　　　）の広告を見て
- □（　　　　　　　　　　　）の書評を見て
- □ 知人のすすめで
- □ タイトルに惹かれて
- □ カバーがよかったから
- □ 内容が面白そうだから
- □ 好きな作家だから
- □ 好きな分野の本だから

●最近、最も感銘を受けた作品名をお書きください

●あなたのお好きな作家名をお書きください

●その他、ご要望がありましたらお書きください

住所	〒				
氏名		職業		年齢	
新刊情報等のパソコンメール配信を 希望する・しない	Eメール	※携帯には配信できません			

あなたにお願い

この本の感想を、編集部までお寄せいただけたらありがたく存じます。今後の企画の参考にさせていただきます。Eメールでも結構です。

いただいた「一〇〇字書評」は、新聞・雑誌等に紹介させていただくことがあります。その場合はお礼として特製図書カードを差し上げます。

前ページの原稿用紙に書評をお書きの上、切り取り、左記までお送り下さい。宛先の住所は不要です。

なお、ご記入いただいたお名前、ご住所等は、書評紹介の事前了解、謝礼のお届けのためだけに利用し、そのほかの目的のために利用することはありません。

〒一〇一-八七〇一
祥伝社黄金文庫編集長　栗原和子
☎〇三（三二六五）二〇八四
ohgon@shodensha.co.jp

祥伝社ホームページの「ブックレビュー」からも、書けるようになりました。
www.shodensha.co.jp/bookreview

祥伝社黄金文庫

東條英機《とうじょうひでき》 歴史《れきし》の証言《しょうげん》

平成22年7月25日　初版第1刷発行
令和6年7月15日　第4刷発行

著　者　渡部昇一《わたなべしょういち》

発行者　辻　浩明

発行所　祥伝社《しょうでんしゃ》

〒101－8701
東京都千代田区神田神保町3－3
電話　03（3265）2084（編集部）
電話　03（3265）2081（販売部）
電話　03（3265）3622（業務部）
www.shodensha.co.jp

印刷所　錦明印刷

製本所　ナショナル製本

Printed in Japan　© 2010, Shoichi Watanabe　ISBN978-4-396-31519-1 C0121